许姬传 著

許姬傳七十年見聞録

中华书局

图书在版编目(CIP)数据

许姬传七十年见闻录/许姬传著 .—2版 .—北京:中华书局,
2007.11
ISBN 978 – 7 – 101 – 00428 – 1

Ⅰ.许… Ⅱ.许… Ⅲ.①谭鑫培(1847～1917) – 京剧 –
表演艺术②梅兰芳（1894～1961） – 生平事迹③戊戌变法
– 史料 Ⅳ.Z429.5

中国版本图书馆 CIP 数据核字(2007)第 137357 号

书　　名	许姬传七十年见闻录	
著　　者	许姬传	
责任编辑	钱炳寰　张　进	
出版发行	中华书局	
	（北京市丰台区太平桥西里 38 号　100073）	
	http://www.zhbc.com.cn	
	E – mail:zhbc@zhbc.com.cn	
印　　刷	北京未来科学技术研究所有限责任公司印刷厂	
版　　次	1985 年 5 月北京第 1 版	
	2007 年 11 月北京第 2 版	
	2007 年 11 月北京第 2 次印刷	
规　　格	开本/700×1000 毫米　1/16	
	印张 18¾　插页 4　字数 230 千字	
印　　数	14501—18500 册	
国际书号	ISBN 978 – 7 – 101 – 00428 – 1	
定　　价	36.00 元	

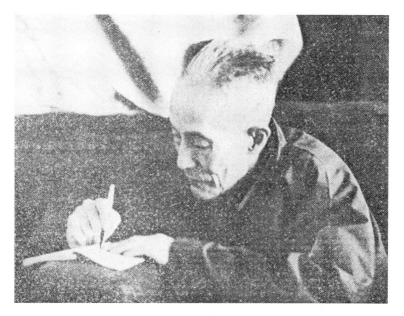

许姬传

坐者:徐仁镋、许省诗
立者:徐泽秀(源来夫人)、许姬传、许源来

此書校華嶺南大妹作詩一律屬

我辜夢卯書於扉頁

視聽每逐韶光馳史屑藝文羅列揿

揆晉賢才資國是阿備側曝導壓持

筆行流麗凝風節墨妙斐然磋篤恩

伏案不尚千古習把憑挾手運新辭

甲子三月廿三日海昌許姚傳芬

藍黌齋時年八十有四

再版说明

　　《许姬传七十年见闻录》一书，包括《戊戌变法侧记》、《谭鑫培的艺术道路》及《梅边琐记》三部分内容，记载了作者目见耳闻的重大历史事件，分析总结了谭鑫培的艺术成就，记录了京剧舞台艺术的发展演变及解放初期的社会风貌，具有弥足珍贵的史料价值，作者信手写来，却又极具生活气息。

　　本书初版于1985年。此次再版，对初版又进行了认真的整理修订。为了方便广大读者，将原书由竖排改为横排。因为集合了作者不同时期的文章，在体例、格式上各有不同，此次整理过程中，我们尽量做到版式的统一。此外，还订正了原书中的个别错漏，适当改定了标点。原书中的一些图片，限于当时的印刷水平，较为模糊，此次作了适当调整，并以插图的形式补充了一些相关图片，以丰富内容。特此说明。

中华书局编辑部
2007 年 11 月

目　录

谭鑫培传略

前　言

　　《许姬传七十年见闻录》包括《戊戌变法侧记》、《谭鑫培的艺术道路》、《梅边琐记》三种内容。

　　每个人写一本书都有他的目的,我写《戊戌变法侧记》,是追叙徐氏在政变时,家破人亡的惨痛遭遇。

　　我幼年从外祖徐子静(致靖、晚年字仅叟)先生读书,我的一点知识是受徐氏教育得来的。

　　由于外祖是戊戌变法时疏荐康有为、梁启超、谭嗣同、黄遵宪、张元济、袁世凯的大臣,酒后常谈戊戌政变往事,我在徐家见到不少直接参加这一重大历史事件的人物,我是根据亲身见闻写这本书的。

　　戊戌维新变法的前一年(丁酉),我的大母舅徐研甫(仁铸)继江建霞(标)任湖南学政,和谭复生、梁任公、黄公度志同道合,推行新政,为维新派的中坚分子,但他于光绪二十六年(一九〇〇年)庚子八月忧愤逝世。我是庚子三月出生的,关于他的事迹,只能从先母、母舅、亲友、幕僚口中得其大略。

　　在多次动乱中,徐家的文献、手迹荡然无存,现在所引用的资料,除我自己保存的以外,多半是徐氏亲属供给的,我经过核对后,有所取舍,意在表达徐仅叟先生在戊戌维新变法、辛亥革命、云南起义、洪宪倒台、宣统复辟瓦解等一系列事件中的政治观点、思想倾向和对戏曲音韵的造诣;《红楼梦》评价的独特见解;徐研甫舅任湖南学政时推行新政的积极措施和以史学为纲的治学精神。这些就是我写这本书的目的。

　　写《谭鑫培的艺术道路》的动机出于爱好。我少年时曾观摩谭鑫培的演出,钻研他的唱片,又从陈彦衡先生学谭腔,他告诉我京剧的许多知识,谭派艺术的特点,辨别精粗美恶的方法。我还听到不少内外行对谭的评价,以及谭氏后人口述的轶事,王琴生兄告诉我,谭鑫培为营救某丛林和尚募款不足,再资以演出包银的义举。在回忆中综合各种资料,意在通过谭氏走过的艺术道路说明京剧的繁荣昌盛,与名演员的劳动创造是分不开的。

和谭鑫培同时期的孙菊仙、汪桂芬两大流派创始人,就见闻所及,也作了点滴介绍。

《梅边琐记》是一九五〇年在上海《亦报》连载发表的,亡弟源来逝世后,从他被抄退回的遗物中,发现这份报纸,虽有少数缺页,但从中可以看到解放初期的思想认识、社会风貌,意在温故知新。那是随笔性质,三十年前旧事我已淡忘,现加按语,公诸同好。

本书写作时,发起人徐一士舅、言简斋表兄、源来弟均已逝世。言申夫表兄提供了第一手资料;朱季黄(家潽)兄通读了全稿,并据档案纠正了舛误;吴晓铃兄借我资料,为弄清吴瞿安(梅)先生在大姚县病殁时的情况,提出了可靠证据;冒效鲁兄对《徐仅叟谈红楼梦》一章补充了先德冒鹤亭先生的言行;戈宝权兄对书中涉及戈公振先生的部分作了订正;凌霄舅的儿子徐泽民表弟告诉我,他父亲在京师大学堂学的是土木工程,后因查勘长江大桥时,不适应气候而改为教书卖文;徐列表弟抄寄《凌霄汉阁自白》,并陆续供给凌霄、一士、勉甫舅的口述资料;徐培泽表弟寄来不少罕见的徐氏手迹,弥补了本书的疏阙;邹慧兰妹提供了我作词、叶仰曦兄制谱、她编舞共同创作《春农曲》的素材;曹大铁兄属题纪念其乡先辈翁松禅(同龢字叔平)老人逝世四十周年所作的《孤臣吟》,由此获悉翁叔平被黜乡居情状,以及先祖狷叟公(涟祥字子颂,戊戌年任昭文县令)照顾松禅老人的实况;郑逸梅兄赠我林暾谷(旭)、翁叔平、梁任公、袁世凯的手札,丰富了插图;《徐仁镜(莹甫)与谭鑫培斗蛐蛐》一章,由于南北词汇的不同,姚葆瑄世兄提了意见;《谭鑫培的影片、蜡筒、唱片》一章,朱复同志对伪唱片提供了线索;黄君坦兄对词作典故代为诠释;在翻拍照片时,刘庆云、黄大江、李绍云同志助我完成了任务;此书经过多次增删修改,中华书局近代史编辑室的同志耐心地细致地作了校勘,就此一并致谢。

另外,堂妹许苹南系中华书局退休的老人,她对某些章节写了旧体诗,歌咏维新派的品德情操。

封面所刊"庚子生"朱文印,"许姬传八十后作"白文印乃著名印人陈巨来兄与门人程万合镌,巨来并刻边款,记其梗概:"程万世长为湖南宁乡文学大宗师子大仁丈之曾孙,近从余游,未二年即卓尔不群,它日未可限量。质之姬传吾兄当不以余言为河汉也。巨来补刻并志,时甲子元旦年正八十。"越十三日巨来兄以暴疾逝,二印刊诸书岢、以志纪念。

本书用四年时间写成,从起草到誊清,均一人经营,虽经多次修改核对,某些观点也许不够正确。最后以二语作结：

岂能尽如人意，但求无愧我心。

一九八三年十二月许姬传时年八十有三

戊戌变法侧记——徐仨叟传略

徐氏家世

庚子年(一九〇〇),我出生于苏州,八岁时(光绪三十三年丁未,公元一九〇七),先母徐夫人(仁镒,字玉辉)把我带到杭州从外祖父徐仅叟(致靖,字子静,戊戌政变时,被判"绞监候",即死缓,庚子年出狱,赴杭定居,别字"仅叟",意谓六君子被害,刀下仅存的意思)先生读书,课余还教唱昆曲,下围棋、象棋。

由于仅老是戊戌变法的重要人物,从他口中听到不少可歌可泣的遗闻轶事。二十岁后,拟通过徐氏一家遭遇,从侧面反映这一重大历史事件的某些环节,但我觉得写作经验不够,同时,有些事情的真相没有弄清楚,迟迟未能下笔。一九五〇年,我随梅兰芳先生旅居北京,三十年来,陆续搜访戊戌变法有关徐氏的事迹,几度沧桑,亲故凋零,因此,亲友中比我年长的口述资料是极为可贵的。

一九六一年,我的堂舅徐一士(仁钰,行五,凌霄四舅的胞弟,他以熟谙掌故著称,据他对我说:研究掌故受胞兄和甫[振声,行三]、凌霄[仁锦,字云甫]的启迪,而学问则二伯父仅叟公及从兄研甫[仁铸]的熏陶最多)、表兄言简斋①、言申夫②(他们是研甫舅的女婿)、我与源来弟打算合写一篇《徐仅叟先生传略》,曾在中山公园的来今雨轩、北海公园的双红榭开过几次座谈会,由简斋执笔记录,其中一士舅提供的资料最多。当时,指定我起草,"文革"的动乱,搁置了二十年,在源来被抄退回的遗物中,发现原始记录,如今只我与申夫尚在人间,可

---

① 言简斋名雍然,清末毕业于"译学馆"(北大前身),辛亥年奏奖举人,分发民政部,入民国改内务部任金事职,为文致力桐城派,诗学杜甫,与吴辟疆、沈蕖梅、郭风惠为文字交,在译学馆攻读时,与梅兰芳友善,晚年梅聘为私人秘书,梅逝后,齐燕铭聘为中央文史馆馆员。

② 言申夫名雍毅,少年时,毕业于军校炮兵科,后转业入京绥铁路任职,曾协助总工程师张鸿诰与军阀交涉战时通车事宜,为詹天佑、张鸿诰所激赏。曾任启新洋灰公司秘书,协助创办江南水泥厂,晚岁歇影津沽,研探周易,与海外哲学家通讯交换意见。子言穆声,出嗣为简斋子,在美国洛杉矶任化验师,穆声之子女均在美国入学攻读。

仁镜女、徐念劬、徐子静、徐仁镜、徐肖研

以商榷的,也只有我们二人了。

现将简斋的记录稿,一士舅口头及函述资料,《凌霄汉阁自白》,表弟徐培泽寄来的太外祖徐伟侯先生、仅老、研甫大舅、莹甫(仁镜)二舅的手迹汇集起来,与翦伯赞、张次溪等编辑的中国近代史丛刊《戊戌变法》互相参核考证,从戊戌变法到宣统复辟止,以徐、康两家遭遇写成本篇。

本书所记年月,戊戌时以旧历干支为主,因口述时均系旧历干支也。辛亥后,改用民国公元纪年。

一士舅的第一封信是写《戊戌变法侧记》的缘起:

简斋:久未见,正思念,得函,知源来与你及姬传为仅叟公写传,甚兴奋,极盼观成。虽于传主事迹见闻未广,且精神颓散,亦当有所襄助,义不容辞也。现最苦者,艰于写,略一动笔便晕眩,幸尚能谈谈。你平常何时在寓,请告我,拟诣话。如能在公园茶座(中山、北海、陶然均可)相会,似更便利。姬传、源来同谈尤佳。见闻、资料等,可以互相印证、启发,触类引申,当能想到些。一事而所知有异同,可互推求,易于折衷得实。

我身体方面,近来下坡路走的尚不算很快,惟蛰居无可谈者,甚闷,故常出门走走(公园等处),聊以排遣。残年病躯,亲故寥落,思之怆然!

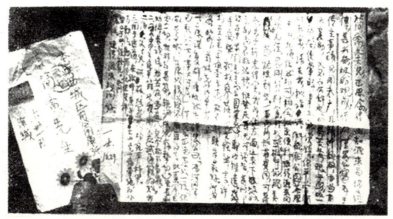

徐一士致言简斋函

言、许均至亲（正谊堂系下）①，能不断联系最好。所询各节，兹姑先简单答点：

一、康谋复辟，曾欣然告仅叟公曰："冯河间等已联络妥，事大可为。"仅叟公正色答以一语："你做梦啊！"康以后遂不敢再与言此事（康目空一切，惟对公甚敬，挽词极沉痛挚切）。至长函劝阻，未读过，勉若在，当有线索，今恐不易找②。

二、吾家之宛平籍，以我祖父应试通籍为始。我二伯父（仅老），父（子怡先生），研、艺、莹三兄，均宛平科甲。

三、关于医道，在狱时，庚子立山至，一痛晕绝，为处方苏之。勉甫曾记述其详。

暂止于此，俟补充。此问俪祉。姬传、源来均问好。一士。（一九六一年）十月廿九日。

一九八三年十月表弟徐培泽寄来有关正谊堂直系的各种资料，系其祖父焕琪先生及父廉甫先生所藏，对徐氏科名经历，有详细介绍，兹择要抄录：

徐伟侯先生致慕云函：

_____

①正谊堂是太外祖徐伟侯先生的堂名。

②徐仅老致康有为函，力劝其勿参预宣统复辟，此函寄北京由勉甫舅转交，函中内容就我所记忆的载入《劝康有为不要参加宣统复辟》一章。时勉甫舅已逝世。

慕云阮台执事,起程后,一路平顺,天气忽热,尚有风,今日巳刻到德州,尚不觉劳乏,船已雇妥,明日可舟行矣。戚川云尚有京钞七千文在三儿(子怡)屋内,未曾取来,未知三儿曾提及否?三儿谅已动身,如未提及,可便函一询。七绝四章,录出以供一粲,老境尚不颓唐,亦可笑也。手此,即颂升祺,阃寓均吉。伟手启。六月初十日。

一

十四年华逝水春(己丑入都),长安道上又双轮。奔波道是谁牵率,造化先时已种因。

二

屈指三庚溽暑长,骄阳如火碾黄尘。好风习习知人意,一个清凉自在身。

三

栈车谢去拨轻桡,荇藻交横雨后潮。回忆故乡风景好,画溪绿水宛相招。

四

半载秦燕各壮游,竹林吟兴想清道。骊珠未握聊抽管,咫尺云山月似钩。

徐廉甫堂舅在函尾作了跋语:

先二叔祖遗墨,讳家杰,字冠英,号伟侯,晚号东溪居士,宛平籍(原籍宜兴),道光甲辰顺天举人,丁未会魁,山东即用知县(进士外放,称为老虎班,规定一百天必须署缺),历任临淄、商河、阳信、益都等县知县。晚年任北京金台书院山长。生于嘉庆丁丑,卒于光绪乙未,寿七十九。子三,长臻寿(臻寿先生生子一仁录,字艺甫;女一为言简斋、申夫表兄之母)、次致靖、三致愉(子怡先生乃凌霄、一士舅之父)。

七绝诗中注己丑入都,十四年后,应为光绪五年己卯,是年六十三岁,公元一八七九也。

己亥七月侄孙仁锷谨志。

姬传按:慕云乃伟侯先生之侄,此函乃慕云之重孙徐恃庵持赠廉甫舅者,已珍藏数代。我第一次获睹太外祖之手迹也。又先父冠英公与伟侯先生同字,故外祖及舅父口头均称"姑爷"或"妹夫"而不称名也。

徐子静先生致慕云函:

　　慕云大哥大人赐览,前月杪由堤塘(光绪五年,邮政尚未举办,堤塘即信局也)泐复寸缄,并附致怡弟信一件,计已鉴入。昨子遴兄到京接手示二函,悉壹是。京兆(顺天府尹周家楣)哀毁之余,外事概不预闻。肃清案内所保尽先系试用本班,似与军功班无涉,来信所称先准正途补过,系指军功所保候补班而言,则与捐纳之试用本班似亦无涉,岂捐纳试用本班尽先者,亦可先准正途补用耶!若无此例,则亦无所谓冤抑与否,亦无庸查询,祈详示可也。

　　按:晚清时,各省有县、府、道候补人员谋差缺者,粥少僧多,甚难如愿,慕云似系山东候补知县,故函中代为分析也。

　　芋老挽联,当录寄天津旭初处,嘱用洋布书就悬挂,无须用绫联矣(按当时挽联系用白洋布、白绫书写,很少用白纸)。子遴处八金(八两银子)遵即转交。父亲此次来京约须卜年(八百两)之数,竭蹶万分。与京兆商巨款,几不能如愿,缘伊处此大故,支用浩烦,亦无多余,足以逮亲友,勉力腾挪,已为可感,然回任后亦即须措还也。都中轮蹄之苦,实所难言,除银台①外,一客未拜,然已乏矣,余详父亲面说不赘,复请升安,弟靖谨上。

廉甫舅跋语:

　　先堂伯遗墨,讳致靖,字子静,同治癸酉科举人,光绪丙子科进士,翰林院庶吉士,授编修(七品),京察记名道府(系三年考绩一等),历左右春坊、左中允(六品),左右庶子(詹事府五品官)日讲起居注官(为皇帝讲书并记录他的生活行动),翰林院侍讲学士(从四品)、侍读学士(正四品),署礼部右侍郎(二品)。充丙戌会试同考官(四人中之一),己丑河南乡试正考官,甲午武会试副考官(二人中之一),咸安官总裁,起居注总办。戊戌政变获谴下狱,庚子乱后,赦诏下,寓钱唐十余年,民国六年(应为七年)逝世,寿七十有五,子二,长仁铸,次仁镜。己亥(一九五九)七月侄仁锷谨志。

---

①顺天府尹往往由大学士、尚书等高级官吏兼任,周家楣以都察院副都御史兼任此职,故称他为银台。

徐子静先生致慕云第二函:

　　慕云大哥大人赐览,上月十七日由堤塘泐寄一函,并致子怡一函,计已鉴入。父亲十八日晚间到京(六月十一日由德州乘舟动身,走了七天到京),接到来信,又昨由堤塘送来三封信,均诵悉壹是。京兆正尔哀毁,不便遽与多谈,兼父亲到京后,尚须向商挪件等事,烦渎已多,势难更有增益……父亲今日已"验放"(来京引见者由吏部办理验放手续),过初十可以出京,此次引见一役,"名世"(五百两)尚难敷用,转增私累,良为浩叹,惟身体尚健适耳。任方伯(道镕)有七月初四由苏起程来京之说,未知确否?晤时求助,尚拟恳切言之也。专此作复,余已详廿九日父亲函内,不赘述。敬请升安。弟靖谨上。七月初五日。父亲回东之期,已不甚远,青郡子怡处未另作函,便中祈告之。

　　函内称:"与京兆商巨款,几不能如愿,缘伊处此大故……"京兆指周小棠(家楣),光绪四年任顺天府尹(民国改为京兆尹),五年以母丧丁忧离职,故云处此大故。

　　周家楣历官顺天府尹,都察院副都御史,通政史,礼、兵、户、吏各部侍郎,《中国人名大字典》周家楣条称他"……慷慨好施,不以境之丰约易其心,实心任事,所至有声"。

　　仅老对我说:"光绪二年,任翰林院编修,某日,往谒周小棠,穿普通之皮外褂,周问:'为什么不穿貂褂?'(按当时制度,二品以上方能穿貂褂,翰林院编修虽只七品,但准许穿貂褂①,当时内务府的官,品级不高,却都有钱,他们穿海龙代替貂褂。)我答:'买不起貂褂。'周说:'宜兴同乡点翰林的不多,你

---

①当年有无名氏所作竹枝词,描写翰林生活:"金顶朝珠褂紫貂,群仙终日乐逍遥。一朝大考魂皆掉,任你神仙也不饶。"清代制度,二品以上大员始着貂褂,惟翰林院编修七品官即可穿貂褂(七品为金顶,即黄铜顶)。从前以翰林为天子近臣,又是文学侍从,所以目之为群仙。但翰林们有个不定期的考试,叫作"大考翰詹",也许长期不举行,也可能两三年举行一次,侍读学士以上免考,是一种突然袭击。大考结果分三等,一等升官,一等第一、二名,往往连升几级,如张佩伦(樵野)、洪钧(文卿)、张之洞(香涛)都是大考连升的。新翰林盼大考,老翰林怕大考,如果考二等还好维持原职,考三等就要降,或出翰林院,改部曹(各部的中下级官吏)。大考的谕旨颁发立即入场,不准告假(颁布前已告假者可不参加大考)。

太寒伧了。'就叫当差到上房取一件貂褂送给我。"

知县进京"引见"（见皇帝）是要花许多银子的：舟车旅费，入京后，馈送礼品，还有"门包"（《法门寺》里梅坞县赵廉投帖时，贾桂向他索门包），都离不开钱。当时，做知县比京官的收入多。据先母说："伟侯公居官廉洁爱民，手头并不宽裕。"从上面的事例，可以看出，在封建社会里做清官并不容易，你不妄取，但办事要花钱。伟侯先生在山东做了四任知县，还要靠借钱来应付浩繁的支出，以致仅老点翰林时，买不起貂褂子。

徐仁铸先生致菊如函：

菊如大哥大人如晤，昨接手函，并"傅相"（见按语）书联领帖收到，种种费神，口不胜谢。又观拟联一对，颇有牢骚之气，吾兄在院署十余年，和平廉介，人无间言。近又离却盐官，将来连翩而上，正意中事，际臣阮台（菊如的儿子）又能步武（继承父业），试问直隶通省官场中，如兄能有几人，方且求之不得，而兄又何必云贱命乎哉。详观来意，以族人二字为介介（菊如不满意研舅信中称他为族人），不知此系书札中通用之体。在唐裴晋公①之贵，而裴惟恕与友人书则称之为族人。在宋范希文②之贵，而范长生③与友人书称之为族人。我辈动笔，总有根据，并非率意填写，且吾兄凤耽翰墨，在风尘中尤为矫矫者，岂不能意会及之耶！向但知兄为开爽一流，而不料多疑一至于此。援据典故，一一著明，以释疑抱。若兄以为疑，则如裴与范皆名臣硕辅，胡不闻以为非耶！亦以行诸笔札与口述不同，且于文章之体尤合，兄非俗人，一经详解，当涣然释也。散鞋已由子长处送到，馀不多赘。专此奉布，复颂年安不一。弟仁铸顿首。重闱命笔请安（重闱系指祖父），际臣阮台均此道念。

---

①唐裴度字中立，闻喜人。淮蔡作乱，王师屡打败仗，群臣争请罢兵，裴独主张讨贼，唐宪宗拜裴度为门下侍郎、平章事。督诸军力战，擒吴元济，安抚当地的人，皇帝封他为晋国公。

②范仲淹字希文，吴县人，以龙图阁直学士副夏竦经略陕西。守边数年，号令严明，爱抚士卒，羌人呼为龙图老子。夏人亦相戒不敢犯其境，曰小范老子胸中自有数万甲兵。范的从政业绩，乐善好施，为当时人所钦敬，死后谥文正，大家称他为范文正公。

③范长生字少才，以进士官太学。不喜与显要往来，为人所忌。做泸州知州，设平泉寨，夷人不敢妄动，泸州大治。学者称他为双流先生。

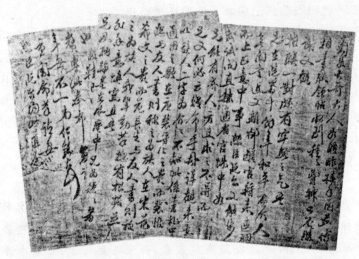

徐仁铸致菊如函

按：菊如的经历不详，玩函中词意，似为直隶总督署幕僚，傅相则为曾任直隶总督之李鸿章。李鸿章是太子太傅、文华殿大学士，清代的大学士就是宰相，故通称傅相。函内详释族人涵意，菊如可能为族兄。此信未著年月，从研舅的书法看，大约在光绪甲午（一八九四）以前，因后期书法学翁松禅（同龢）老人也。

研甫大舅于光绪十九年（一八九三）癸巳科以翰林院编修外放四川乡试（举人考试）副主考（正副主考均须经过考试任命）。由北京至成都，往返须经陆路，《涵斋遗稿》有一组诗，是沿途即兴之作，可以看出蜀道难及抒发襟抱：

发宝鸡遇雨

渐向蚕丛辟驿程，凭山一角便为城。千峰峭竦呈诸相，一水分流得数名。汉碣唐碑徐剥落，桑经郦注验纵横。茫茫吊古陈仓道，但见寒烟挟雨行。

自朝天镇至广元之两首

蜀道行将半，千罍万的承。风高开诀荡，雾重失崚嶒。入峡河如线，悬崖路似绳。搴帷试长啸，疑有谷神膺。

分野当天漏，潇潇送客途。访碑缘未了，击缶韵将孤。《广元志》：县之北，方言杂秦晋音，南则皆蜀音也。关隘苴侯国，江山道子图。困云笼袖湿，归去赠封胡。

皇泽寺

灵异徒闻出溉龙,金轮往焰已无趺。文人游戏何堪怒,却道风雷避笔锋。

送险亭

驿路初过送险亭,万山朗豁见空青。原田如罫波如折,一带人家树作屏。

李业墓

兰炳膏焚①李巨游,肯教石阙翳荒丘。沙怜蛙奴幺麽同麽,微小也甚,亦复心知杀士羞。

按:李业字巨游,梓潼人,志操介特,汉平帝时,举明经为郎。王莽以业为酒士,隐山谷不出。公孙述僭位,征为博士,羞不能致,使人持诏命奉毒酒劫业,业饮毒死。

这首诗是慨叹李业的遭遇,五年后,戊戌政变,六君子被杀害,末句:"亦复心知杀士羞",可谓诗谶。

抵宝鸡

山程从此尽,浩荡见中原。尚有钓台迹,全消猎火痕。渭汧通两派,陇蜀扼重门。鸑鷟铺张后,秦祠一例存。

以上是使蜀时所作。

游浯溪二首

路转云深处,荒台枕碧湘。江山开百粤,文字属中唐。影落斜阳紫,名题卧石苍。风流呼漱玉,提笔妙能狂。

流涕中兴业,艰难一遇之。纪游聊有托,作颂更何时。鼙鼓家山梦,荪荃泽国思。镜崖今照客,犹未鬓成丝。

这两首诗是研甫舅于戊戌前一年丁酉(光绪二十三年,一八九七)接替江建

─────────────

① 兰炳膏焚,用汉《龚胜传》典,汉哀帝时,龚胜为光禄大夫,王莽秉政,乞归,莽使人征之,胜乃绝食而死,吊客云:"熏以香自烧,膏以明自销,龚生竟夭夭年,非吾徒也。"

11

霞(标)任湖南学政时游浯溪所作,盖已知光绪与慈禧由于变法和守旧的政见不同,不久将有巨变,而为光绪帝处境忧也,"江山开百粤"指康有为创议变法维新。

浯溪在湖南祁阳县,唐元结(次山)有《浯溪铭》,序曰:溪在湘水之南,北汇于湘,爱其胜异,遂家溪畔,命曰浯溪。元结撰《大唐中兴颂》,颜真卿书碑,刻在浯溪石崖上,俗称"摩崖碑"或"中兴颂",历代题咏甚多,宋代女词人李清照(易安)有七古二首,"风流呼漱玉",则《漱玉词》为李清照所作也。

徐致靖折保康梁谭黄张的经过

　　戊戌变法时,外祖父徐致靖是翰林院侍读学士(以下简称仅老);大舅父徐仁铸(字研甫,以下简称研舅)是湖南学政;二舅父徐仁镜(字莹甫,以下简称莹舅)是翰林院编修;堂舅徐仁录(字艺甫,是康有为的学生,以下简称艺舅)是举人。以上四位与戊戌变法是有直接关系的人物,本文以他们为主线来述记。

徐仁录、言謇博、徐仁铸

　　仅老的性格,刚正不阿,淡于名利。少年时,受太外祖伟侯先生庭训,治经学、史学之外,留心洋务及经世之学。伟侯先生以进士外放山东,任各县知县,仅老随宦同往。母亲曾对我和源来说:"我生于山东益都,故取名仁镒,太外公(徐伟侯)是进士外放山东省,做过临淄、商河、阳信、益都知县,有徐青天称号。他和李合肥(鸿章)同榜中进士,受了洋务派影响,主张开铁路、种牛痘,和李提

13

摩太是朋友,向他打听英国何以能够富强的道理。他教育子弟,着重研究中国历史,还主张研究外国历史,大约我九岁时,太外公给我一部《三国演义》,他说:'虽是小说,这里面的人和事都是史书上有的,可以增长知识。'他常说:'日本人模仿西洋的治国方法,一天比一天强盛,我们还是守旧,将来要吃大亏。'"

在某县时,教会办医院,免费种牛痘,地方顽固守旧派群起反对,伟侯先生乃出告示晓喻。大意谓我朝开国以来,天花为祸最烈,上自王公,下迨庶民,历年死于天花者不可胜数,今西方发明牛痘苗预防此疫,应准予试办,以观后效。

仅老因随宦北方,故寄籍宛平,下北闱应顺天乡试中举,点翰林,即在北京定居。故研甫大舅、莹甫二舅均应顺天乡试连捷点翰林,当时成为佳话。

翰林院是清水衙门,事简多暇。仅老喜唱昆曲,与任道镕(筱沅)共同研究纳书楹叶堂一派的唱法,颇得精髓。还精通宫谱,能作曲。对笛子、鼓板、三弦以及皮黄的胡琴都能演奏,皮黄老生宗程长庚,小生学徐小香。仅老教我昆曲之外,还教我唱程长庚的《天水关》、徐小香的《群英会》,他说:"皮黄讲究沉着简练;花腔取巧,不足为训。"

乙未(一八九五)年仅老丁忧,扶伟侯先生枢回到宜兴(当时的制度,父母死后,要解职服孝,二十七个月后称为服满,复职)。当时,看到外来侵略频繁,政府官吏贪贿成风,非常气愤,常说要出几个张江陵(居正)、海刚峰(瑞),才能扭转风气,不打算再做官。胞叔徐憩泉,急公好义,有乡望①,仅老很器重他。他看到侄儿有消极态度,就说:"你现在是翰林院侍读学士,可以专折奏事,当国家危急之秋,应该有所建树,岂可偲勤。"仅老受到他的鼓励,丁酉年服满,就积极投入维新变法。

当甲午之战,败于日本,赔款割地,列强胁割,虎视眈眈,朝野有志之士,主张变法维新,而光绪帝在甲午后,励精图治。御史杨深秀(漪村),重气节,通达时务,主张联英、日拒俄,赞成推行新政,与仅老相契,曾共商上疏光绪帝"明定国是"。仅老上了《请明定国是疏》,其精神是:"外侮方深,国是未定,开新守旧,两无依据,请乾断特申,以一众心而维持时局。"用今天的语汇就是要皇帝表

---

①徐憩泉名葆辰,号淡轩,行六,咸丰己未科与其五兄芝田同榜中举人,官砀山县训导,为人乐善好施。某年宜兴大荒,公赈缓不济急,他夜访亲友募赈款,一夕售出私房三所,通宵安排"施粥"准备工作,天明粥厂冒烟,传为佳话。徐憩泉办事干练,有魄力。当时,几位胞兄侄辈(如徐伟侯、子静先生等)都有较高声望,所以宜兴与官府打交道、创办公益都由他领衔。正谊堂直系下弟兄共六人,一、企唐,二、伟侯,三、慕衷,四、不详,五、芝田,六、憩泉。

态。戊戌四月,光绪帝颁布《定国是诏》,仅老又上
《保荐人才折》,保举了五个人:一、工部主事康祖
诒(有为),二、湖南盐法长宝道黄遵宪(公度),
三、江苏候补知府谭嗣同(复生),四、刑部主事张
元济,五、广东举人梁启超(任公)。

梁启超是谭嗣同向湖南巡抚陈宝箴(右铭)、
学使徐仁铸推荐,而被聘为长沙时务学堂总教习
的。研舅曾把梁启超所著《辐轩今语》颁示学官。
长沙进士叶德辉是研舅的门生,和老师唱反调,
作《今语评》,同时王先谦等反对研舅的革新主
张。在湖南地方势力守旧派的掣肘下,推行新政
遇到阻力,于是改变方针向中枢发展,研舅将谭、
康、梁、黄等简历寄给仅老,这就是《保荐人才
折》的经过。他们的官阶、思想、遭遇,就我所知,
简略地谈一谈。

梁启超被荐入京后,光绪召见一次,按清代
习惯,举人召见后,有赐翰林或内阁中书的例子。
当时,梁的名气已很大,有时口头康梁并称,但召
见后,只赏六品顶戴。据莹舅说:"任公广东乡音
很重,光绪听不清他的话,又怕慈禧的爪牙窃听,
不便反复询问,故不得重用。"

谭嗣同

谭嗣同是湖北巡抚谭继洵的儿子,应湖南巡抚陈宝箴之招,回家乡办新
政。如内河小轮、商办矿务、湘粤铁路、时务学堂、保卫局、南学会等,都是他
倡议策划的。他与研舅最为投契。我幼年在杭州徐家读书时,曾看到研舅遗
物中,有六本粘贴信札的簿子,内中有黄遵宪、熊希龄、陈三立、郑孝胥等人的
来信,谭嗣同的信有十几通,内容大半谈新政,也有学术商讨,可惜多次动乱
迁徙,这些珍贵文献全部散失了。

黄遵宪曾任驻日使馆参赞,湖南盐法长宝道兼署湖南按察使,以仅老保
荐,内调三品卿,出使日本。未到任而慈禧再垂帘,光绪被软禁瀛台,他在上
海被捕,因日方抗议,被迫于二日后释放。黄遵宪从此隐居著书。他是最早研究
日本历史的,著作有《日本国志》、《人境庐诗草》。一九五二年,他的侄儿新加坡中
国银行经理黄伯权到北京探望梅兰芳先生,送了我一本《人境庐诗草》,他对我说:

黄遵宪

"这本书是在新加坡翻印的,上面的签条是徐研甫学使的手迹。"

我看到诗草中有"己亥怀人诗",共十四首①,从第一首义宁陈右铭(宝箴)到末首善化皮鹿门(锡瑞),其中第二首是"宛平徐子静(致靖)":

纷纭国是定维新,一疏惊人泣鬼神。
寻遍东林南北部,一家钩党古无人。

第十一首"宛平徐研甫(仁铸)":

臣罪当诛父罪微,呼天呼父血沾衣。
白头玄鬓哀蝉曲,减尽维摩旧带围。

姬传按:徐家原籍宜兴,因考试下北闱,入宛平籍。以后,我的堂妹许苹南给我看先叔松如先生手批朱古微(孝臧)的《彊村词》,内有一阕〔烛影摇红〕,题目是:《晚春过黄公度人境庐话旧》,内容暗切戊戌变法事:

春暝钩帘,柳条西北轻云蔽。博劳千啭不成晴,烟约游丝坠。狼藉繁樱划地。傍楼阴、东风又起。千红沉损,鹈鴂声中,残阳谁系。　　容易消凝,楚兰多少伤心事。等闲寻到酒边来,滴滴沧洲泪。袖手危栏独倚。翠篷翻、冥冥海气。鱼龙风恶,半折芳馨,愁心难寄。

松如四叔认为这是一首"词史",他作了眉批:"前阕皆言戊戌政变,所谓话旧也;春暝二句,孝钦再垂帘也;博劳二句,新党事败也;狼藉句六君子被祸也;傍楼阴四句,旧党柄政,新政全翻而国事不堪问也;鹈鴂用欧阳永叔诗意,指宫廷言。下阕,楚兰句指湘抚陈右铭,翠篷数语为外交惜人才。"

还有一首〔声声慢〕,题目是《十一月十九日洪味聃以落叶词见示感和》。

①近见上海古籍出版社《人境庐诗草笺注》"己亥续怀人诗"二十四首,皮鹿门后还有郑孝胥到李炳寰等十首。近代史资料丛刊《戊戌变法》则录十四首,与余所见之刊本同。

此调作于辛丑年冬,据词人龙榆生(沐勋)云:"朱古老这首词是德宗还宫后,恤珍妃所作,与《人境庐话旧》可称姊妹篇,均为《彊村词》中精心结撰之作。"其词曰:

> 鸣蜇颓城,吹蝶空枝,飘蓬人意相怜。一片离魂,斜阳摇梦成烟。香沟旧题红处,拚禁花、憔悴年年。寒信急,又神宫凄奏,分付哀蝉。
> 终古巢鸾无分,正飞霜金井,抛断缠绵。起舞回风,才知恩怨无端。天阴洞庭波阔,夜沉沉、流恨湘弦。摇落事,向空山、休问杜鹃。

最近与黄君坦兄研究此词,他认为龙榆生的看法,至确至当,"飞霜金井"点题。起句"鸣蜇颓城,吹蝶空枝",极写凄凉悼逝之境,颓城句描写兵燹后宫禁荒芜,"吹蝶空枝"描写狂风过后,蝶魂飘渺,花枝已空。他又说:"此项写法,系词人琢句,避免俗调,可意会不易言传,若字字解作白话则支离繁琐矣。"

论者推崇《彊村词》,认为晚清时第一手。固不完全在琢句上着眼,更重要的是他借词作提出他的政治见解,深刻地讽刺了统治阶级的残暴,又以十分同情的态度,慨叹维新志士惨遭杀戮;〔声声慢〕既恤珍妃的惨死,亦深悼德宗之有志图强,而格于慈禧和群小的昏暗守旧,终于抱恨以殁也。

辛亥后,我在诗人陈苍虬家中见到朱古微,他谈起慈禧虐待光绪,屠杀维新志士,愤愤不平。他还是一位风趣的老人,那天有人请他写字,我问他:"古老,您的字有些左倾?"他笑答:"如果右倾,就是衙门里书办抄公文的字了。"与朱古微齐名的况周颐(夔笙),著有《蕙风词》,他非常倾倒《人境庐话旧》之作,视为畏友。

苹南妹受四叔父松如先生庭训,能诗,读此后,成诗一律,附录于此:

> 励精图治觉沉迷,忠正敢当百尺梯。子母分争颁国是,君臣际会振丹圭。瀛台滞跸千秋迹,婴杵同担生死携。烛影摇红融史笔,画龙主目仰眉批。

张元济在《戊戌政变的回忆》中说:由于翰林院侍读学士徐致靖上折保他与康有为,四月二十八日,光绪帝召见,在朝房里碰见荣禄,康有为大谈新政,荣禄唯唯诺诺。光绪召见康先生,谈了一刻钟出来。他进去在勤政殿旁一间小屋见光绪,光绪谈到滇越边境发生划界纠纷,以及开办铁路。张答必须赶

张元济

紧培养人才,如办铁路,不能完全倚赖外国工程师。当问到张菊生在北京所办通艺学堂时,学生人数、功课项目等,问得很仔细。据张说:光绪说话时,语气极温和,但声音很低,御座后窗外似有人影,谈话约三刻钟。张元济戊戌八月罢官后,到上海办商务印书馆,莹舅被延聘编撰中学教科书。民国初年,张菊生由沪来杭探望仅老,以后,表兄徐衍高(肖研,乃研舅之子)曾以研舅遗著《涵斋遗稿》请张菊生用仿宋字排印,分送戚友。一九四九年,我随梅兰芳先生到北京开文代会,在旧六国饭店见到张先生,问起袁世凯出卖维新派的事,他说:"我在戊戌政变中是外围,有些事没有参加。"

康有为与保国会

戊戌四月,康有为在京发起成立保国会,李盛铎(木斋)参与其事,曾对仅老称道康的才识,后与康不睦而分裂。康有为起草的保国会章程共三十条,是变法维新的纲领,现摘录第一、第二条:

> 一、本会以国地日割,国权日削,国民日困,思维持振救之,故开斯会以冀保全,名为保国会。
>
> 二、本会遵奉光绪二十一年五月二十六日上谕,卧薪尝胆,惩前毖后,以图保全国地国民国教。

康有为、梁启超在会上作了演讲,参加的知名人士有张一麐、李岳瑞、徐珂、宋伯鲁、冒广生、傅增湘、林旭、刘光第、杨锐、麦孟华……我的舅舅徐仁镜、徐仁录也参加了保国会,各省的进步人士纷纷来京观察,声势很盛。康有为无意中得罪了吏部主事洪嘉与,他与投机分子孙灏密谋,写《驳保国会议》,印了数千本,向权贵投送,顿时谣言风起,有人附片参劾,保国会只能停办。康有为已决定离京。仅老的《保荐人才折》上去后,上谕二十八日召见康有为、张元济。这时,康有为迁到上斜街徐家附近,一天来三次与仅老谈维新变法的计划,仅老还倾听他谈《春秋》、《公羊》,非常投契。事先是研舅因谭嗣同对康的称道而从信中推荐的。

召见时,与荣禄在朝房大谈变法,荣禄不加可否。

康有为与光绪帝谈话,大意是:变法要彻底,近年来只是少变而不是全变,所以成绩不大。他认为变法,要把制度、法律先行改订,设立制度局,否则只是变事,不是变法。

他还说研究过各国变法的情况,欧洲各国经过三百年才富强起来,日本明治维新,三十年就强了,中国好好研究变法,三年就可以自立。光绪帝说他的条陈(《应诏统筹全局折》)讲得很详备。

康说:"皇上既然知道非变法不可,为什么长久没有举动,看着国家危亡?"

光绪帝注视帘外,怕有人偷听。轻轻叹了口气说:"我受种种牵制,不能放手干。"

康从他低沉的语气,看出他处境困难,就代为划策:"皇上可以就权力能够做得到的先做,虽然不能尽变,如能扼要地做几桩大事,也可以救中国。但现在的大臣老朽守旧,不懂世界大势,要靠他们来变法是没有希望的。"他建议:"不必尽撤旧衙门,只须增设新衙门;只要选拔有才干的官员,多接见维新志士,给以官职,准许专折奏事,将新政交给他们办理。对旧大臣保持他们的高官厚禄,使他们没有办事的辛劳,也没有失位的恐惧,他们便不会阻挠新政了。"光绪帝的口气,同意他的见解。后来罢免礼部六堂,设小军机,都是根据康的建议而断然进行的。

康还对答了废八股、游学、译书、筹款等问题,最后他要求:多下诏书,晓谕天下,加快维新变法步子。

退出后,军机大臣奉光绪面谕:着在总理衙门章京上行走。这时,李鸿章谢恩下来,对康有为说:"荣仲华(禄)在皇上面前说你的坏话,又告诉刚子良(毅),皇上如欲赏他官职,给一个小差使。另一军机大臣廖寿恒主张赏五品卿,而刚毅坚持总理衙门差事。"

光绪只召见一次,此后,即由总理衙门代奏。后党阻挠新政,阴谋废立,锣鼓一天天紧密。七月二十八日,杨锐从宫中带出光绪谕康有为、杨锐、林旭、谭嗣同、刘光第密诏:

> 朕惟时局艰难,非变法不足以救中国,非去守旧衰谬之大臣而用通达英勇之士,不能变法,而皇太后不以为然。朕屡次几谏,太后更怒。今朕位几不保,汝康有为、杨锐、林旭、谭嗣同、刘光第等,可妥速密筹,设法相救,朕十分焦灼,不胜企望之至。特谕。

八月初二日谕康有为一人,由林旭带出,这时,光绪已知大势去矣,此诏为保全康有为的生命,从诏书的语气可以看出他内心的痛苦:

> 朕今命汝督办官报,实有不得已之苦衷,非楮墨所能罄也。汝可迅速出外,不可延迟,汝一片忠爱热肠,朕所深悉。其爱惜身体,善自调摄,将来

更效驰驱,共建大业,朕有厚望焉。特谕。

我听仅老说:"八月初二日,康南海奉到光绪帝密诏后,来我家吃饭,座中维新党人外有礼部尚书李苾园(端棻),他赏识梁任公,曾把堂妹嫁梁为室,所以对南海很契重。大家都劝康奉诏速行。那天,我还唱了《长生殿·弹词》一折〔南吕·一枝花〕、〔九转货郎儿〕,这是李龟年述说天宝当年遗事,全套北曲,苍凉感喟,所以南海说有变徵之音。回忆往事,真有'风萧萧兮易水寒'的情景,虽然知道新政已败,大祸将临,却都慷慨激昂,没有畏缩之态。但谈到光绪帝处境,则相对流涕,一筹莫展。"

徐致靖密保袁世凯的悔恨

光绪与慈禧,由于变革和保守的不同观点,引起新旧之争的激烈暗斗。光绪在积威之下,他的变法路线不得畅通;而慈禧的废立阴谋惮于国际舆论,亦迟疑不敢下手。戊戌七月十九日,光绪下决心向守旧派开火。事情是由礼部主事王照上书言事引起的,被礼部首脑阻挠驳斥,不得上达,上谕斥革礼部尚书怀塔布等六人,王照赏给三品顶戴,以四品京堂候补。

第二天,李端棻署礼部尚书,仅老以翰林院侍读学士升署礼部右侍郎,杨锐、刘光第、林旭、谭嗣同赏加四品卿衔在军机章京上行走,参预新政事宜。

出卖维新派的袁世凯

这是因为军机大臣都是保守的后党,和光绪没有共同语言,所以另立一个班子。这四个人就是为皇帝办事,带有内阁性质的近臣。这一下触怒了"老佛爷",斗争进入白热化。

据莹舅说:"康主张君主立宪,效法日本明治维新,与你外祖的意见相同,所以很谈得来。"又告诉我:"谭浏阳因病,外祖去电催促,直到七月才入京,他几乎天天到我家来商量变法的事。他还喜欢听昆曲,常请外祖唱《长生殿》的《酒楼》一折,洪昇的原本叫《疑谶》,情节是郭子仪在酒楼上看到众朝臣到杨国忠家贺新居,又看到安禄山封东平郡王走过楼下的飞扬跋扈情状,引起他的愤慨。康南海则喜欢听《刀会》'大江东去浪千叠……'。外祖早年唱正旦,中年唱官生,晚年唱老生、老外,曾与梅巧玲合唱《小宴》,梅唱杨贵妃,外祖唱唐明皇。"

莹舅接着谈袁世凯的事:"当维新派知道慈禧决定废立光绪的阴谋时,康南海、谭浏阳想倚靠袁世凯的兵力保护光绪,就委托艺舅到小站看操。以后,请外祖上《密保练兵大员疏》。"我拦住他的话头说:"我听外祖谈起此事,非常悔恨,似乎是终身遗憾。"莹舅说:"我对借用袁的兵力,曾劝他们慎重,认为交浅言深,是一种轻率举动。因为袁是荣禄的部下,虽小站所练新军,博得称誉,但人数不过七千。袁是个看风使舵的人,他曾赞成办新政,那是趋时。可惜研舅远在湖南,如果在京,则不会铸成大错的。研舅与袁是口盟兄弟(当时官场有拜把换帖的风气,口盟是双方同意而未举行换帖仪式),深知袁之为人,曾推荐亲戚言敦源(仲远)入袁幕。艺舅(艺舅又为康有为之弟子)因这种关系,到天津谒袁看操,袁盛筵招待,谈话时徐世昌、言敦源在坐,据仲远说:'艺甫词锋甚利,口若悬河,看操时坐在袁的旁边。'"

莹舅以极其抑郁的心情,述说保袁的经过。艺舅回京后,盛称袁的治军才能,康南海、谭浏阳主张由外祖密折保袁,得到外祖同意,折稿是大家商量起草的:

> ……臣窃见督办新建陆军直隶按察使袁世凯,家世将门,深娴军旅,于泰西各国兵制及我国现在应行内治外交诸政策,无不深观有得,动中机宜。臣闻新建军之练洋操也,精选将弁,严定饷额,赏罚至公,号令严肃,一举足则万足齐发,一举枪则万枪同声……顷者,迭有俄国、日本提督等官,前往观操,动色叹服,或诧其军容之盛,或共幸其兵数之单。且其驾驭洋将,各尽所长,而恪守军法,无敢逾越,是该臬司之才略可知……

保袁密折发出后,王照对仅老说:"调袁入京,最令太后惊疑。"仅老答:"我请召袁,为御外侮也。"王照主张上一折,请皇上命袁驻归德府以镇土匪,意在冲淡召袁入京之揣测,仅老采纳他的意见,共同商酌折稿措词。这时康有为来说:谭复生请皇上开懋勤殿,用顾问官十人,业已商定,请徐、王具折保举。仅老保四人,以康有为为首;王照保六人,以梁启超为首。

这时,后党往来京津道上,调兵遣将,形势紧张。八月初一日上谕:直隶按察使袁世凯着开缺以侍郎候补。光绪曾两次召见。初二日赐康有为诏,令其迅速出京,不可迟延……初三日谭嗣同夜访袁世凯,请其救光绪,诛荣禄。袁伴诺之,初五日返津,向荣禄告密。于是,八月初六日,慈禧第三次垂帘听政,把政权从光绪手中夺回,囚禁瀛台。守旧派以胜利的姿态掌握了中国四万万人的命运。

23

当慈禧归政于光绪时,她的打算是做一个有权的太上皇。她以为光绪是她抚养起来的,政府大员多半是她提拔的,她完全可以控制政权,在颐和园听戏取乐,颐养天年。可是光绪因甲午之战,败于日本,群强虎视,国势危殆,就想变法维新,挽回颓势,信赖以康有为为首的激进派,任用四章京,罢免礼部六堂。慈禧在群小包围下,囚禁光绪,夺回政权,结束了维新变法。

翁同龢

在光绪下诏定国是后的第五日,慈禧逼令罢免翁同龢协办大学士兼户部尚书,又任荣禄为直隶总督兼北洋大臣,统制军权,又定进退二品以上大员,均须请示慈禧。光绪是一个既无实权,又无兵权的空头皇帝,他就是在这种不利形势中进行变法维新的。

初六日下午,莹舅与梁启超同到李提摩太处,告以慈禧垂帘,朝政大变,康已离京,光绪帝已处于危境。说毕,两人抱头痛哭。李提摩太说:"英、美公使都到北戴河避暑,局势急转直下,我打电报给上海英领事,相机营救康先生。"莹舅与梁启超又到谭嗣同处,谭说:"我欲救皇上,已不能救,欲救康先生,亦无能为力,我已无事可办,等死而已。"

莹舅对谭说:"你要拿个主意,岂可束手就缚。"谭沉吟了一下说:"我听伊藤博文的口气,似乎愿意帮忙,明天,我和任公、艺甫同到日本使馆商量一下,看还能做些什么事。"于是黯然分手。

初七日,艺舅与谭、梁同乘骡车到了日本使馆,谭与日本参赞笔谈,写道:"梁启超君应避死,留为大用,托君重义,使之不死。"参赞点首承诺,写道:"吾将使梁君化妆成打猎者,离京赴津。"又写道:"君亦可留此不归,可免于难。"谭摇首写道:"我义不应避死。"参赞肃然起敬。谭对梁任公说:"不有行者,无以图将来,不有死者,无以酬圣主,程婴、杵臼,分担其任。"即将手稿一包交梁带走,与艺舅同离使馆,参赞送至门外,恭敬告别。艺舅云:"谭浏阳侃侃而谈,神态坚定,梁任公面色灰白,说话不多,亦未问谭的行动。"

关于艺舅看操保袁事,当时以为轻率之举。但艺舅云:"欲倚靠袁之兵力救光绪、诛荣禄,乃谭浏阳、康南海与我合谋,诚为孤注一掷。我与谭最投契,他是一位言必信、行必果、重然诺、明大义的豪杰,联袁乃知其不可为而为之。被捕时,正在

林 旭

作家书答其父谭继洵中丞,盖为开脱其父罪责,故谭继洵只革职而未入狱也。"

被捕的前一天(八月初八日),谭嗣同先到皮库营看林旭,林问:"你走不走?"谭答:"我不走。"林云:"我亦不走。"随即由后门到上斜街徐宅。仅老留他吃饭、饮酒,他对仅老说:"变法维新失败了,任公我已托日本使馆掩护他到津,由海道赴日,贼党追捕康先生甚急,吉凶未卜。"仅老问:"你作何打算?"谭用筷子在头上敲了一下说:"小侄已经预备好这个了。变法、革命,都要流血,中国就从谭某开始。"

仅老常对我说:"谭先生在临危时,谈笑自如,慷慨激昂,真豪杰之士。"又说:"我对不住谭浏阳,如不保他内调,不致被害。"

初九日,搜捕维新党人,上斜街被围,仅老正乘车外出拜客,外祖母朱太夫人对九门提督署吏卒说:"徐大人回来即自行投案,无须追捕。"未几,仅老回家,即赴刑部投到。

狱中生活

仅老入狱后，自以为必死，他的官职比六君子高，又保举康、梁、谭……还上了许多变法改制的奏折。刑部司官乔树楠（茂萱）是仅老的年侄，拘押的要犯，由他监视。从乔的口中知道八月十三日要处决一批犯人，仅老穿了官服候提讯，莹舅、艺舅及其他亲友则在菜市口（在宣武门外，西鹤年堂药铺附近，至今地名未变）等候。只见第一辆囚车是谭嗣同，第二辆是杨深秀（叔峤），第三辆是杨锐（漪村），第四辆是林旭（暾谷），第五辆是刘光第（裴村），最后一辆是康广仁（幼博）。莹舅等知道第一批里没有外祖，认为是万幸，但何以能免于难，则真相莫明。

仅老常谈起法场的情景，大半是乔茂萱告诉他的，那次监斩官是刚毅，谭嗣同在临刑前对刚毅说："我要讲一句话。"刚毅不听，乃仰天大笑，从容就义。刘

戊戌六君子报导

康广仁

光第做过刑部主事,知道狱中规矩,死囚出西门,刘光第很诧异说:"没有过堂,何以绑赴刑场。"命跪听旨意,刘大声说:"祖宗的规矩,临刑呼冤者,即盗贼亦须复审……"刚毅不答,再说一遍,刚毅说:"我奉旨监斩,别的事不知道。"行刑后,挺立不倒,旁观的焚香叩拜。

据乔茂萱对仅老说:"这批罪犯,刑部不敢审讯,奏请派大臣会审。八月十三日突然有旨处斩,刑部官非常惊讶,因为这是违背大清律的。后来才知道,如果提审,许多事都牵涉到皇上,而使馆方面纷纷向总理衙门打听皇帝的健康和逮捕这些人所犯何罪。太后觉得形势不妙,就越过法律程序,杀了六人,康广仁并未参与新政,也没有见过皇帝,因为逮不着康有为,拿他弟弟出气。"

六君子被害后,乔茂萱曾把谭浏阳狱中题壁诗抄给仅老看:

　　　　望门投止思张俭,忍死须臾待杜根。我自横刀向天笑,去留肝胆两昆仑。

这首诗是传诵一时的绝笔,刑部的重犯是没有纸笔的,据说是用碎煤片写在门上的。外祖对我解释了诗中的涵意:

"张俭是后汉人,字元节,汉桓帝时,太守翟超保举张俭做吏部督邮。他上本参劾中常侍(太监)侯览违法乱纪,侯览捏造事实,派人拘捕。张闻讯逃亡,望门止宿,有些人不怕耽破家的风险收留他。避到东莱李笃家,外黄令毛钦带兵到李家捉拿张俭,李笃对毛钦说:'张俭知名天下,而亡非其罪,岂忍执之乎。'毛钦叹息而去。

"这句诗指康南海,希望他像张俭那样,有人掩护他脱离险境。

"杜根在后汉安帝时官居郎中。当时邓太后临朝,有如慈禧的垂帘听政,她的亲戚专权枉法,杜根联合郎中上书请太后归政。太后大怒,逮捕杜根等,在金殿上用酷刑弄死他们。杜根搭出去后又醒过来,隐居做酒保。邓氏外戚被诛后,杜根做了侍御史,汉顺帝时升济阴太守。"外祖说:"这句诗是希望被捕的维新党人像杜根那样,毙于杖下而复苏,看到后党被诛戮。

"第四句'去留肝胆两昆仑'指康南海、大刀王五。王五是精通武术的侠客,谭浏阳被害后,王亲自到刑场收尸埋葬。"

仅老讲解完这首诗,流下了眼泪。

仅老在狱中,得到乔茂萱的照顾,住的是三间北房,饮食也很不错,可以读书养性。他做了《祭六君子文》、《续正气歌》,都是腹稿,回到杭州曾写出来。我幼年还诵读过《续正气歌》,非常激昂沉痛,可惜在动乱中散佚了。

起初,家里人可以探监,言謇博姨丈是仅老的侄婿,又是学生,曾到刑部探监①。仅老对他说:"我们主张变法改制,效法明治维新,可谓对症下药;虽然没有成功,但我相信,将来还要走此路,这是大势所趋,少数人阻挠不住的。"仅老不谈家事,神色非常坚定。后来上面有话,就和外面完全隔绝了②。

仅老精通中医,在狱中为犯人治病,救活了不少人。庚子年,内务府大臣立山(豫甫)因反对慈禧炮轰使馆区,被慈禧降旨下狱。入狱后,昏厥过去,乔茂萱请仅老给他医治,服药后,病就好了。仅老问他:"你是太后的红人,怎么到这里来啦。"立山说:"你是有学问的人,我是浑小子,太后叫董福祥开炮轰东交民巷,我觉得这是胡闹,就劝他们不要这么干,我和端王在太后面前抬杠。端王相信义和团的装神附体、刀枪不入来打败外国兵,好让他儿子溥俊——大阿哥做皇帝。我对他说:'义和团那一套,我叫他们做给我看,当我叫人用刀砍他们时,他们含糊了,我看这是一桩骗局,不可上当。'这几句话戳了他的肺,指着我的鼻子大声说:'你是汉奸。'太后就把我们两人哄下去。过一天,端王不知使了什么花招,就把我送进来和你作伴啦。"

有一天,乔茂萱对仅老说:"今天要处决一个要犯。"仅老以为轮到自己头上啦,就穿好衣冠,挺身而出,结果是把立山提出问斩。事后,仅老对乔茂萱说:"早知如此,不该把他的病治好,也免受一刀之苦。"

庚子年,八国联军攻进北京,打开监狱,把犯人全部释放,北京遭到烧杀抢掠,陷于无政府状态。乔茂萱对仅老说:"监里的人,大半走啦,年伯也可以活动活动。"仅老说:"我是大清国的犯官,判我绞监候,现在外国人开监放囚犯,我不

---

① 言謇博名有章,是仅老的大哥臻寿先生的女婿,简斋、申夫表兄的父亲。少年为诗,见赏于桐城吴汝纶、会稽李慈铭、通州范当世,其后与俞明震、周云、刘人熙、章叔振、张献君为文字道义交。举辛卯科优贡,朝考一等,以知县用,掣发河南,历任虞城、襄城、新安知县。曾与张元济通信,索取小学堂教材,创办初高两等小学堂,为中州第一个办学堂的地方官。乙巳年,禀请赴日本考察教育,回国任获嘉县知县,忧国伤时,积劳病逝,终年四十二岁。
② 当时,刑部尚书赵舒翘是反对维新变法的后党,杀六君子时,他向慈禧献策,此等大逆不道之人,何必审讯,引起外人的质问,反为不美。又令刑部属员,康党要犯应与外界隔离。

能听他们的命令。"乔茂萱说:"我告诉年伯一个消息,太后本来打算还要杀一批不顺眼的人,年伯恐怕是第一名,因为外国兵来得快,她狼狈西行,顾不得办这件事。"仅老还是不肯出狱。又过了几天,乔茂萱说:"从明天起,小佺就不来了,而且监里的伙食,明天也停了,您在这里,很不方便,我已通知莹甫兄接您出狱。"那天下午,莹舅到监中接仅老出狱,暂住在一家客栈里。出狱后,见联军肆虐行径,十分愤慨,曾有诗描述所见惨状。

仅老请刑部尚书贵恒,代奏请命。两月后,接到赦旨,就从北京到天津,航海南归,定居杭州。

凌霄、一士舅曾对我谈一桩轶事:

> 徐桐与子静公有通家谊,徐桐的儿子徐承煜谄附后党,为人险诈,庚子年官刑部侍郎,许景澄、袁昶、立山都是他监斩的。八国联军入侵时,徐承煜劝父殉节,并云要与父同殉;但徐桐自缢后,徐承煜并未自杀,他估计父已自缢,袒拳之罪或可幸免。以后,联军提名惩办祸首,徐被判斩,亲友称快。子静公云:"其人虽不足取,但大臣骈首西市以迎合外人意,有辱国体,耻莫大焉。"

从这件事可以看出仅老不记私怨的磊落襟怀,和忧国爱国的大处落墨。

本书交稿后,言申夫表兄从日记中找到徐明甫(仁铨、徐致愉第二子,凌霄、一士之兄,许源来的岳父)二舅口述戊戌年杀害六君子的第一手刑场实况纪录,与文中所述有出入,现照录日记原文,不加修饰,以存原貌:

> 诏旨捕徐致靖,那一天捕人的官人到徐家,正值徐致靖外出,徐老太太告官卒,出去到街上迎着捕走。家中即准备收尸棺材,这时徐仁录赶赴京湘大道迎徐仁铸。徐仁镜、徐仁铨一同带棺材在菜市口刑场等候。徐仁铨说:"那天徐仁镜呆了,不能说话,只好叫他在家门口等棺材,自己到菜市口,看见人山人海,纷纷谈说:差使(按:为当时口语,即处决人犯的官卒)出来,头一辆车一定是徐致靖。霎时间,听炮声,远望顺治门洞里,涌出一枝人马,街上人喊道:差使来了。又听见有人喊道:很奇怪,怎么头一个斩犯是谭大人呢?徐仁铨等着差使完了,亲眼见大刀王五收了谭嗣同的尸。人都散了,没有见伯父徐致靖绑出来,只好把棺材仍寄存原店,自己回家,见徐仁镜瞪着眼在家门口(上斜街)呆立着。仁铨拉他进家,告他今天没有事。"

徐仁铸《颁发湘士诫条》的卓识

戊戌八月,慈禧捕杀维新志士,研舅、莹舅被革职永不叙用。弟兄曾上折都察院请代父下狱。未几,外祖母以忧悸病逝,研舅从长沙到北京奔丧。在长椿寺开吊,吊客只少数亲友,据朱樾亭太姻长云:"开吊之日,研甫与言仲远执手对泣,不能成语。我对他说:'你要吃一点东西,否则身体支持不住。'申刻送路(烧纸扎之物,即结束吊奠),执事人问等到何时?研甫索阅门簿(吊客记名册),我说:'你要歇歇,不要多问事。'即拿开门簿,研甫只说了'纲斋'二字,是日吴纲

李鸿章

斋未来。我看此情形,耽心他活不下去,因为维新党人,都是研甫转荐与子静姊丈的,因此内疚而形凋神疲,面有重忧。"[1]

研舅曾见李鸿章,告以上书代父下狱。李认为,万不可如此,并劝其赶快离京。研舅即扶柩南归安葬,定居杭州姚园寺巷。庚子三月二十三日,我出生于苏州,据先母说:"研舅来苏州看我,并手抱你说:'将来我给他开蒙。'可是就在那年八月,研舅以肺病逝世。你外祖辛丑年到杭州,父子未能见面。"

刘声木《苌楚斋随笔》有一则:谭嗣同徐仁铸联:光绪戊戌,现任湖北巡抚浏阳谭继洵之子,赏

---

[1]朱樾亭(启勋)先生是外祖母的胞弟,先祖母朱太夫人的堂弟,曾在岑春煊处做幕僚,官至道台,以廉介著称。辛亥年任湖南省官钱局局长,谭延闿任湖南都督,敬其为人,坚请留任。先父冠英公从他学幕,先后任江苏省安东(后改涟水)、新阳县知县,昆山、宜兴县知事,及苏、浙、鄂、直隶等省财政厅管理收支的科长,皆以爱民廉介为己任,即受徐家与朱樾老的影响。

加卿衔,嗣同以党附康有为得进,后乃奉旨斩决;翰林院侍读学士大兴徐学士致靖,以其子太史仁铸党附康有为,奉旨革职,永远监禁。时人以讣文前数语及大卷后数语为之集一联云:"不孝男徐仁铸,罪孽深重,不自殒灭,祸延显考;昧死臣谭嗣同,末学新进,罔知忌讳,干冒宸严。"

当时的舆论,康、梁之外,往往谭(嗣同)、江(标)、徐(仁铸)并称,因为他们都在湖南举办新政。吴绹斋(士鉴)为研舅所著《涵斋遗稿》作序(见《凌霄汉阁自白》),曾备述研舅与江建霞之交谊。先母云:"当年在京寓,江建霞常到上斜街与研舅谈新政及商讨学术,江是苏州人,乡音未改,研舅曾学他的吴语。"

江建霞任湖南学政时,举办旬报、日报、时务学堂、各学会,谭浏阳均参予其事。丙申年,谭到京,曾以江建霞的介绍与研舅订交,及闻研舅继江任湖南学政,即专函缕述湖南创办各种新兴事业的成绩,原函久佚,近从中华书局出版之《谭嗣同全集》获读此函,即录于下:

砚甫仁兄大宗师执事:顷阅邸钞,欣悉皇华使节,督学吾湘,天末馨闻,笑乐不能自禁。匪以为彼此交谊之私,漫然欲称贺也,乃所以庆吾湘人焉。不然,吾砚甫亦何患不大用于时,顾于一学政沾沾为砚甫喜哉!

别国方言,辐轩是采,询谋咨诹,使乎使乎!援据往例,请得择言:

溯自三十年来,湘人以守旧闭化名天下,迄于前此三年犹弗瘳,此莫大之耻也。愚尝引为深痛,而思有以变之,则苦力莫能逮。会江建霞学政莅湘,遂以改本县书院请,欣然嘉许。而他州县亦即相继以起。未几,义宁陈抚部持节来,一意振兴新学。两贤交资提挈,煦翼湘人,果始丕变矣。至今日人思自奋,家议维新,绝无向者深闭固拒顽梗之谬俗,且风气之开,几为各行省冠。

两年间所兴创,若电线,若轮船,若矿务,若银圆,若铸钱,若银行,若官钱局,若旬报馆,若日报馆,若校经堂学会,若舆地学会,若方言学会,若时务学堂,若武备学堂,若化学堂,若藏书楼,若刊行西书,若机器制造公司,若电灯公司,若火柴公司,若煤油公司,若种桑公社,农矿工商之业,不一而足。近又议修铁路及马路。其诸书院亦多增课算学、时务,乌睹所谓守旧闭化者耶!此其转移之机括,厥惟学政一人操之。何则?以督抚之位尊权重,宜乎无不可为,及责以学校之事,何以教育,何以奖掖,何以涤瑕,何以增美。则其位其权,皆成渺不相涉。学校废则士无识,士无识则民皆失其耳目,虽有良法美意,谁与共之?此故非学政莫能为力矣。

方江学政之至也,谤者颇众。及命题喜牵涉洋务,所取之文,又专尚世俗所谓怪诞者拔为前茅,士论益哗。至横造蜚语,箝搆震撼,而江学政持之愈力,非周知四国之士,屏斥弗录,苟周知四国,或能算学、方言一技矣,文即至不通,亦衷然首举之。士知终莫能恫喝,而己之得失切也,乃相率尽弃其俗学,虚其心以勉为精实,冀投学政之所好,不知不觉,轩然簌然,变为一新。虽在僻乡,而愚瞀虚骄之论,亦殆几绝矣。班孟坚曰:"利禄之途使然,在上者其慎所以导之之具。"《传》曰:"上有好者,下必有甚焉者矣。"顾意诚否耳,何患民弗从哉。

诸新政中,又推《湘学报》之权力为最大。盖方今急务在兴民权,欲兴民权在开民智。《湘学报》实巨声宏,既足以智其民矣,而立论处处注射民权,尤觉难能而可贵。主笔者为同县唐绂丞拔贡才常,嗣同同学,刎颈交也。其品学才气,一时无两,使节抵湘,行自知之,要皆江学政主持风会之效也。

嗣同尝睠睠深念,以为湘学之任难乎其继。去年薄上京师,获交执事,学术行谊,言论风采,若出云雾而睹青天,昭然发曚矣。仰悦之下,辄私谓顾安得吾砚甫为吾湘学政乎?别后犹念之不能忘。若有天幸,竟塞此望。可知他日吾湘教化之美,殆于不可思议,请纪使节之出以为息壤。

若夫所以嘉惠吾湘之道,执事救世心殷,讲之夙矣。又得陈抚部及李仲仙按察,黄公度盐道相为夹辅,复何俟愚鄙之喋喋为哉。谨与乡之人延颈拭目,喁喁企之而已。

兹仅稍举已然之事,云备观风,亦其笑乐不能自禁焉尔。优征在即,疾为此函,冀于未出都时见之,故草略不暇检。谭嗣同谨上。

此函罗列湖南创办新政的成绩,如改革币制,兴办矿务,成立轮船、机器、电灯、煤油、火柴公司;宣传机构则有日报、旬报;关于改变学制,首先改本县(长沙)书院制,增设时务、算学课程,设藏书楼,成立时务、武备学堂……其规模之大,所包之广,诚为各行省之典范。而这些措施,大都是谭嗣同与湘抚陈宝箴、学政江标共同商榷、厘订而付诸实施。研舅到任后,经过调查研究,聘梁启超为时务学堂总教习,亲自起草《颁发湘士诫条》,继江建霞学使的轨辙,又迈进了一大步。以致引起守旧派的反扑,在京控参,演出哄散"南学会",殴打《湘学报》主笔唐才常,谋毁时务学堂种种阴谋,新政遭到阻力。研舅乃禀请仅老疏荐康、梁、谭等五人,得到光绪帝重用。慈禧早有废立阴谋,由于湖南厉行新政引起慈禧及守旧派的强烈不满,以后乃有囚光绪,杀六君子的悲剧。由此可见,谭嗣同、江标、徐仁铸在湖南推行新政,对于开民智,兴民权方面作出的成绩,为后来孙中山先生的革命事业,推翻帝制,缔造共和,做了准备工作,他们三人在近代史上是有一定地位的。

当我三十岁后,在上海见到研舅的幕僚周孝怀(善培)先生,他对我说:"研甫先生是丁酉年(一八九七)接替江建霞(标)到湖南任学政,我被聘入幕,和他相处的时间里,看出他是维新派中有见识、有才干的激进派。湖南是办新政的根据地,他与谭浏阳、梁任公、黄公度最为投契。他到任后,根据当时形势,亲自起草向全省学子发布《颁发湘士诫条》。从这篇文章里,可以看出他的学问、抱负和变革学制、培养人才的决心。同时,敢于向封建学阀挑战,也是有魄力的。"

一九五○年,我定居北京后,一士舅给我看《颁发湘士诫条》的全文,我用心钻研,并加了按语和重点符号。一士舅细看了按语,还作了修改。全文摘录如下:

> 为分条告诫事,照得本院钦承简命,视学三湘,凤稔是邦山川之高秀,人物之玮异。近年兼明时务,风气大开,玉成之责,谊无旁贷。用特条举宏要,俾各该生童,观览服习,勉为实学通才,其一体敬遵毋忽。
>
> 人才国运,与为升降,博观惇史,其揆一也。才以学成,而学由志立。志为章句之学,则博士(指中国古代博士,与近代的涵义不同)而已;志为文藻之学,则词客而已;志为嗜奇抉僻之学,则骨董而已。所贵乎学者,贵其以至实之学,通乎一时至巨之政,出而措之,若素习然也。有勤勤恳恳之思,乃有铢积寸累之业。旧闻所未及者,平心考索,勿瞠而诧也。新理所已通者,实力讲求,勿矜而画也。干济时艰,扶翼圣绪,宗旨既定,浮气自平。居今日而言学,并日为之,犹恐不及;明乎此,则修身践言,凡学以外之事,足以夺吾功者,不敢预也。援古论今,凡学以内之说,足以纷吾听者,亦不敢不择也。

姬传按:开头一段提纲挈领地指出:要变法图强,首先要培养人才,诫条读者对象,主要是学宫的秀才、童生、廪、贡生以及时务学堂的学生,他要求大家成为通达时务的人才,必须努力钻研当前迫切需要的实学。同时,也告诫他们,必须打破墨守成规、门户之见的陋习。

  胡安定课士,以经义治事分门,其法琏矣。经典之作,皆一代之政书,是故汉儒经术兼通吏事,《公羊》断狱,《禹贡》治河,康成注《礼》笺《诗》,或证以当时之制,或寓夫慨世之说,不得谓经义中遂无治事也。居今日而治经,宜先昌其微言大义,融会贯通,厘然有得……逐类探求,早开鼻祖,陈编具在,借镜始彰……至于罗络训诂,爬剔虫鱼,坚树同异之门,力张主奴之见,无关宏旨,抑有不暇者存乎?

  按:此节深刻地指出:经典著作皆与政治有关,要研究它的社会背景及著书的意图,起到以古方今的借镜作用。同时,也告诉学习的人,不要专搞训诂考据,繁琐之学,这在变革之时,无关宏旨,无需投入太多精力。

  读史须有通识,不可徒就一时一事而观之也。兵食刑政,古今沿革之原,精熟表志,亦从政资已。阅泰西记载各书,必通贯其政教之源流,而其变通兴盛之辙,若指诸掌,农桑种植,以及水利矿产,揽其新法,裨我政书,正被服儒者之所有事也。

  按:此节是徐氏研究史学的精神,它要求溯本穷源,融会贯通,不以一时一事,轻率论断,强调学外国历史为了借鉴实用。

  图谱之学,久矣失传,郑渔仲《通志》,立此一门,而卒不昌,则告朔之羊而已(意思是只备一格,无人重视)。图学莫要于地舆,足不出里闬,目不营九垓,为今之人,茫不知今之世,耻孰甚焉。近地学诸家,招股译印西文地图,已出初幅,嘉惠学者,灿然巨观。盖能远悉五洲万国之形势,则为五洲万国之地学;能近知我国各直省山川郡县道里准望之数,则亦不失为直省之地学。引寻丈尺,所得不同,要之皆实诣也。欲知地舆,先明天度测绘之法,算术乃其胚胎,西人毕力致精,其游历人员,经过道路,率能点笔成图,吾党之秀者,讵甘逡巡以谢耶?

  按:此节明确指出:必须向西方学习图谱之学,要从测绘、算术方面下工夫,制作地图,增长知识。

  四部之书,至今日而浩如烟海,虽有上智,勿能究也。读书贵乎有用,时势所迫,似无穷年矻矻、坐甘蠹隐之理。然则高才卓识之士,读古人书必有删繁就简,屏纤存巨,蠲粗治精,舍虚务实之法,以期确有心得,出应世需。诸生知此义者,其各综括宏要,纂为读书法一篇,宗派所标,用觇器识。

按:此节强调要读有用之书,概括地指出读书方法。

偏州僻县,见书无多,即有究心时务之士,未必能知时务书也。近新会梁氏著有《读西学书法》,及《西学书目表》,依类胪列,门径可寻;诸生于此种书凡经寓目者,可仿提要之例,分题纂注。成帙后,呈送备阅,借知所见之当否,所学之浅深。按此节要大家研究梁启超所编书目,并写读书心得,刺痛了顽固分子。

下面介绍王船山的著作及冯桂芬《校邠庐抗议》、薛福成《庸菴内外篇》:

指陈时务,一归平实,无大言,无嚣气,此论事之文之最可学者也。

紧接着抨击八股文及书写篆文古体。

时文一体,乃功令之作,诡杂不经,庸有当乎?至书写篆文古体,尤蹈浅妄。顾亭林氏谓碑板之文,率用古地名、古官名,令人不知何代之作,指为沟瞀之尤,况乎抄写试文,乃欲以此衒耶?时事须究,此于时务,亦何涉耶?近来厘正文体,曾奉纶言(指上谕),湘士才本高明,恐有沾沾自喜之弊……

最后,总结颁发诫条的用意:

右举各条,综括大意,平实可行,外患沓乘,交涉愈棘,焠掌刺股,此其时矣。前此风气未开,则闭关锁港,患其固执而鲜通;风气渐开,尤贵有精纯之思,笃实之力,以致其功,而成其器,勿徒游心嚣气,蹈哗众取宠之所为。分门而学,同方而讲,要于有成,储所用以备国家一日之缓急。材器大小,视乎其质,而其各适于用,如榱栋栾楹之分呈于筑室者之门。斯使者属望之苦衷,觊缕不能自休者也……

据周孝怀先生说:"《颁发湘士诫条》发出后,接着又把梁启超的《辚轩今语》颁示学宫,引起顽固分子全面反扑。于是谭复生等在湖南顽固派的掣肘下,推行新政,遭到阻力,由研甫先生向徐仅老推荐,被光绪分别重用,政变发生后,死走逃亡,风流云散。"周先生谈起那次新旧之争,认为研舅有真知灼见,是维新派里的杰出人才,长才未展,赍志以终,非常痛惜。

一九五六年,梅剧团到长沙演出,梅兰芳先生还约了研舅的孙儿徐伯轩(他是肖研表兄的长子,在江西戏校任教,中国戏曲研究院曾借调来京协助编纂《中国戏曲史》,"文革"时,在江西被揪斗死去)同去。当地文史馆的老先生(内有黄克强之子黄一欧)设宴招待梅先生,我和源来弟、徐伯轩均被邀,他们谈起当年徐学台在湖南推行新政,还是非常钦仰的。有一位老先生详细询问徐伯轩的家庭情况,伯轩说:"父亲已于一九二四年逝世,我们弟兄三人,二弟已故,三弟振棨是共产党员(见附文)。"黄一欧先生说:"你们是革命世家,继承上辈的遗训,为国效力。"

我记得,早年看到研舅的诗稿,最后一首五古述怀:

> 颇志万方略,而抱千古悲。凝情叩丹府,俯仰将安为。江湖摇落处,诀荡高莫窥。堕地得此生,追怀涕如縻。欲从世尊法,解释诸苦危。一发钧所系,片云雨之基。悠悠尘世名,耿耿罔极思。歌成孰告哀,终夜三歔欷。

这首诗是绝笔,可以看出他的痛苦心情,而"一发钧所系,片云雨之基"一联,对中国前途远景,抱乐观主义。

我当年,对这篇《颁发湘士诫条》,并不十分理解。解放后,重新细读,觉得直至今天,还有它的现实意义。则徐氏父子三人,在戊戌变法这一悲剧中,可以说是一心为国,虽败犹荣也。

附:徐振棨的经历

徐振棨是肖研表兄第三个儿子。一九四三年,在石家庄"北京建设总署石门河渠工程处"任土木工程技术员,受中共地工人员王子兴(现任河北省监委)的启导,参加革命工作。一九四四年加入共产党。一九四九年北京解放时,组织上派他接收北京自来水公司,初入城时,怕有困难,拟请言申夫介绍华北实业界的领袖袁心武(克桓,是袁世凯第六个儿子),当到公司见到负责人袁心武后,接收工作进行得非常顺利,点交机器、生财、账册、档案及技工人员花名册,手续清楚,毫无藏掖。袁心武对他说:"先父(袁世凯)与你的祖父徐学台(仁铸)有交谊,我们是世交。"

一九五七年,振棨调到武钢工作,梅剧团在武汉演出时,曾来见我。"文革"期间,被诬陷为"叛徒",未定案,一九八三年平反,准其离休,即于是年病逝,临危时对家属说:"我的历史已搞清楚,不致有玷徐氏家声,可瞑目矣。"

《孤臣吟》书后

四十年前，我因吴兴张葱玉兄（名珩，乃鉴定书画名手，曾任文物局文物处长职，一九六三年以肺癌病故）之介，获交常熟曹大铁兄。大铁能诗词韵文，曾从张大千兄学画，亦擅丹青。近寄旧作《孤臣吟》七古长诗嘱跋，诗乃纪念其乡先贤翁叔平（同龢）逝世四十年时所作也。时余正写《戊戌变法侧记》，以记外祖父徐仅叟先生一家在戊戌变法时惨痛遭遇，而翁叔平亦因戊戌政变株连罢官者也。松禅老人之学问、书法，早为人所珍仰，兹就我所知，简述如下。

忆儿时，见厅中悬翁松禅为先祖狷叟公（名湘祥，字子颂）书联："吴中续见新诗本，海内知尊古均楼。"上款为子颂公祖大人雅属，下款叔平翁同龢。盖先祖刊有诗集，而先曾祖珊林公（槤）之古均阁，为藏书、刻书处，曾评选手书雕版《六朝文絜》……分赠友人，世称善本。珊林公治经学，通训诂，能作钟鼎、小篆、

许珊林赠赵蓉舫《六朝文絜》扉页

隶书,与洪稚存、孙渊如齐名。翁联作古均楼,因"阁"字为仄声而"本"字亦仄声,为求得声调和谐而易也。

翁同龢为光绪帝师,官居协办大学士兼户部尚书,为帝党中有实权之大臣,参预戊戌变法,相传奏对时称:康有为才识胜臣十倍云。翁被慈禧罢黜后,放归常熟故里。翁还乡,未到"彩衣堂"故居,借居友人张姓家。旋往南昌访友,得悉慈禧再垂帘,捕杀维新党人,囚光绪于瀛台,即乘轮还乡。路过九江,曾有诗云"寄语蛟龙休作剧,老夫惯听怒潮声"。抵家即收到廷寄:"削籍编管",令于朔望日(初一、十五)诣昭文县署汇报请罪。时先祖署昭文县令,接见时,只谈诗文,不涉朝政,上述联语即当时所赠。吾家与翁相国有世谊,然款称公祖,则以被黜犯官,不得不如此称呼也。

以后,先祖使人密告松禅老人,嘱其离城山居,翁即移居西山白鸽峰墓庐。偶亦回城小住,黎明至"得意楼"茶楼啜茗,日出即归,此楼匾额为翁手书。有时至三峰寺访药龛长老,或至赵次侯"旧山楼"评书读画。此翁松禅乡居六年之生活情况,余间接闻诸曹仲道、钱仲联两先生。曹、钱均为硕学通儒,五十年前即有江南二仲之誉。钱仲联名萼荪,为松禅老人之外孙,近由国务院提名,人代会通过,授予博士荣衔,固学术界之鲁殿灵光也。

先母徐太夫人(玉辉)尝语余云:"大舅父研甫先生为翁六先生得意门生,可径至书斋,无须投帖。丁酉年以翰林院编修继江建霞外放湖南学政,即翁相之力也。"

政变时,徐氏全家获罪,与翁消息隔绝。《戊戌变法侧记》所记都为百日维新事,时翁相已离京,故只提及罢官回乡。余幼年从外祖父读书,酒后往往谈戊戌变法轶事,尊光绪为先皇帝,称翁松禅为翁师傅或翁常熟。当谈及谭嗣同则神色凄怆曰:"吾对不住谭浏阳,如不保其入军机则不致被害也。"

先祖曾云:"翁相国晚年闭门韬晦,沉忧内结,损其天年。"今读大铁长歌,缕述松禅晚岁山居情状,并诹其殁于甲辰年。追思往事,因记徐研甫舅父与松禅老人师生交谊,盖此等轶事,知者寡矣。

徐致靖死刑改判绞监候的实况

仅老常说："我应该跟六君子一起走,留下我有什么意思。"有人说,莹舅曾请李鸿章营救,但莹舅从未谈过此事,多年来也从未听见有人对仅老谈这件事。我曾听母亲说是李鸿章托人说过话。我联想起母亲常说:"在北京时,每年正月初二,李合肥(鸿章)必来向太外祖(伟侯)拜年,还带了人参、鹿茸、燕窝、鱼翅等礼品送给老同年,太外祖对李说:'你是功高望重,我不过是归班老进士(进士外放山东省即用知县)。'李笑着说:'你这位归班老进士也不寻常,你的子孙都起来了,父子三翰林,在北京城里是不多的。'"

母亲还对我说:"甲午战败后,李合肥倒霉的时候,住在贤良寺,每天预备一桌很讲究的鱼翅席,研舅常去吃饭,李向他打听外面的新闻,可以排闼直入,不用通报。你研舅当时在京中,被称为青年翰林中熟悉时务的后起之秀。翁六先生(同龢)也很赏识他的。"

一九七九年三月,我因源来弟病逝,回沪办理后事,莹舅的孙儿徐振林告诉我关于死刑改判绞监候的情况。振林是听李鸿章的侄孙女讲的,她在海外经营商业,回国探亲中,亲口对徐振林说:"我少年时曾听上辈说:徐家和李家的关系,应该追溯到伟侯先生(仅老的父亲)。道光二十七年(一八四七),伟侯先生与文忠公(李鸿章的谥法)同在考棚应会试,文忠公得了疟疾,不能完篇,伟侯先生到隔壁号子里探病,文忠公说:'今科无望,完了。'伟侯先生问:'你做了几篇?''只誊清了一篇。还有两篇是草稿,来不及修改就病了,现在拿起笔来手哆嗦,不能完篇。'伟侯先生看他神情懊丧,就以同情的语气说,'你把全稿交给我,我代你整理抄写,递进去试试。'文忠公由于伟侯先生的帮忙居然也中了丁未科进士,所以徐李二家的关系,与普通的同年不同。"

振林接着说:"她曾谈起戊戌政变时,李鸿章营救我曾祖仅叟公的经过。她说:'当文忠公听到徐子静侍郎被捕的消息后,就在院子里走来走去转圈子,一跺脚,口里念道:'这件事,只有找荣禄。'说完就命预备轿子(当时大学士可以乘轿），直奔荣禄家里。荣禄知道必是托他说情，就说：'这些犯人中如果情节轻的，我可以说句话。'文忠公说：'年侄徐子静，是个书呆子，好唱昆曲，并不懂新政，你给讲个人情。'荣禄说：'徐子静是要犯，太后很讨厌他，恐怕说不进去。'文忠公又重托荣禄：'你务必想办法，保住他的性命。'

"第二天，荣禄去见慈禧，慈禧把拟好的判罪名单给荣禄看，第一名是徐致靖，写着'斩立决'，下面判斩刑的是谭嗣同等六个人。荣禄说：'太后英明，这些人都罪有应得，不过徐致靖听说是个书呆子，整天在家里唱昆曲，吹笛子，他并不懂新政，恐怕是上当受骗。'慈禧面带怒容说：'徐致靖不是好东西，他离间我母子，你为什么袒护他。'荣禄忙跪下说：'奴才不敢，不过据奴才知道，徐致靖升了礼部右侍郎后，皇上没有召见。'慈禧就命太监去查档案，太监回报，三个月内，皇上没有召见徐致靖。这时，慈禧的词色和缓了，因为这次由于袁世凯告密，荣禄立了大功，就对荣禄说：'看你的面子，叫他老死狱底吧！'就拿起笔，将'斩立决'改为'绞监候'（绞监候就是永远监禁）。李小姐最后说：'荣禄把奏对情形告诉文忠公，表示他费了很大力气，才保住了徐子静的性命。'"

以上是仅老由死刑改判永远监禁的经过，我是从几方面调查分析，认为符合实际情况的。至于仅老上的奏折，光绪极为重视，而百日维新中，何以没有召见？据母亲说："外祖的耳朵从五十岁后就重听。"我想，光绪召见康、梁、谭等，说话声音很低，他怕慈禧的爪牙窃听，而外祖以前召见时，光绪已知他耳朵不便，所以升任侍郎后都没有召见，这个谜是局外人不得而知的。

仅老是帝党，与荣禄是敌对地位，荣禄为什么要力保？我的推断他是敷衍李鸿章。荣禄在后党里是工于心计，并且懂得一点洋务的，他看到各国使节中除了俄国外，都反对慈禧废光绪，啧有烦言。他怕慈禧闯祸，所以联络李鸿章，在收拾残局时，要请他帮忙，才力保仅老，使李满意。当八国联军攻占北京，慈禧逃窜西安，奕劻、李鸿章为城下之盟（实际是城内之盟）的议和代表。十一国提出惩办祸首的名单，李鸿章看到没有荣禄的名字，就加了荣禄，并且是第一名。慈禧复电说：必须保全荣禄，其余酌办。统治集团的钩心斗角，是极其复杂而不可思议的。李鸿章这样做是表示前年你

荣　禄

保了徐子静,现在我也保住了你的脑袋,而荣禄并不知道这一过程,当然感激他营救之恩了。

李小姐还对徐振林谈了大刀王五的事,她说:"大刀王五名正谊,是侠客,精通武术,与谭嗣同是好朋友。当维新派知道慈禧要下毒手时,谭嗣同与王正谊商量把光绪救出皇宫。王五说:'时间太紧,没有办法,如有二十天工夫,我可以布置救出皇帝。'"庚子年,大刀王五以反对外国侵略者被害。

庚子后徐家二三事

仅老常对我说："庚子出狱后,去见李合肥,他第一句话:'你是忠厚之报啊!'我答以'国事如此,万念俱灰'。他又问:'你此后作何打算?''劫后余生,并无打算。'"仅老说:"老李的意思,要我开口求他找个山长(书院山长是一种高级学术顾问,专为告老的大臣而设,每年有几百两银子的待遇),维持生计,我就是不求他。"

这时,直隶布政使周馥来见,李鸿章去会他。少顷客去,又和仅老聊天,他说:"周雨珊的儿子周学铭是研甫的门生,你可以去拜访他,托他找个山长位置。"李鸿章还问起仅老的胞弟徐致愉(子怡。仅老行二,怡老行三,是凌霄、一士的父亲)。仅老说:"现在是山东候补知县,请年伯给说句话。"(当时,各省有许多候补知县,除了进士出身的称为老虎班,到省后,一百天内,遇缺即补,其余则须耐心等待。)老李一口答应,当即请文案于式枚(晦若)写信给山东巡抚。怡老投信后,很快就补了缺。但仅老去见周馥,并没有提山长的事,以后,李鸿章还是托人给仅老找了个书院山长位置。至于李鸿章为什么如此照顾徐家,直到一九七九年才彻底弄清楚(详见前文)。

莹舅曾告诉我庚子年的混乱情形,他说:"八国联军攻占北京后,北京城里,烧杀淫掠,啼饥号寒,惨不忍睹。洋兵只要银元、表①、姑娘②,街面上的地痞、流氓也趁火打劫,当时,抢当铺的风气最盛③。许多人失业摆地摊,做小买卖④。"

他还谈起文物遭劫的情况:"我曾目睹火烧珠宝市(廊房头条)。当时,最名贵的是粮食,最不值钱的是古董,荒货摊上珍贵的宋均窑,明彩磁,清代官窑,随处可见,价钱之廉,不可想像。后来以收藏磁器出名的庆小山,其不少藏品就是从旧货摊以廉价购得的。"

莹舅说:"在承平时,士大夫出门必须穿长袍、马褂,到了庚子年洋兵进城后,我穿短衣裤,或者破旧袍子出门,为的是不让人注意。身上揣着几两银子,有时,走过旧货摊,名贵字画如文、沈、唐、仇,四王、吴、恽,金陵八家,扬州八怪乃至宋元名迹,触目可见,看见非常精美的就花一两、二两银子买回来,四两是最高价。等到将要离开北京,护送外祖南归时,行李一共十七只皮箱,其中有一箱就是在乱中收到的名贵字画。因我喜爱明清画,以此为主,也有几件宋元的卷册。当时,几两银子是了不起的事,可以从严挑选,普通的就弃而不顾了。有些名迹在徐颂阁(名郙,是费念慈的岳父)家里见过的。从天津到大沽口改乘海轮赴沪时,十七只皮箱短了一只。我心里嘀咕,可千万别丢这只书画箱,经过仔

---

①梅兰芳曾说:"庚子年,我才六岁,我家常有洋兵来索取银元、表,有一次洋兵闯进来,我拦住他说:'你已来过两次!'他摸着我的脑袋说:'你不懂,叫你大人出来。'以后我伯父(梅雨田)找人写了一张外国字'修理钟表',贴在门上,才没有再来罗唣。"

②梅夫人福芝芳的母亲,庚子年已经十六岁,她是满族,没有缠足,为了避免洋兵注意,男孩子打扮,知道许多街面上的事。她说:"有个英国营盘里的兵强奸了一个姑娘,这时,外国人贴出告示:禁止抢劫财物、奸淫妇女,如有犯事,可到营盘告状。当时,谁也不敢告状。这位姑娘就到英国营盘里告状,英国兵官说:'没有这回事。'她说:'我亲眼看他走进你们营里。这个兵的打扮、皮肤颜色,和你不一样。'英国兵官说:'我叫兵士都站齐,你来认。'她一眼就揪出这个强奸犯,跟着变换队形再认,她一连三次都认的是这个人,英国兵官无可奈何,只得把这个雇佣军关禁闭。

③一九五八年,中国近代史研究所的荣孟源派人送来致梅兰芳的信,内附一张"抢当铺"的年画,请代考订。梅先生叫我和他的岳母研究。上面画着"××当"的招牌,不少人手里抬着箱子、背着包袱,满地都是东西。福老太太说:"这情景,我亲眼得见,抢当铺的人,都是年轻力壮的,有人两只手可以抢四五个包袱。"姚玉芙补充说:"王长林走过当铺门口,正巧有人抢了四个包袱,有一个掉在地下,王长林就捡了回来,解开后,全是坎肩(背心),所以王先生穿的坎肩,绫罗纱缎,颜色图案,都不一样。这是他亲口说的。"

④萧长华说:"庚子年戏园停锣,我们不少人改了行,有的摆地摊,有的做洋蛋糕,在街上叫卖,也有的卖烤白薯为生。"

细查对箱上的编号，还正是这只书画箱。当时我懊丧得觉都睡不着，你外祖问起情由，我把经过告他，他叹了一口气说：'我们现在是唾面自干的时候，哪里会有这种意外的便宜。'我听了他的话，才心平气和地不再想它们了。"

"这些东西，以后在市面上见过没有？"我问。

"有正书局影印的名画集里曾刊载过我的画，钱冲甫（是莹舅的内兄）在庞莱臣家看到一本恽南田仿古山水、花卉、翎毛设色册页，就是我箱中丢失之物。"莹舅还说："庚子年被外国人盗走以及毁于兵火的古物，真是一次浩劫，当时，北京是古董最集中的地方。在这以前，火烧圆明园也毁了不少，但没有这次多。"

回銮后，莹舅开复，做了学部学制调查局局长。这时，有友人来说："庆王要请您去教他两个孙子，不知肯屈就否？"莹舅一口答应，并且三天后就去开馆教书。当时，满洲贵族对老师是非常敬重的，送了关书，并每月五十两银子束脩（当时是丰厚的待遇），开学前，还请老师坐首座，吃鱼翅席，每星期去两天，由王府派骡车来接。我的表兄徐念劬告诉我一桩有趣的故事，他说："当时已有马车，常常要超骡车，当走近时，赶车的把黄穗鞭子一扬，马车就只能往后退。因为他不知道里边坐的是谁，就不敢冒险超车了。"表兄还对我说："我父亲所以到庆王府教书，是怕袁世凯暗算。袁当时是军机大臣，但庆王是军机大臣头一位，在庆王府教书等于找个避风所。"解放后，我在北京见到庆王的孙子——金先生，我问起他的老师，他说："是位老翰林，姓徐，脸上有一块记。"我告诉他："徐莹甫是我的二母舅，已故去多年了。"

大约在一九二二年时，我在天津见到言仲远（敦源，他是我的姨夫言骞博的弟弟，简斋、申夫的叔叔），他说："袁项城背后常说：'徐家的翰林，都是有学问、有见识的，举人就不怎么样。'他所指的就是徐艺甫。"而艺舅晚年谈起看操保袁的事，感到内疚。但对谭嗣同非常钦佩，看来他们的交谊是非同恒泛的。

不愿做遗老谱写《懊恼歌》

辛亥革命时,我的父亲冠英公(省诗,别字直庵)正做江苏省新阳县知县(当时昆山有昆山、新阳两县,入民国后,并为昆山一县),他与进步绅士方还(惟一)很投契,赞成革命,首先在城楼上挂起白旗,欢迎革命党。这时,昆山县知县满洲人庆多要求保护,我父亲派军警护送他出境。以后,江苏都督程德全(雪楼)、民政长应德闳(季中)委任我父亲为昆山县知事。我随母亲到了上海,仅老从杭州来沪,我和肖研表兄同榻,他是研舅的儿子,又是我的督课老师,比我大六岁,与梅兰芳先生同年,都是光绪甲午年(一八九四)生。有一天,仅老指着我对肖研说:"你带他到街口理发馆把辫子剪掉。"于是我们兴奋地剪了辫子。当年,起床后,吃完早点,第一件事是梳辫子,辫梢还要扎红穗子,夏天头上出汗,痒得难受,洗头发更是麻烦的事,而这些事都要别人给我们做。那天剪掉了辫子,我和肖研表兄觉得如释重负,头目清凉。将要回杭州时,仅老也剪掉了辫子。当时,有一些忠于满清王朝的官吏,留着辫子,称为遗老。上海租界里,遗老最多,看到仅老剪辫,颇为惊讶,有一位军机大臣的儿子问道:"年伯世受皇恩,是遗老,何以剪辫?"

仅老答:"我不是遗老,也不拥护满清朝廷,但我非常怀念光绪皇帝。因为他和我们志同道合,主张维新变法,可惜被慈禧和狡猾昏庸的大臣折磨致死。我认为慈禧是中国的罪人,也是满洲的罪人。请你以后再不要称我为遗老。"

有人把慈禧比作武则天,仅老不同意。他说:"武则天虽然淫乱,但她能用狄仁杰,对防边御侮,还有一些成绩。而那拉氏挥霍国帑,供自己享乐,丧师失地,赔款求和;并且残酷成性,稍拂己意,就要开刀,光绪身边的太监,被处种种极刑致死,庚子年闯了大祸,狼狈逃窜西安,临出宫时,还不放过珍妃,把她推在井内。在她秉政掌权的四十多年中,没有做过什么福国利民的事,不能与武则天并论。"

仅老还讲过一个故事:"有一次,刚毅在朝房内谈到要保一名武将,对太后说:'他是奴才的黄天霸。'翁六先生(同龢)笑着说:'子良(刚毅的号),你不成了配角吗?'因为彭朋、施士纶都是里子老生应行。"仅老还说:"慈禧赏识的就是这种奉迎谄媚的人,此辈当国,不亡何待。"

回到杭州,仅老把归庄(元恭)的《万古愁曲》谱成昆曲《懊恼歌》,还加了宾白。仅老不但能度曲,而且精通宫调,能作曲。归庄与顾炎武(亭林)齐名,称为"归奇顾怪"。《万古愁曲》以嬉笑怒骂的笔锋,嘲讽了历代皇帝,歌颂了明代皇帝,结尾,痛骂投降清朝的官吏,同时,也抨击了南明的福王和马士英、阮大铖。

《懊恼歌》把原词分成十七段,全套用北曲谱成,为了适应宫谱的规律,对个别字作了修改。谱成后,教我用老生嗓子唱,仅老吹笛伴奏。我的二叔父友皋先生也能吹《懊恼歌》,但会唱的,除了仅老外,只有我一个人。一九四七年,番禺学者叶誉虎(恭绰)向我索观《懊恼歌》的工尺谱,他非常欣赏曲调和宾白,曾动员我印成单本发行,但因事忙,磋跎未办。现据友皋二叔手抄本发表,可惜没有注出工尺,但可以看出归庄与仅老的政治倾向性。

《懊恼歌》又名《万古愁曲》,生、丑均可唱,六、凡调酌用。

仅老加的开场白,是归庄的口吻:

老子江湖漫自嗟,贩来今古作生涯。三百二十八万载,几句街谈讲到家。在下姓甚名谁,家住那里,列位不必细问,方才四句上场诗,原是木皮子鼓儿词开篇言语,在下为何道着他? 只因那木皮子生于战龙时代,叹造物之不仁,痛生灵之蒙祸,怀着一肚子闷气,没处出豁,乃借历古来帝皇王霸,智愚贤奸,撮为鼓词,不管三七二十一,是非曲直,颠倒任心,非敢唐突圣贤,惟取快吐胸臆,真个是自辟心径,独往独来。那作《桃花扇》传奇的云亭山人,不是词场才子么? 却为这位先生特特作传,推许他奇文奇想,成此古今未有之奇作。并且称他为圣门狂狷。在下与这位先生同历沧桑,同此怀抱,听了他不平之鸣,触起我无穷之恨,他既会编盲词俚句,我何妨骋绣口锦心,则此一段《懊恼歌》所由来也。话休烦絮,且听我逐段唱来:

〔首段〕 浑沌元包,却被那老盘皇(原文乃古字)无端罗唣,生刺刺(音辣)捏两丸金弹子,撮几粒碎尘铙,瞒天造谎,云是鸟飞兔走,岳镇也江潮,弄这虚嚣。

〔白〕 列位:你说是不是,好好浑沌世界,由他浑浑沌沌便了,何苦去开辟他,惹出多少是非,演出若干怪剧,天下从此多事矣。

〔二段〕 老女娲,你断什么撑天鳌。老巢氏,你架什么避风巢。那不识字的老庖牺，你画什么偶和奇。那不知味的老神农，你尝什么卉和草。更有那惹祸招非的老轩辕，你弥天摆下了鱼龙阵。匝地张成虎豹韬，留下一把万劫的杀人刀。

〔白〕　别的不用说，最可恼是这个黄帝老官，放出杀人心肠，想出杀人方法，亏他这些咬文嚼字、自命开通的人物，还支着脸儿、夸说咱们中国人，都是黄帝子孙哩。闲话休提，按说那唐虞三代吧。

〔三段〕　笑笑笑，笑那唠叨置闰的老唐尧，何不把自己的丹朱儿来教导。笑那虞廷受禅的女夫姚，你终日里咨稷契、拜皋陶、命伯禹、杀三苗，省方巡狩远游遨，到头来，只落得湘江两泪悲新竹，衡岳枯骸葬野蒿。试向那九疑山前听杜宇，一声声叫，不如归去好。

〔白〕　这是唐虞，那三代便怎样呢。

〔四段〕　可怜那崇伯子，股无毛，平水土，克勤劳，他家生得贤郎好。却不道转眼儿，果被那寒家小羿夺了头标。更找一出没下梢的桀，放死在南巢。小子履，真无道，听一个老农夫，开口便把君王剿。只道三宗享国能长久，七圣风流正可标。谁知六百祀，梦一觉，冤家到，不相饶。瑶台万焰磷清冷，只首孤悬太白摇，方信道果报昭昭。

〔白〕　虽说是汤武革命，应天顺人，谁叫他传子传孙，到后来照样的毒痛四海，把江山送掉，落了个亡国之君的骂名。那周家八百年天下最为长久，据我看来，也不过同归于尽罢了。东迁以后，还算得什么吗！

〔五段〕　你看那仗黄钺，阵云高，逞鹰扬，血流漂，谁知有同室鸱鸮，破斧兴嘲，天显挥刀。这一桩儿早被那商家笑，纵然有干蛊的宣王，也救不得骊山一粲宗周燎，秦嬴夜半催兵到，泗滨顷刻沦神宝。试听那悠悠行迈黍离歌，依稀似渐渐麦秀伤殷惨。

〔白〕　那吕不韦的儿子小杂种好不利害么！

〔六段〕　关中气正豪，乌鹊归巢。琅琊碑镌不尽秦官号，绿云鬓妆不尽阿房俏，童男女采不迭长生料，人鱼膏照不见三泉燋，谁知那赤帝子斩蛇当道。重瞳兴邯郸戈倒，枳道旁子婴前导。若不是咸阳三月彻天红，怎消得山东六主泉台懊。

〔白〕　哈哈哈，楚霸王真爽快爽快英雄也，汉唐宋何足道哉！

〔七段〕　笑着那，莽亭长唱大风一套，便做了汉家天子压群豪。更有那小秦王下枯棋几道，便做了唐家天子拥神尧。还有那，香孩儿结相知多少，便向那陈桥古驿换黄袍。当日个将相萧曹，文学虞姚，贤后曹高，共道是金瓯无缺,玉烛长调。谁知那丑巨君,早篡揭下金縢稿。小曹瞒套写定了山阳表。渔阳鼓惊破了霓裳调。砀山贼凿开了九龙沼。五国城预图着双昏赵。皋亭山明欺那孤儿藐。试看那未央春老,华清秋早,六陵梅杏,一抹子兔迹狐踪,荒烟蔓草,何处见嗳前朝。

〔白〕 这几朝算是灵长有道,其实也离不了木皮子说的欺软怕硬,直死歪生,说到他收束结果,一般的煞是可怜哩! 其余碌碌,免不得也要数落他几句,呀呀呸!

〔八段〕 那其间,有几个狗偷鼠窃的权和掺,有几个马前牛后的翁和媪,有几个狼奔豕突的燕和赵,有几个狗屠驴贩的奴和盗,有几个枭唇驮舌的蛮和獠。乱纷纷好一似蝼蚁成桥,鸠鹊争巢,蜂蝎跟陶,豚蜮随潮,那里有闲工夫记这些名和号。

〔白〕 真没有工夫去说他,倒不如交过排场吧! 慢着,依你说难道开天辟地以来,尽是些胡打混搅,供人笑骂的么? 非也,听我道来。

〔九段〕 惟有我大明太祖,定鼎金陵早。驱貔虎,礼英豪,东征西讨,雾散烟消。将一片不见天日的山前山后,洗净的风清月皎;将一番极龌龊不堪的异言异服,生劈开中华夷獠;真个是南冲瘴海标铜柱,北碎冰崖试宝刀。更可喜十七叶圣子神孙,一个个垂裳问道,食旰衣宵。

〔白〕 列位,你看那开创洪基,气象何等冠冕,世界何等发皇,人民何等快乐。为什么木皮子先生说到中场,便戛然而止呢? 咳,他是伤心极了,不忍说下去,我却要含悲忍泪,细叙一番,与列位同声一恸。

〔十段〕 谁知道天地变,孽芽萌,生几个巅毛,挟几件短刀,不提防竟冲破了峙岷道。望秦川樶枪正高,指燕云旌旗正摇,一霎时把二百七十年神京生踹做妖狐淖。

〔白〕 咳,这是那里说起。铁桶江山,忽然打破。这下场头,好不可痛可恨呀,阿呀苦恼呀。

〔十一段〕 痛痛痛,痛那十七年的圣天子,掩面向煤山吊。痛痛痛,痛那掌上珍的小公主,一剑向昭阳倒。痛痛痛,痛那有令德的东宫,生砍做血虾蟆。痛痛痛,痛那无罪过的二王,竟做了一对开刀料。痛痛痛,痛那咏关雎效脱簪的贤国母,横尸在殿阶前,没一个老宫娥来悲悼。痛痛痛,痛那受宝册坐长信的懿安后,只身儿失陷在贼窝巢。我恨恨恨,恨只恨这些在班官,平日里受皇恩,沾青诰,乌纱罩首,金带横腰,今日里,一个个稽首贼廷,还揣着几篇儿劝进表。更有那叫做识字文人,还草几句儿登极诏。那些不管事的蠢公

49

侯,如羊如豕,多押在东城奥,夹拶着追金宝。姣滴滴的女娇娆,白日里恣淫蛳。俊翩翩的缙绅儿,多牵去做供奉龙阳料。更可恨九衢万姓悲无主,三殿千官庆早朝,万劫也难逃。

〔白〕 罢了呀,罢了。

〔十二段〕 没一个建义旗下井陉的张天讨,没一个驱铁骑渡黄河把贼胆摇。没一个痛哭秦庭效楚包,没一个洒泪新亭做晋导。没一个击江楫,风云怒涛高。没一个舞鸡鸣,星净月痕小。没一个骂贼庭,嚼舌似常山杲。没一个守孤城,碎首在睢阳庙。大多来鹤泪风声豫遁逃,把青徐兖冀¹,拱手(嗳)送他朝。

〔白〕 再说南都行径,越发令人恼恨也。

〔十三段〕 金陵福主兴,江南彗星照。夸定策,推翊戴,铁券儿晃耀。招狐群,树狗党,蝉蛄般嘈嗲。那掌大的两淮,供不得群狼吵。便半壁的江南,也下不得诸公钓。反让那晋刘渊,做了哭义帝的汉高皇,军容素缟。可惜那猛将军,做了那绝救兵李都尉,辫发胡帽。兀的不闷杀人也么哥,兀的不气杀人也么哥,尚欲夺天功,向秦淮渡口把威权招。

〔白〕 说便这等说,那个昏君小福王,不是孟夫子说的不仁而可与言则何亡国败家之有么,待怨着谁来!

〔十四段〕 乱烘烘闹一回,痴迷迷混几朝。献不迭歌腰舞腰,选不迭花容月貌。终日里醉酕醄,御量千钟少。没来由羽书未达甘泉报,翠华先上了潼关道。一霎时南人胆摇,北人心骄。长江水臊,钟山气消,阿呀,已不是大明年号。

〔白〕 好恼呀好恼!

〔十五段〕 宫廷瓦砾抛,陵寝松揪倒。但听得忽剌剌一天胡哨,车儿上满载着琼瑶。马儿上斜驮着妖娆,打撞处处把脾儿燥。急得那砍不尽的蛮子,多一样金钱鼠绦,红缨狗帽。那不得向大鼻子把都们,便做个亲爹叫。

〔白〕 咳,也难怪他们! 天时人时,造出这样乱离世界。若要苟全性命,只索掇屁捧臀,四顾茫茫,如何是好呢! 呀哈,有了。

〔十六段〕 我如今,再不向小朝廷拜献降胡表,再不向钱神国告纳通关钞,再不向众醉乡跪进精浑醼;拔尽了鼠狼须,椎碎了陈元宝,万石君别处扰,楮先生谢绝了,俺自向长林丰草,山坳水峤,一曲伴渔樵。遇着那老衲子,参几句禅机妙。遇着那野道士,访几处蓬莱岛。遇着那村农夫,唱几曲田家乐。遇着那小乞儿,打一套莲花落。登高山,攀绝顶,将我那爱百姓的先皇,洒几行血泪也把英灵吊。将我那没祭祀的东宫,羹一碗清凉浆和麦饭也浇,将我那死忠死节的先生们,千叩首,万叩首,合掌也高声叫。

〔白〕　且住,满眼烟尘,那里去找这样好地方,仿佛桃源避秦,任尔自由自在,这不是妄想吗?嗳,不是这么说,天地间事之所无,那见得不是理之所有,既有此理,又何访凭空想像,自适其适呢!说我妄想,我就姑妄言之,你且姑妄听之。呀,呀哈,妙呀!

〔十七段煞尾〕　春水生,桃花笑,黄鹂鸣,竹影交,薄醪痛饮读离骚。凉风吹,纤纤月色照寒袍;彤云凝,六花灼灼点霜毫;傍山腰水腰,望云涛海涛,依梅梢柳梢,听钟敲磬敲。卧僧寮佛寮,任日高月高,没些半愁半恼。真个是纵海鱼,离笼鸟,翻身直透碧云霄。

〔白〕　哈哈哈,好快活也!

〔唱〕　凭便有银青作饵,金紫为纶,漫天匝地张罗钓,俺乌有先生摆尾摇头,竟自去了。

〔白〕　木皮子先生漫跑。俺来也,哈哈哈!

这套《懊恼歌》谱成昆曲,仅老教我唱,只用几天时间,我就会了,跟着上笛唱,没有走样,仅老还夸我聪明;友皋二叔还追着我唱,他吹笛过瘾。当时,我已唱腻了,二叔说:"唱一支,给你一个铜板,买松子糖吃。"

当时仅老,并没有把曲词、宾白、宫谱的奥妙讲解给我听,我只是依样葫芦,照猫画虎,如同猪八戒吃人参果,食而不知其味。仅老逝世后,我才逐渐领会到文字的瑰奇壮阔,声腔的和谐协律。在"文革"期间,我以"写书放毒",被圈禁了一年多,然后靠边站,几乎与世隔绝。我一个人住在宽街张自忠路(旧铁狮子胡同,明末时为田贵妃的父亲田宏遇的宅第,相传陈圆圆曾在这里与吴三桂见面,入民国,孙中山先生在这里养疴),在批斗我时,还给我戴了一顶"寄生虫"的帽子。这时,衣、食、洒扫,均须自理,结束了"寄生虫"生活。来往的人,只有阿英、张伯驹、吴晓铃、朱季黄、徐邦达等数人,我们都被归入牛鬼蛇神一类;再有就是唱昆曲的叶仰曦以及京剧昆曲演员邹慧兰、我的堂妹许莘南……于是,我就从臭老九变为劳动人民。但结习未除,重理旧业,我的书法本来有点底子,这时,就用心学习《兰亭序》,以及所有影印的二王书,还和莘南研究作诗。在我一生中,这一段生活是非常突出的。

我把友皋二叔手抄的《懊恼歌》找出来反复研究,才觉得仅老在开场白里所说:"推许他奇文奇想,成此古今未有的奇作……"这几句话,对于归玄恭、贾凫西两位别有怀抱的伤心人,可说是异代知己。我当时,还据《万古愁曲》最后一段:"春水生,桃花笑……"改编成歌颂新农村的《春农曲》(见附文)。我把曲词哼给叶仰曦听,请他写成工尺谱,并译成简谱,叶老是红豆馆主(溥侗)的学生,所以能够谱曲。并请邹慧兰同志编舞。

当我写此文时,手边没有贾凫西的资料,就向吴晓铃兄商借孔云亭作的《贾凫西传》,他没有这种书,但借给我叶德辉翻刻的《木皮散人鼓词》附《万古愁曲》,前有统九骚人所撰《贾凫西鼓词序》,其中有一节谈到贾的身世:"先生济宁人,字凫西,失其名号,明时进士,其家世亦未暇考,至作书之故亦未及周知。"又说:"如贾先生之鼓词,即谓子美诗史、屈平《天问》以来,堪步后尘焉,盖未多愧也。"

这篇序,十分赞许他的才华,但又不敢把写作的意图,正面揭出,这恐怕慑于清初文字狱,心有余悸,所以词意隐晦,闪转腾挪。

两年后,统九骚人又作跋语,则愤世嫉俗,似乎是贾凫西一流人物。从下面几句话,透露消息:

> ……惟此鼓词一册,风雨晦明,与我共对,抱膝长吟,而阘茸狱吏之辈,亦能解其旨趣。吟之既久,感之愈深,序而存之,论而述之,譬犹蜣之转粪,已忘其臭,更如鸩蛇,言甘其毒而已矣。

这一段话很耐人寻味,他公然指出,这篇文章是毒草,但却忘其臭,甘其毒。最后附一原跋:

> 木皮者,鼓板也,嬉笑怒骂之具也。崇祯末年,先生以明经传家为县令,迁部郎。鼎革后,高尚不出,行年八十,笑骂不休。自曲阜移家滋阳,闭门著书数十卷。木皮子之嬉笑怒骂,有愤心矣,乡人多不解,有沛县阎古古、诸城丁野鹤为手订付其子,盖阎、丁当时常往来其家云。

这一短跋,具体介绍贾凫西的身世与保存这份底稿的阎古古、丁野鹤。我知道阎古古名尔梅,是明末反清的遗民,搜捕他时,秦淮名妓顾横波把他藏在家里,得以幸免。丁野鹤名耀亢,字西生,顺治中贡生,做过知县,有诗集和《赤松游》《表忠记》传奇。至于统九骚人的名姓、籍贯则不详,有待博雅通儒作进一步考证。

据仅老说:"明末时,类乎归元恭、贾凫西的人还不少,何以此二人独流传下来？就因为他们以通俗的语言，嬉笑怒骂的妙谛，贯串几千年历史，发泄胸中不平之气。古今来才人甚多，必须郁于心肺，方能喷薄而出，口吐珠玑。太史公、屈原、杜甫、辛弃疾乃至《水浒传》《红楼梦》的作者，都是饱经忧患，亲身体会，所以千百年后，读起来还是惊叹吟诵，深入人心。"

附：《春农曲》

（大锣帽子头）玉渠开，红旗飘，（冲头牌子）春莺啭，麦浪滔，良辰美景难画描。旭日升，灿烂光辉人间照。风雷动，宏伟规划指航标。（牌子）喜禾高黍高，种瓜苗豆苗，沸机哮马哮，斗寒飚旱飚，抗山摇地摇，英雄人物看今朝，英雄人物看今朝。擎铁锄，翻泥土，除虫雀，驱魔妖，万众欢腾似春潮，万众欢腾似春潮。（〔琵琶令〕牌子）

俺这里，欣欣向荣，岁岁勤劳，油棉稻麦满仓廒。愿社社家家，协力同心，走向那金光道。（阴锣走马接牌子）

《春农曲》作于一九七四年，当时我独居张自忠路，细读归元恭《万古愁曲》，并回忆徐仅老所授曲调，即以第十七段及尾声试作《春农曲》，初稿写成，并注出工尺，由于我没有完全照《万古愁曲》的句数作词，唱腔设计也不一样，原文是最后一支曲，曲调比较轻快，而作为一个独立舞曲，必须由慢而逐渐加快，才有气势，就和叶仰曦兄商榷音符，他主张重新创造，我就请他谱曲。并请邹慧兰妹根据曲词编舞。她曾到石家庄看望女儿顾美玲，美玲和爱人张鹤镛都是华北制药厂的工程师技师，宿舍在农村附近。邹妹常到田垅边散步，看到农村妇女包着头巾赶麻雀，动作矫健有节奏，就根据所见为《春农曲》编一套舞蹈，其中包括赶麻雀舞。

一九七五年起，梅绍武的女儿梅卫红跟邹慧兰学戏，一九七八年卫红参加文工团搞舞蹈，要求我把《春农曲》组织成一个舞蹈节目，邹老师认真加工编舞，还征求京剧演员徐元珊、马永安的意见，我还写了《〈春农曲〉创作意图简介》，准备演出时印发。可是不及上演，梅卫红和她妹妹梅卫丽赴洛杉矶求学，出国深造，于是我们就中止了这个舞曲的活动。近因写徐仅老谱写《懊恼歌》一文，想起往事，叶仰曦兄与我年相若，最近健康情况欠佳（按：已于一九八三年病逝），邹妹忙于写戏曲表演经验，而我已八十有三，昔年对此简短舞曲，我们三人都付出了不少脑力、体力劳动，因此把经过写成文字，同时把《春农曲》创作意图简介》附于文后,以志鸿爪。

《春农曲》创作意图简介

《春农曲》是表现新农村欣欣向荣、五谷丰登的大好形势。因此,曲词、音乐、舞蹈都以革命的乐观主义,高瞻远瞩地表达内容的欢乐气氛。

我们的曲词采用了长短句,用了一些抒情的词藻,但尽量避免晦涩的"字"和"典"。

音乐方面,采用昆曲曲调,但没有沿袭传统的套子,有如曹雪芹所著《红楼梦》第五回里红楼梦十二支曲:〔终身误〕、〔枉凝眉〕、〔聪明累〕……等牌名,就都是他根据曲词内容创作的。这样,既不受框框束缚,便可以畅所欲言。《春农曲》的全部创作意图,也就是既要打破成规,又要古为今用。

舞蹈方面,我们想要做到生活艺术化,主要的舞蹈是"赶麻雀舞"。由于麦收时期,我国南北迟早不同,赶麻雀舞并不单纯表现某一地区。赶麻雀舞的音乐伴奏用了〔琵琶令〕,叶仰曦兄说:"这个曲牌,在近七十年中,已经绝响于舞台。"

赶麻雀舞创造新的舞姿,在技巧方面,用面部表情,特别是眼神,同时,运用各种步法和身段,引导观众的注意力进入虚拟的麦地、田埂、渠道,表现麻雀的高飞、低啄、回旋各种翻扑活动的情景,以及将麻雀赶走后用双手扶起麦穗的喜悦心情。

我们采用单人舞,出场人物是一个十五六岁的农村姑娘,但幕后有一群年龄不等的农村妇女,唱腔用独唱、群唱、帮腔。

采用单人舞的目的有两点:一、表现麦收场地一角,使眼、步、手、身的目的性,更为集中。二、物质经济,舞台经济。单人舞只需一套服装道具。假使将全部音乐录入胶带,演出时,将它播放伴奏,只需一人,就能表演。我们打算送到农村,为农民演出。

以上是我们初步的想法,一定有许多不够周到的地方,希望指教协助。

作词　许姬传

谱曲　叶仰曦

编舞　邹慧兰

一九七八年冬

徐仅叟对昆曲的造诣

庚子后,外祖徐仅老定居杭州,曾对我祖父狷叟公说:"你家儿媳多,我的大小儿已故,二小儿莹甫在京供职,家中冷静寂寞,可否令小女带了外孙到我家照料家务,往来于苏杭两地?"先祖一口答应。以后我随母亲到杭州,即从外祖读书,晚饭后教我唱昆曲,我当时醉心于谭鑫培的皮簧调,对天天唱昆曲感到腻烦,我的母亲曾对我说:"昆曲现在已经衰落,但你外祖的性命是靠昆曲保住的。"在前面提到荣禄对慈禧说,徐致靖是书呆子,喜欢唱昆曲、吹笛子,他并不懂新政,才从死刑改判永远监禁。以后,我看到陈墨香的著作里也讲过徐子静年丈唱昆曲的事,陈墨香与徐家有世交,很推崇仅老的昆曲。我当时并不知道昆曲的源流派别。外祖逝世后,我十九岁到天津,对门住的是恽兰生先生,他和我的四伯祖是连襟,都是军机大臣钱子密(应溥)的妹夫,他唱《长生殿》中《弹词》一折得名,称为"恽弹词"。我在曲会里听他的《弹词》,唱得苍凉感喟,是"云遮月"嗓子,很像谭鑫培,就向他学《弹词》,恽老为我拍曲时说:"你会唱《弹词》,为什么还要学,你是跟谁学的?""幼年跟外祖父徐子静先生学的。"我说。

"徐老先生是我的先生,我没有从他学曲,只听他唱过几支《弹词》就开了窍。"恽兰老讲了这桩生动的故事:

"大约在光绪末年,我和先母住在苏州,先母精于昆曲,我当时已从六位曲师学过《弹词》,在苏州曲会里已经有点名气。有一天,先母带我到任筱沅(道镕)中丞家赴宴,任筱沅是昆曲名家,那时刚卸任浙江巡抚,在苏州买了铁平巷住宅做寓公,先母和他是曲友。到了任家,看见一位紫膛色皮肤,方面大耳,气度从容的老先生,任筱沅介绍说:'这位是徐子静侍郎,是我的曲友。'①他郑重地对我说:'你不是喜欢唱《弹词》吗!回头你听听徐老先生的《弹词》,好好儿揣摹一下,他是纳书楹叶堂一派,昆山腔的正宗。'

"徐子静先生那天唱了《弹词》的〔一枝花〕、〔五转〕、〔七转〕、〔九转〕和〔尾声〕,他的口齿沉着,出字收音讲究,纯用丹田气,最难得是音节苍凉感叹,他经历过戊戌政变的国难家仇,借此发泄胸中不平,真是唱出了曲情。我从那次听曲后,就用心琢磨徐老的唱法,以后,任老说我豁然贯通,得到叶堂家法,因此,徐老先生是我第七个老师。你听他讲过这件事吗?"兰老问。

"外祖没有讲这件事,但家母说,任家和我家是亲戚,任筱老的孙女任大小姐因为夫妻不和,常住我家,她教我《游园·惊梦》、《思凡》、《乔醋》、《刺虎》,嘴里讲究极啦,真是家学渊源。

"母亲还说,当我十二三岁刚记事时,每年外祖要到保定去住几天,那时,任筱老正做保定府知府。据任大小姐说,府里的幕友、听差看到徐二大人来啦,老爷就无心办公啦,整天在上房唱曲,研究音韵、吞吐、气口。

"我外祖只教我曲子,没有教念白,他常带我到嘉兴等地参加曲会,那是全堂场面,带开白。昆曲有'清曲'、'戏曲'之分,我曾听外祖唱《伏虎》、《山门》、《骂曹》,他的念白和戏台上的味道一样,锣经、介口,非常合拍,据说他没有登台彩唱,是听戏得到的经验。曾教我《弹词》的定场诗和大段念白,但我觉得比唱难,所以没有学好,请您教念白的诀窍。"

兰老说:"内行有一白、二引、三唱的说法,这指明白口最难,因为引子、唱词都注明工尺,可以按谱寻腔,念白全凭口授,其中四声、阴阳都要自己安排,如果像背书那样,就呆板无味,必须抑扬顿挫,才能表达词意。而《弹词》是《长生殿》传奇最后一出,洪昇用说书方式,追述天宝遗事,曲调用〔九转货郎儿〕,脱胎于元代无名氏所著《风雪相生货郎旦》,昆班里称为《女弹》。由于故事内容不同,《女弹》是叙说一家的遭遇;而唐明皇、杨贵妃是历代文人诗歌咏叹、佳作如

---

① 任道镕做浙江巡抚是光绪二十七年至二十八年间(公元一九〇一——一九〇二)的事。当时,徐仅老在杭州住家,许多亲友找他向任抚台说话谋差缺,仅老均婉言拒绝,就写了一封信给任筱沅:"三叔处乃风宪衙门,小侄不便趋谒,请大驾亦勿枉临寒舍,因托谋事者多,不得避嫌,请原谅,将来卸任后,当登门致歉也。"光绪三十年,任筱沅卸任赴苏州。其时,先母生吾弟源来,产后得病,仅老到苏探病,顺便与任筱沅话旧。

林的历史故事,所以就青胜于蓝了。"①

他喝了一口茶,接着说:"李龟年出场的诗和白,是向看客交待他的身世,必须念得苍凉感喟,才能引人入胜,你当时才十几岁,没有沧桑之感,所以念不好,现在我教你这段念白。"他就口哼锣经,提起调门念诗:

一从鼙鼓起渔阳,宫禁俄看蔓草荒。留得白头遗老在,谱将残恨说兴亡。

兰老说:"这四句定场诗很重要,今天就教这四句,这是北曲,必须提气照中州音念。"我就照样连念几遍。他纠正我的气口说:"'鼓'字、'起'字都是上声,要念得有力,'得'、'白'二字入声作平声念,'恨'字去声的尾音要念得凄怆感慨。"

第三天,我又去学下面的大段念白:

老汉李龟年。昔为内苑伶工,供奉梨园,蒙万岁爷恩宠,自从在朝元阁,教演《霓裳》,曲成奏上,龙颜大悦,与贵妃杨娘娘,各赐缠头,不下数万。

---

① 韩世昌先生曾对我说:"白云生初唱正旦,自挑班,与我合作后改小生。"记得十余年前,我与邹慧兰同志在北昆剧院同观白云生先生演《女弹》。我早年能唱此曲,从曲文里知道一些故事内容:"……我本是穷乡寡妇,没甚的艳色娇姿,又不会卖风流弄粉调脂,又不会按宫商品竹弹丝。无过是赶几处沸腾腾热闹场儿,摇几下桑琅琅蛇皮鼓儿,唱几句韵悠悠信口腔儿,一诗一词,都是些人间新近稀奇事……"这一段自报家门的唱词,告诉听众是一个赶会说唱为生的寡妇。下面一支曲子揭出主题,"……只唱那娶小妇的长安李秀才"。记得"五转"是述说火烧的炽烈情景;"六转"是描写倾盆骤雨的光景,白云生手摇"拨浪鼓"是站着唱的,有繁重身段。我生平只看见这一次舞台演出,在南方昆班里没有看过这出戏。洪昇在《弹词》"六转"里沿用了《女弹》的三十个叠字,形象地描写了兵荒马乱中,唐明皇仓皇幸蜀、杨国忠被杀、杨妃赐死的情景。我曾见溥西园(侗)演《弹词》,唱到"六转"时站起来,双袖翻飞,配合急促的声腔,极有神气。据侗五对我说:这组身段是他自己琢磨的。最近看到《学林漫录》第五期,载有黄永年先生写的《说马嵬驿杨妃之死的真相》文内指出,表面上是护驾幸蜀的龙武大将军陈元礼以六军不发,请诛杨氏兄妹,以平众怒来要挟玄宗,实际是高力士指使陈元礼这样做的。洪昇在《埋玉》一折里,从高力士的念白中,透露出这一兵谏内幕。当杨妃对玄宗说:"望陛下舍妾之身,以保宗社。"高力士接念:"啊呀万岁爷呀,娘娘既慷慨捐生,望万岁以社稷为重,勉强割恩了罢!"接着高力士传旨:"圣上已赐娘娘自尽,谢恩。"下面高力士带杨妃到马嵬驿佛堂,又威胁杨妃:"啊呀,娘娘不好了,军士们涌进来了,如何是好?"最后,高力士看着杨妃吊死在梨树上,才由陈元礼下令:"杨妃已死,众军速退。"从这组念白中,看出杀杨国忠、赐杨妃死是高力士与陈元礼密谋定计的痕迹,与黄文的看法是吻合的。

　　谁想禄山造反,破了长安,圣驾西巡,万民逃窜。就是我们梨园部中也都七零八落,各自奔逃。老汉来到江南地面,盘缠俱已使尽,只得抱着这面琵琶,唱个曲儿糊口。今日鹫峰寺大会,游人甚多,不免到彼卖唱,咳! 想当年天上清歌,今日沿门鼓板,好不颓气人也。

　　事先我在家里哼了若干遍,所以学得比较顺利,可是末一句:"想当年天上清歌,今日沿门鼓板,好不颓气人也。"前面有个"咳"字,好像哭头,又像叫头,由低而高,再落下来,是表达李龟年的懊丧心情,兰老念得非常动人,我学了十几遍,还不合适。兰老笑着说:"这个字的确不好念,有些唱《弹词》的都没有念对,当年是一位老曲师教我的,可惜你没有跟你外祖学,他一定念得很好。"

　　我想起当年外祖说我学曲很快,想不到被这个字卡住了,说真的,直到现在我还是没有念好。内行常说:"当场一字难。"我算尝到了这种滋味。

　　下面的曲子,因我有底子,没有什么困难。"第七转":"破不喇马嵬驿舍,冷清清佛堂倒斜。"的"冷"字是上声,音符是$\widehat{65}$,外祖教我时,要高唱再落到本音,当年,我学了两遍就唱准了。还有,像"二转":"深闺内"的"深"字;"七转":"半行字,是薄命的碑碣"的"半"字,都是高音,我都用本嗓唱,不使假音,兰老夸我唱得准确。我说:"当年外祖教唱时,老生、外、净、老旦高音必须用本嗓,不许使假音,还严格规定不许调面、调底两揉和,所以我就养成了习惯。"兰老说:"尾声对李暮唱的末一句:'待俺慢慢的传与怹一曲霓裳播千载'的'播'字高音,要神完气足,内行称为卖'播',要懂得养气,才不致竭蹶。"

　　恽兰老晚年想要灌唱片,我和高亭公司联系,预备用十二面唱盘灌录《弹词》,未及实行,他就逝世了。

　　当年我跟外祖学曲,曲谱都是他手抄的。有一天,他在抄叶堂所著《纳书楹曲谱》第二卷《女弹》的谱。那是木刻线装书,我看到"长三眼"的曲子,谱上只有中眼,没有头、末眼,我就问:"为什么不点头、末眼?"外祖说:"叶怀庭精通音律,是名医叶天士的孙子,他的意思,度曲的人应该知道头、末眼的位置,所以只点出中眼。我从《纳书楹曲谱》里抄来的谱,头、末眼是自己点的。当然,后来的谱是比较完备便利,什么事都是逐渐进化,近来像《六也曲谱》还加了锣经,这是临场用的东西。还有的抄本,则是内行教学生时的秘本,顺手注上几个重要身段。将来必定有详细的身段谱出版。现在内行还不肯把苦心学来的东西,随便教人,我看过许多老演员的高超技艺(包括京剧),渐渐失传了,未免可惜。"

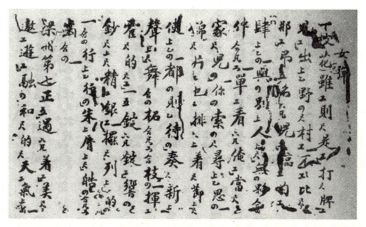

徐仅叟手抄《女弹》曲谱

昆曲分南北曲，北方人唱南曲，入声字要下工夫钻研，如梅兰芳先生唱南曲，入声字唱得很准，因他的先生乔蕙兰是南方人；以后，到了上海，还请俞振飞兄、许伯遒弟拍曲，他的唱法就接近俞粟庐先生一派。振飞兄与梅先生拍摄《游园惊梦》影片后，他从上海写信给我说："近听电台播放《游园惊梦》影片录音，想起先父当年曾说：'杜丽娘的曲子不好唱，要有诗人的韵味，要达到一个"静"字，才称上乘。'现在细听梅先生的曲子，的确得到'静字诀'，这是度曲的高峰。"

南方人唱北曲，也要下工夫推敲，我藏有俞粟庐先生手抄《牡丹亭》中《冥判》一折，是北曲，上面注有许多读音，可见前辈治学的严肃态度。当年，魏良辅创造"水磨调"，也是与许多同好，潜心研究，反复推敲，而后风行全国，流传下来的。看来师承与苦学必须结合，才能把祖先传下来的，千锤百炼的好东西继承发扬。下面附谈一件本身创作的经历作结。

附：《柳毅传书》和《楚凤烈》

一九五〇年，梅兰芳先生打算排一出新戏，请阿英同志（钱杏邨）找题材，他推荐唐人小说神话故事《柳毅传书》。我写出初稿，其中有幕后帮腔插曲，我借用《长生殿》中《弹词》"五转"的格式，写了一支曲文，并填了工尺，有一句唱词写不好。一天，吴瞿安先生的学生卢冀野兄（前）来看我，我把帮腔插曲给他看，他给我补填了一句，还对个别曲词作了修改。因当时梅剧团演出繁忙，梅先生还要参加各种活动,没有时间加工整理演出,原稿已佚。最近从一本书里找到了曲文底稿,因上面有冀野兄亲笔修改的字迹,就交荣宝斋装裱,现影印在这里,并录原词于下:

> 当日个这珊娘在泾河岸,牧羊受苦。多亏了那侠义的大丈夫,凭肝胆亲自救仙姝。传书信,走长途,因此上才扫荡泾川无义徒。恰便似雾散烟消,花明柳舒。恰便似,鱼得水,闯江湖。恰便似,鸿飞万里寻孤鹜。恰便似,红日下轩轩起舞。恰便似,双飞鸟直上云衢。恰便似,熨他湘锦绣天吴。全仗那夫妻们有良谟,向大同村展开一幅灿烂缤纷耕织图。

文内加重点的是冀野修改字句,他对"绣天吴"句很得意,因为"天吴"是海神的典,可切柳毅与珊娘的美满姻缘。最近,吴晓铃兄提意见说:"锦簇花团"的"锦"字与湘锦犯重。余即改为:"灿烂缤纷"。

冀野兄还送我一本他著的《楚凤烈》传奇,共十六折,是抗日战争年代写的。他说:"程颂万藏的明末王国梓《一梦缘》稿本,属蒋苏庵国榜刊印后,送呈朱彊村词老。彊村请吾师吴瞿安先生谱成传奇,吴老师没有时间写,蒋苏庵和我是同乡,他约我写此传奇。抗日战争开始,学校罢课,我才得从容结撰,配搭牌调,闭门三日,写成初稿,到汉口誊清付印,定名为《楚凤烈》传奇,所记为明末时,楚藩之女朱凤德与王国梓的悲惨事迹。时值日寇肆虐,硝烟弥漫,夫妻离散的悲剧,不胜枚举,此剧乃有感而作。稿成,寄呈昆明吴瞿安师,他仔细作了校订,并赋〔羽调四季花〕代序:

> 法曲继长平,谓帝女花,把贤藩事,娇儿怨,又谱新声。凄清,前朝梦影空泪零。如今武昌多血腥。旧山川,新甲兵。乱离夫妇,谁知姓名,安能对此多写生。苦语春莺,正是不堪重听。倒惹得茶醒、酒醒、花醒、月醒、人醒。 计三十三板,己卯人日,云南大姚县作。吴梅霜厓。

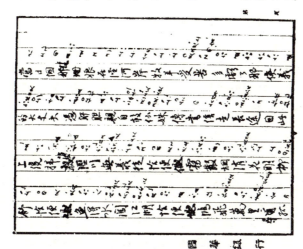

《柳毅传书》曲文底稿

据冀野兄说："霜厓师在病中所作，不到一月，就逝世了，是为绝笔。"①

《楚凤烈》传奇还刊有章行严（士钊）先生两首绝句，是在武汉作的：

> 武昌城外雨如丝，社湿垂杨绾别离。亡国仪宾王国梓，又缘荒乱入新诗。

> 梦里曾披一梦缘，动人情思惨离前。如何一代丹青手，画故留晴妙不传。

冀野说："初拟作二十出，内有'别宫''哭灵'，时值乱离，无此绮情，行严诗'画故留晴'即指应补撰此两出也。

---

① 少年时曾闻松如四叔云："近代学人如朱彊村词，陈散原诗，吴瞿安曲，均根深花茂，韵语珠联，可资后生楷模。当时曾读瞿安先生所著《顾曲麈谈》，有深刻印象。近写《徐仅叟对昆曲的造诣》一章，重读《楚凤烈》传奇，冀野在"例言"中说："二十六年（一九三七）岁杪始得霜厓先生消息，因以《楚凤烈》稿寄昆明，时先生已在病中，犹亲为校订，赋〔四季花〕一支代序，不一月，先生竟谢宾客，此羽调曲者，遂为绝笔矣。"而霜厓跋："计三十三板，己卯人日，云南大姚县作。"查己卯应为民国二十八（一九三九）年，又作于云南大姚县，正在与"例言"所记推算瞿安先生逝世年月地点，适吴晓铃兄来访，余知其当时正在昆明执教，近水楼台，或较冀野更为了解，即请其述说瞿安先生所作〔羽调四季花〕是否绝笔，何以住到大姚的情况。晓铃兄说："瞿安先生〔羽调四季花〕作于己卯人日，为公元一九三九年二月廿五日，三月十七日殁于云南大姚县李旗屯其弟子李君家中，一切丧葬均李君料理。冀野为吴门四大弟子之一，所记不误。我经罗莘田（常培）师的介绍，将于那年西南联大寒假期间，在计划去大姚拜师的前夕，得到瞿安先生的凶耗，非常悒怏，因此起了斋名'念瞿室'并请魏天行（建功）师书榜。由于我兼治戏曲及文字声韵之学，故'瞿'字双关，一指瞿安先生，一指王万瞿（念孙），至今仍悬于室中。魏先生用的是自治藤印：'天行天南行'及'山鬼'。二十年代魏天行师于声韵文字之学始见知于世，书斋名'独后来堂'盖取自《楚辞·山鬼》'路遥遥兮独后来'句，而'山鬼'即'魏'字也。"当我谈及〔羽调四季花〕，用汤临川（显祖）的笔调，描写抗日战争年代，兵戈血腥，离乱凄凉的景象，令人回忆许多往事，可称绝笔而绝唱。晓铃兄还告诉我："一九四八年七月二日《华北日报》由傅芸子主编的《俗文学》第五十三期刊登郑骞先生《吴瞿安的绝笔》一文，专论〔四季花〕，认为是吴氏'生平最后而又最好的一支曲子，在他的《霜厓曲录》新旧两种版本上都未收入'。又云：'无论是否懂得曲子的人，都会感到其音节之特别铿锵谐婉，把曲子的音乐美发挥尽致。''结尾写得凄凉欲绝'，盖'那时他已是久病之躯，自知不久人世'。郑还说：'我读了这支曲，便想到周美成的几句词：斜阳映山落，敛馀红犹恋，孤城栏角。'"瞿安先生享年只五十六岁，流离颠沛，抑郁以终，使戏曲音律界失去指路明灯，侵略者摧残我国文化之罪，罄竹难书也。

还有,常燕生先生(乃悳)题词,哀感顽艳,甚见工力,调寄〔翠楼吟〕:

> 楚雨含情,湘斑解怨,问今古几多儿女,酸吟正苦。又画角斜阳,依稀前度。沉吟处,舞台歌榭,倩从头诉。负负锦瑟无端,叹念年回首,坠欢如雾。仓皇戎马里,也曾见鸾飘凤笈,销魂无数。况一发青山,遮江楼橹。谁呼取,石城双桨,莫愁村去。

因《弹词》而想到《柳毅传书》、《楚凤烈》传奇。今者,梅浣华、钱杏邨(阿英)、卢冀野诸先生均墓木已拱,不胜人琴之感也。

苹妹诗曰:

> 不待西州侍策伸,扶床嬉娱外家循。诗书晨课承严迪,昆剧闲讴取益纯。南内曲凄明圣憾,叶堂协律恽姻尊。管弦漫沸沧桑感,史绩浩然一粟珍。

徐仅叟谈《红楼梦》

　　辛亥后,陈老太太周保珊在杭州西湖小万柳堂隔壁(小万柳堂是廉泉与夫人吴芝瑛考古作书的别墅,这时已归南京蒋苏庵[国榜,他是陈苍虬的学生])盖了几间平房,带着长子陈仁先、四儿陈诒先住在这里,我们称它为陈庄。

　　陈老太太淹通诗文,精熟书画,曾为我写楹联:"妙才比雄骏,古德驯狞狮。"用笔高古,深得米南宫苕溪诗神髓,她的四个儿子都是学有专长、性情恬淡的学人。

　　有一间屋子里挂着一块横匾"苍虬阁",是陈仁先吟诗、绘画,接待诗人、画家的地方。为什么叫"苍虬阁"?这要从他的曾祖父陈秋舫(沆)说起。陈沆是嘉庆年间的状元,苍虬曾送我一本影印的秋舫先生手稿《简学斋诗集》,上面有龚定庵(自珍)、魏默深(源)的眉批,看来陈老先生往来的人,多半是通才硕学,不是八股敲门的饾饤先生。陈秋舫藏有两张名画,一张是宋徽宗画的墨笔山水"晴麓横云"(按此画我在陈家看过原迹。汪向叔士元以重价购得,他著的《麓云楼书画记》,第一件就是此画。以后,辗转归日本收藏家阿部房次郎,影印在《爽籁馆欣赏》第一集里);一张是元四家之一吴仲圭画的松树——"苍虬图",仁先就以"苍虬阁"为斋名,请晚清书家沈寐叟(曾植)、词人朱古微为他写了匾,春秋佳日,偶尔也把吴仲圭的原迹挂在"苍虬阁"里(按此画后归徐世昌的弟弟徐世章,他藏砚近千方,现藏天津市博物馆)。

　　陈二先生慎先,别字微明,擅长古文、书法、太极拳。三先生字絜先,研究宋儒性理之学,是一位平易近人的学者。我的堂弟许伯遒(有笛王之称,曾为梅兰芳先生伴奏昆曲)、内弟戴光远都是他的学生,胞弟许源来则请絜先改过文章。

　　仁先、慎先、絜先弟兄三人同榜中举人,一时传为佳话,有位名士送他们一块匾"三桂堂",用的是蟾宫折桂的典故。

陈四先生诒先精通英文,和辜鸿铭是朋友①,曾翻译过《清宫二年记》。他和中华书局的高野侯是朋友,所以在中华出版,稿酬银元二千元,可见此书的质量。

七先生陈询先是杭州名画家戴醇士(熙)的曾孙婿,和我是连襟(北方称为一担挑)。他的小楷写得好,苍虬与诗人们倡和的《南湖吟》是询先写了石印的。他的女儿陈邦楠是我的干女儿,但我在少年时,与苍虬的儿子尚一换帖,所以称苍虬为老伯。

这几间平房,在西湖里是最小的庄子,但可以称得起"谈笑有鸿儒,往来无白丁"。

苍虬和我的二母舅徐莹甫(仁镜)是同年,清末又在学部(辛亥后改教育部)学制调查局同事,所以他一到杭州,就来拜访我的外祖父徐仅叟先生。我就是因这种关系和他们往来的,我常常坐了小划子到南湖陈庄,有时就住在他家,常和仁先、絜先下围棋,还和仁先的堂弟陈觉先研究谭鑫培的唱腔。我的胞弟许源来,也是陈庄的常客,苍虬曾画一幅山水送给他。

那时,仅老教我读书,同时,也教我一些做诗的格律,但他认为时代变了,应该读英文、算学——经世之学,旧体诗格律甚严,无须花很多工夫往里钻。但我从陈家的薰陶中,听到不少做诗填词的窍门。我记得苍虬说:"兵在精,不在多,我肚子里只有五千兵,但都是能征惯战的。"

有一天,苍虬请徐仅老到"苍虬阁"小饮,同席有陈散原、俞恪士、冒鹤亭、夏剑丞、诸贞壮等,都是有著作的诗人。俞恪士收藏的戚蓼生抄本八十回《红楼梦》,曾送给狄楚青,有正书局据此重抄石印发行。他谈起《红楼梦》说,近来有人考证曹雪芹的家世,以及曹楝亭(寅)的事迹,还有人搞索隐。

仅老对散原说:"曹雪芹写这部书是花了很大气力,批阅十载,增删五次,我以为从原著里索隐,最有意思。他在楔子里告诉读者,不要追索故事发生的年代,又以甄士隐、贾雨村两人的名字,暗切把真事隐去,所说的乃假语村言。他写书的方法,有些从正面写,也有从反面写,或者从夹缝里写。书里有些人描写得温慧贤良,端庄稳重,骨子里却做了不可告人的隐事,今天可以研究一下书里的谜。"

散原说:"年伯对此书的见解,有独到之处。我当年随宦长沙,研甫同年视

---

① 辜鸿铭是晚清有名的外文学者,据陈诒先说,曾见到辜手抄的蝇头小楷英文小册,是他在英国留学时到图书馆抄录的绝版书籍。这种小册子有几十本之多,以后下落不明。

学三湘(按陈散原是湖南巡抚陈宝箴的儿子,研甫大舅徐仁铸是湖南学政,他们都是变法维新派),那时我们与谭复生、黄公度研究变法维新,我和研甫兄谈过《红楼梦》,他的说法与年伯相近。"冒鹤亭接着说:"年伯可出一个题目,叫大家解答。"

仅老说:"好!我先问大家,傻大姐拾的绣春囊是谁的?"

夏剑丞说:"书里在潘又安给司棋的信里说:'送上香袋一个……'"

"这是曹雪芹布的疑阵,如果信以为真,就被他瞒过了。"仅老要大家再想想。

大约一盏茶时,没有人答得上来。苍虬说:"大家都猜不着,请年伯把谜底揭晓吧!"

"绣春囊是薛宝钗的!"

大家听了一惊,因为这是嘉道以来谈红楼梦的笔记里,从未有过的说法。夏剑丞说:"您有什么证据?"下面仅老根据七十四回原著,作了细致的分析与解答:

"傻大姐拾了绣春囊,给邢夫人看,邢夫人是一个性情偏窄,而且与王夫人、王熙凤不和的人,她叫王善保家的插手此事,就有抄检大观园一回书,回目是'惑奸谗抄检大观园'。这回书是讽刺王夫人昏庸愚暗,受了蛊惑,颠倒是非,一意孤行,置晴雯于死地。那么奸谗指的是谁呢?表面上是王善保家的,骨子里指的是袭人。我们看'俏丫环抱屈夭风流'一回,宝玉与袭人大段对话,宝玉层层追问,问得袭人张口结舌,一种做贼心虚的神气,写得逼真。在前几十回里,竭力描写宝钗勾结袭人,拢络宝玉,而袭人的眼中钉是晴雯,于是抄家的结果,晴雯、司棋送了性命。袭人是王夫人埋伏在怡红院里的探子,她说晴雯的坏话是不言而喻的,王夫人借题发挥撵晴雯,则是正面描写的。大家都知道晴雯是林黛玉的影子,袭人是薛宝钗的影子。

"你们听下面一段描写,就可以找到线索,相信绣春囊是薛宝钗的。

"书里先抄怡红院,晴雯挽着头发闯进来,将箱子掀开,两手提着底子,将所有之物,尽都倒出来,还指着脸骂王善保家的。这里,曹雪芹用了一句史笔:'凤姐见晴雯说话锋利尖酸,心中甚喜。'可以看出王熙凤与王夫人虽是一家人,但她并不赞成抄大观园,因为她知道哪些地方是可以抄的,哪些地方是抄不得的。从下面王熙凤对王善保家的几句话露出痕迹:

向王善保家的道:"我有一句话,不知是不是,要抄拣只抄拣咱们家的人，薛大姑娘屋里，断乎抄拣不得的。"王善保家的笑道："这个自然，岂有抄起亲戚家来的！"凤姐点头道："我也这样说呢。"一头说，一头到了潇湘馆。

进了潇湘馆，抄得很细致，从紫鹃房里抄出宝玉的寄名符、扇子，王善保家的正想兴风作浪，大做文章，被凤姐拦住，并且证明："宝玉和她们从小儿在一起混了几年，这自然是宝玉的旧东西，况且这符儿和扇子，都是老太太和太太常见的。"

"这两段描写，我们对照着看，作者告诉我们，薛家、林家都是亲戚，林黛玉是不怕抄的，而薛大姑娘屋里是断乎抄不得的。"

仅老停顿了一下，接着说：

"《红楼梦》里，凡是正面不便写的，就用迷离惝恍的梦境来描写。'贾宝玉神游太虚境'、'贾宝玉初试云雨情'两回书，梦里写了秦可卿，正面写了袭人；"绣鸳鸯梦兆绛芸轩"从贾宝玉梦中几句话，使人联想到宝钗和他同梦，同时，林黛玉与史湘云看到这种情景后的几句话，也透露出他们的关系。

"还有，另一回行酒令时，黛玉说了'纱窗也没有红娘报'，宝钗审问黛玉看《西厢记》，她又说，当年什么书都看，这句话里，包括薛蟠把唐寅画的春宫，误作庚黄。可以想见宝钗在这方面的见多识广，比起林黛玉只看过《西厢记》，真是小巫见大巫了。

"从抄检大观园后，下面一回，宝钗向尤氏打招呼，更搬出大观园，这里探春有几句话，大有深意：'很好！不但姨妈好了还来，就便好了不来也使得。'尤氏笑道：'这话奇了，怎么撺起亲戚来了？'探春冷笑道：'正是呢，有别人撺的，不如我先撺……'"

仅老对宝钗的为人险诈，找到了证据：

"《红楼梦》里主人公是宝玉、黛玉，他们是石头和仙草化身。第三名就是宝钗，从出面时，就着力描写她的端庄稳重，知书达礼的大家风范，但没有人的时候，就露出狐狸尾巴，她是一个工于心计的伪君子。'滴翠亭杨妃戏彩蝶'一回，有一段话看出她的阴险机诈：

宝钗外面听见这话，心中吃惊……说话的语音，大似宝玉房里的小红，她素昔眼空心大，是个头等刁钻古怪的丫头。今儿我听了他的短儿，人急造反，狗急跳墙，不但生事，而且我还没趣。如今便赶着躲了，料也躲不及，少不得要使个金蝉脱壳的法子。犹未想完，只听咯吱一声，宝钗便故意放重了脚步,笑着叫道:"颦儿,我看你往那里藏。"……亭内的小红、坠儿一推窗,只听宝钗如此说着往前赶,两个人都唬怔了。宝钗反向他二人笑道:"你们把林姑娘藏在那里了?"坠儿道:"何曾见林姑娘了?"宝钗道:"我才在河那边看着林姑娘在这里蹲着弄水儿呢,我要悄悄的唬他一跳,还没有走到跟前,他倒看见我了,朝东一绕,就不见了,别是藏在里头了。"一面说,一面故意进去,寻了一寻,抽身就走,口内说道:"一定又钻在山子洞里去了,遇见蛇,咬一口也罢了。"一面说,一面走,心中又好笑:"这件事算遮过去了,不知他二人怎么样?"

"这回书,正面写薛宝钗嫁祸于林黛玉,使小红怀恨在心,活画出一个笑里藏刀、粉面蛇心的女人,我觉得这是真人真事,否则不会那样绘声绘影,细致入微。"

大家听仅老演说《红楼梦》,都觉得闻所未闻,新鲜有趣。苍虬说:"年伯对《红楼梦》研究得如此深邃,使我们顿开茅塞。"冒鹤亭说:"请年伯再谈一谈《红楼梦》的诗词韵文。"仅老说:"曲子最好。第五回红楼梦曲子,等于给这些女孩子做了传,是大手笔,并且曲牌都是别出心裁,含有褒贬的意思。例如〔终身误〕:'都道是金玉良缘,俺只念木石前盟。空对着山中高士晶莹雪,终不忘世外仙姝寂寞林。叹人间,美中不足今方信,纵然是齐眉举案,到底意难平。'"

"这是引子下第一支曲子,他交待得很清楚,宝玉与黛玉是知己,宝钗虽然想尽方法,做了宝二奶奶,但同床异梦,不是良缘佳偶。

"第二首〔枉凝眉〕:'一个是阆苑仙葩,一个是美玉无瑕,若说没奇缘,今生偏又遇着他,若说有奇缘,如何心事终虚话,一个枉自嗟呀,一个空劳牵挂,一个是水中月,一个是镜中花,想眼中能有多少泪珠儿,怎禁得秋流到冬,春流到夏。'这支曲子是慨叹宝玉、黛玉两人不能成为眷属,以白描手法,着力描写,字字从肺腑中流出,与《西厢记》、《牡丹亭》并列,毫无愧色。

"《红楼梦》里的山歌也是当行出色,如'恰便是遮不住的青山隐隐,流不断的绿水悠悠',诗情画意,令人神往。"

俞恪士问:"《红楼梦》里诗最多,究竟如何?"

仅老说:"小孙肖研有一些看法,他认为:正册、副册、又副册的诗是叙事诗,应作别论。还有些诗,虽然工稳熨贴,好像有点试帖诗味道。"仅老笑着对陈散原、俞恪士、陈苍虬、冒鹤亭说:"曹雪芹如看见诸位,恐怕要甘拜下风呢!"

那天尽欢而散,坐划子月夜归途中,仅老对我说:"《红楼梦》虽是白话,但叙事细致,行文简炼,起承转合,眉目清楚,得到太史公的笔法,你可以下工夫阅读。以后的文体,白话文恐要流行,熟读红楼,必定有用。"接着我就连续看了几遍,而且不专从宝、黛、钗的三角恋爱着眼,早年看到"苦绛珠魂归离恨天"是掉眼泪的,这时,我开始研究它的叙事层次、脉络,以及每个人的语言的性格化。

一九五〇年,我为梅兰芳先生记录《舞台生活四十年》,许多老朋友看了都认为我的文笔,颇有红楼韵味。我并没有故意摹仿,但一动笔就走上此路,看来先入之言是根深柢固的。当然,仅老的遗训更是令我难忘的。

本文是我写的《戊戌变法侧记》中的一章,这里谈到的人物,只是从他们的古典文学造诣而言,至于政治见解则各有异趣。仅老是主张君主立宪的维新派,但他对封建专制则一贯反对。辛亥革命后,袁世凯做了总统,他非常愤慨,认为仍旧是独裁政权。而陈苍虬是倾向满清的遗老,他们谈话时,关于改革体制则持不同的看法。后来张勋搞复辟,仅老曾写信给康有为劝他不要参加,可见其思想是前后一致的。我的一些文学、史学知识,受徐氏教育,后期则松如四叔的启迪最多。我的曾祖珊林公(槤)是道光、咸丰年间的藏书家、金石家,曾手书雕版《六朝文絜》、《笠泽丛书》……"古均阁"所刻之书,只赠志趣相投的朋友,不向坊间出售,故当时许刻书即称善本。曾祖治经学,通训诂,书法则擅长钟鼎、小篆、隶书,与孙渊如(星衍)、洪稚存(亮吉)齐名。四叔承珊林公余绪,精研训诂,能写小篆,又擅诗词韵文。以收藏中国邮票称大王的周梅泉(今觉)曾对我说:"令叔诗词,深得唐宋人神髓,清隽而不生涩。"所以堂妹苹南,堂弟孟谐得到四叔庭训,亦能诗词。四叔幼时体弱,曾钻研中医理论,壮岁悬壶沪上,著有《诊余脞谈》、《三砚斋诗集》。余因患胃下垂,由津赴沪就医,曾向四叔学习古典文学。我十年来自撰及代撰联语百余对,这一技巧就是松如叔教我的。联语是清代才盛行起来的。它的特点,可长可短,与诗歌的性质略有不同,讲究对仗、平仄之外,最重要的是切题,先叔常说:"切忌七寸三分帽子,人人可戴。"我记得一九七八年吴晓铃兄打电话给我说:"言慧珠在上海举行平反昭雪追悼会,言小朋(电影演员)请你做两对挽联,一是代梅夫人福芝芳做的,二是自撰,但必须在两天内做好,小朋乘飞机赴沪参加追悼会时带去。"代梅夫人做的,只用了一小时就做好了。而我的一对,当天没有想出来,因为我打算用戏曲剧目来切慧珠的身世。由于她是上吊而逝的,必须有一出戏是女的悬梁自尽的事迹。晚间,在枕上忽然想到杨玉环在马嵬坡是吊死的,而且慧珠生前在北京和俞振飞兄合演过《长生殿》的《惊变》、《埋玉》。第二天就撰写两联送去,联语共用了六个剧目,两部传奇:

惊变埋玉，洛水神悲生死恨；还巢失凤，游园遥想牡丹亭。

《惊变》、《埋玉》、《洛神》、《生死恨》、《凤还巢》、《游园》都是剧目；《洛水悲》是清代人所著四折杂剧，《牡丹亭》是汤显祖临川四梦之一的名著。

一九七九年，我因亡弟源来之丧，赴沪料理后事，振飞对我说："追悼会举行那天，大家都围着这副对子抄录，有的人挨挤不上，还辗转传抄。"

苹妹诗曰：

乾嘉说部盛红楼，翰墨家常细细筹。真隐假存明晓喻，惑谂戏蝶点全谋。苍虬阁雅谐谈析，仅老舟旋见晶优。亘古风云儿女笔，匡时特达赓千秋。

乾嘉説部盛红楼翰墨家常細籌真隱假存吶晓喻惑謎戲蝶點全謀蒼虬閣雅諧誥談析僅老舟旋見晶優火妙風雲舒妙筆謦幻曲解賡千秋

辛酉冬許頵南詩
八十叟許姬傳書

劫后重逢抱头痛哭

一九一四年（民国三年）的春天，下午三点半钟，我正在书房看书，徐家的老管家徐福走到书房里对我说："外面来了一位客人，要见老太爷，我说上茶馆去了，他要进来，我问他姓什么，他又不肯说，你出去看看。"我就跟徐福到轿厅。姚园寺巷是太平天国以前的建筑，一百年前，南方主要交通工具是轿子，从二人抬的小轿到八人抬的绿呢大轿，轿厅是停放轿子的地方。我看见一位头带方顶缎帽，红结子，身穿蓝宁绸袍子，方面大耳黑须的中年人站在轿厅里，就请教他贵姓，他问："你是徐大人的什么人？""外孙。""我们进去谈吧！"我就引路，进了大客厅，厅里陈设很简单，当中壁上挂着黄瘿瓢画的醉老人，靠墙摆着带炕几的木炕，两边六把大椅子，间隔着茶几，我让他坐在左面第一只椅子上，就叫徐福泡一杯盖碗龙井茶。这位客人问我："外公什么时候回来？""五点钟。"他掏出一只怀表看着说："四点三刻了。"这时，听到仅老的橐橐履声，我迎出去说："厅上有客人在等您。"仅老就进了大厅，这时，客人站起来对了眼光，就抢走几步，跪倒地上，我外祖也跪下，两人抱头痛哭。我觉得这个客人，恐怕是仅老常说的康南海了。就到后面拿了脸盆、毛巾，拎了一壶水，绞两个手巾把给客人和仅老擦泪。仅老对我说："这是南海先生。"我赶快走上两步向他鞠躬行礼。仅老叫我关照大师父傅升做几个菜，又叫徐福打一斤酒。我听见康南海对仅老说："令外孙很秀气，刚才招待我也懂礼节。"仅老说："劫后余生，课孙为遣，研甫的儿子肖研到北京就姻，住在莹甫家，现在就是外孙姬传跟我读书。"康说："小侄是坐三等车来的，这里的当道（朱瑞）是项城的人，我明天一早就回上海，今晚就住在年伯这里，别后要谈的话很多，怕隔墙有耳，最好笔谈。"

仅老叫我预备笔、墨、纸、砚，我把新买的邵芝岩的小楷紫毫，一刀"尺白纸"，放在左面方桌上，又到上房拿了盏煤油灯点上，就给他们磨墨，只见康南海把那支小紫毫在嘴里一咬，开大了，他们开始笔谈。

第一部分,康谈的是:"戊戌年乘重庆轮到上海,工部局的濮兰德持照片,乘兵舰到吴淞口登重庆轮找到我,即换乘英舰,直放香港。在旅途中,濮兰德云:'李提摩太打电报与上海领事白利南设法营救,但当时上海道曾照会领事馆,协同缉捕康有为,如果掩护中国政府缉捕的要犯,牵涉到外交,白利南不敢作主,就电伦敦政府英首相沙士勃请示,得复电同意营救中国政治犯康有为,才派我带了照片找到你的。'"下面谈的是在海外流亡岁月的情况。

仅老谈的是六君子被害,慷慨就义的刑场情况,接着写道:"在狱中得年侄乔茂萱的照顾,可以读书养性,曾作《祭六君子文》《续正气歌》,是腹稿,下次来时,抄给你看。"这一大段讲狱中生活以及庚子年八国联军攻占北京城的烧杀抢掠,到杭州时,研舅已病逝。康在后面写道:"研甫年兄是我党通达时务的杰出人才,与谭复生可称双杰,如他在京,当不致如此惨败。"

仅老接着写道:"莹甫告我,研甫革职后,曾来京运内人灵柩南归,研云:保袁最为失策,此人居心叵测,如不保袁则维新变法虽失败,六君子或不致全部被害,一着错,满盘输。研又云:林暾谷有见识,'本初健者莫轻言'一语,盖知其不可靠矣。"

康写道:"戊戌年,在海外误传年伯被害,曾设奠为祭。庚子年,闻蒙赦出狱,曾托人带银奉赠,并有几首诗怀念年伯,返沪后,当抄寄。"

仅老写道:"钱未收到,诗颇思一观。"

第二部分,谈的是光绪逝世时的情况,康写道:"闻有遗诏杀袁,不知何以未行?"

仅老答:"隆裕乃庸懦妇人,他商之当权亲贵,以袁部均握重兵为虑,只罢免军机职,遣回乡,命人监视。袁厚赂监者,故仍能与冯(国璋)、段(祺瑞)等互通消息。武昌起义时,起用袁,吾知清社屋矣。"

仅老对光绪的谥法,提出了看法,他写道:"光绪谥法'德宗景皇帝',拟谥者用心恶毒,他们以唐德宗①、明景泰②影射光绪帝,我不承认这个谥法。当时,张

①唐德宗用卢杞、赵赞,因为乱阶,姚今言反,帝奔奉天,朱泚僭位。兴元初年,李晟收复京师,帝乃还,由是政惟姑息,方镇日强。

②土木之变,英宗被俘,郕王监国,国号景泰,侍讲徐珵(后改名有贞)主张迁都南京,兵部尚书于谦反对南迁。也先带兵攻京师,景帝命于谦督战,也先退兵,后派人议和,送还英宗,英宗复位,徐有贞与石亨密谋进谗,离间英宗与景帝感情。英宗杀于谦,景帝暴崩,都是徐有贞的阴谋。谥法称德宗景皇帝,把奸臣徐有贞影射徐致靖,用心甚为恶毒。

之洞在军机,拟谥时,他可能参预。"

第三部分是谈辛亥革命,康与仅老有分歧。康似眷恋亡清,而仅老则认为满人多半昏庸贪贿,不亡何待。

在饮酒时,因旁边有人伺应,康的话不多,只问:"年伯还唱昆曲吗?"仅老说:"常常以此为遣。"指着我说:"我已教他几十出昆曲,下次来时,唱给你听。"

吃完饭,又继续笔谈别后的生活,这一刀纸我只用了十几张,他们笔谈写了八十多张,我想这是很有价值的东西,将来把它裱成册页,收藏起来。大约晚十点半时,仅老对康说:"明天不送你了,祝你一路平安。"康说:"我们可以通讯,希望年伯到上海来畅谈。"我跟仅老到上房拿被褥枕头,康就住在我的书房里间的木炕上。我拿了卧具出来时,只见康把煤油灯摆在书房外廊子上,把一叠纸放在灯上烧,煤油灯的玻璃罩都熏黑了。我说:"这样烧把灯头焖灭了。"他说:"世兄,请你帮我烧。"我就找一个铜盆,先把十几张纸放在里面,点一根火柴,陆续往里续,很快就烧完了。他还怕烧不透,我递一根铜尺给他,他仔细检查,直到全是黑灰,才进书房。我一边替他烧,心里直说可惜,这一份原始谈话手迹,包括晚清时不少重要史料,要保留下来多好。

苹妹诗曰:

> 劫后余生竟再逢,抱头相恸倾离踪。属垣警耳宜深惕,心史盈笈一炬红。

康南海很夸我能办事,就问我读什么书?我说:"《古文辞类纂》、《经史百家杂钞》。"他说:"徐老先生是研究史学的,还教你看什么书?"我答:"阅读《资治通鉴》、王船山《读通鉴论》、《晋略》。"他认为这几部史书,都有警辟的见解,尤其是《晋略》,虽是清代人的著作,但比《晋书》好,能看出历史事件的真面貌。最后他说:"你外祖是有学问的,从他读书,定有成就。"这时,已经午夜十二点钟了,我说:"明天要起早,请休息吧!"

以后,康南海从上海给仅老来信,是日本手卷式的信纸,每封信就像个手卷,书和文都很精彩,平均一个月有四五封信。有便人来,还托带广东盐鱼、香肠、鲜荔枝等土产。

有一次,他派陈楠送来四张屏条,宣纸上写着四首诗。

第一首:庚子三月十一日夜怀徐子静侍郎时在北狱

73

沉沉忧怨我何之,风动踉珰月堕时。愁云惨雾何时解,正气歌成壮更悲。

第二首:京破后狱囚皆放闻徐子静侍郎即奉诏免喜而泪下
冤狱两年悲党锢,维新元老纪新猷。惊闻西狩摩燕阙,忽喜南冠出楚囚。天下咸知城北美,人间尽解海南忧。苦忆哀歌宋玉宅,何时把酒仲宣楼?

第三、四首:久不得徐子静侍郎消息并怀李孟符郎中(见附文)
黑劫飞灰历几年,当时同补女娲天。鸾吪凤靡无消息,吹落人间几散仙。

万年青史纪维新,功罪如何说党人。击筑我思燕市侣,酒酣梦冷不知春。

外祖叫我送到裱画店装裱,有一位中年人也拿了画来裱,看见康南海的诗屏,就说:"我认得康先生,我想抄下来。"裱画店的人就拿纸笔砚让他抄,此人走后,我问:"他是谁?"答:"他叫吴绢斋,住在××巷,父子都是翰林。"过了几天,吴绢斋到姚园寺巷访谒徐仅老,谈的都是戊戌政变的旧事。这四张屏一直挂在我的书房里,外祖逝世后就不知下落了。一九八三年十月,徐培泽表弟抄寄康的四首诗,才转录发表的。

第二年,仅老带了我去上海,住在孟渊旅馆,康南海到旅馆拜访,约好次日到他家吃饭。康家住在辛家花园,他派马车来接我们,车中另有一位客人是溥侗(厚斋),对仅老非常尊敬亲切,下车时还搀了一把。那天吃的广东菜极丰盛。饭后,康南海说:"年伯和厚斋先生都是昆曲名家,可以高歌一曲。"唱的是《长生殿·弹词》,由我吹笛伴奏,尽欢而散。

溥侗是同情光绪的近支皇族,爱好艺术,能书能画,又是精通戏曲表演的名票,玩票时署名红豆馆主。他行五,内外行都称他为侗五爷。至今戏曲界的演员和业余爱好者曾经向他学习过的,都认为他是见多识广,有真才实学的名票。

附:李岳瑞评光绪帝

李孟符名岳瑞,陕西咸阳人,官工部郎中为译署章京(译署即总理衙门),致力研究洋务,曾参加康有为的保国会,是倾向维新的帝党。著有《春冰室野乘》,内有一则《德宗外交之大度》,有史料价值,译为语文并加按语:"光绪乙未,朝鲜称帝改元的明年,派使节来聘,用敌国礼。廷议时,大臣认为朝鲜曾为中国藩属,今夜郎自大,应拒绝建交。光绪帝说:我们不能保护朝鲜,落在日本手中,现在朝鲜已经立国,是我国的邻邦,和东西各国地位一样,我们不能拒绝东西各国使臣,怎可单独拒绝朝鲜。就下令接见朝鲜使臣,并交换国书。"

又载:"戊戌夏,联日议起,始命黄京卿遵宪为出使大臣。故事(旧例),实缺道员出使,皆以四品京堂候补,黄时官长宝道,独以三品卿用,盖重其事也。"

按康党主张效法明治变法维新,联日拒俄,并建议光绪帝访问日本,观察他们的维新措施,作为借鉴。

光绪帝令总理衙门拟国书,他们照旧时格式撰拟送呈御览,光绪帝在"大日本国皇帝"的上面,亲笔加"同洲、同种、同文最亲爱"九个字,并对国书全文亲自修改,交王文韶、张樵野送到日本使馆,与日本公使矢野雄文商榷,并密诏不要让李鸿章知道。因为李鸿章仇视日本,反对联日。过了几天,下诏撤掉李鸿章总理各国事务衙门大臣的职务。

李孟符是总理衙门章京,所以知道内幕情形。

外祖仅老说:"李合肥因甲午战败,签订《马关条约》时还挨了一枪,从此痛恨日本,曾对幕僚说:'誓不踏日本土地。'"

《春冰室野乘》证实了李的仇日行动:

> 李鸿章出使俄国时,要在日本海域换船,日本方面在岸上准备行馆招待,李住在船上,拒绝登岸。又因小渡船为日本船,坚决不乘,船主只得架飞桥于两轮之间,使李上船。

京剧与清宫的关系

晚清时，亲贵中有一部分人是吹捧慈禧，勾结太监，取得权势，如庆王（奕劻）、端王（载漪）……以达到卖官鬻爵、任用私人的目的。也有少数人反对慈禧垂帘专政，同情光绪遭遇，贝子溥伦、将军溥侗就属于思想上反对慈禧的亲贵，引起慈禧的厌恶，他们弟兄始终不被重用。溥侗的一生，没有派过正经差使，就专门研究戏曲为遣。

慈禧一生祸国殃民，但对提倡京剧，颇有成绩。她所赏识的谭鑫培、汪桂芬、孙菊仙、杨小楼、陈德霖、王瑶卿、钱金福、刘赶三、龚云甫……都是学有专长，自成流派的名演员，可以说明她是懂戏的。

杨小楼的女婿刘砚芳和梅兰芳是把兄弟。一九五一年，他到护国寺街和梅先生聊天，他说："我岳父刚挑进去当差，有一天唱《铁笼山》姜维，慈禧就对太监说：'杨小楼是杨月楼的儿子，扮相、个子、嗓子都还可以，就是工架没有金福好看。'太监把这话告诉我岳父。当时，钱金福是南府教习（专教太监唱戏），在宫里应武净——架子花脸，《铁笼山》是常演的戏。我岳父就揣了银子请钱先生教他《铁笼山》，以后，老俞老板（菊笙，外号毛包）、谭老板（鑫培）都给我岳父说过《铁笼山》，成为拿手好戏。"

从这件事，可以看出京剧从咸同年间，受到宫廷的重视而日趋完善；同时，演员的互相竞赛，精益求精，也是提高质量的一个原因。

〔御制朱奴儿〕

京剧界的老先生常说,光绪皇帝能打鼓,有时还坐下来打一出。京剧音乐家陈彦衡是专学梅雨田的名琴师,曾为谭鑫培伴奏,单皮鼓也打得好。他告诉我:"京剧场面流传着〔御制朱奴儿〕,〔朱奴儿〕是昆曲牌子:

> 蟠螭沛云中摇漾,飞豹旌风外飘扬。虎将狰狞豪气强,挈断丝韁,遥望白云帝乡,指日里归吾掌。

"曾在宫里当差的李五(奎林)说:'有一次光绪皇帝打〔朱奴儿〕,把当中两句没有打,场面上的人谁也不敢告诉他。以后,将错就错,就照他的点子打,这就是〔御制朱奴儿〕的来头。"

陈先生把这两种〔朱奴儿〕的点子打给我听,他说:"单皮鼓是总指挥,全堂场面都跟它走。光绪打鼓可能是跟沈宝钧学的。当时宫里场面,姓沈姓李的最多,李五是傍老谭的打鼓佬,我认为他是当年最好的鼓师,与梅雨田的胡琴配合得非常严密,听了过瘾。"

慈禧骂光绪是夜猫子

陈先生还谈起慈禧指桑骂槐,诅咒光绪的两件事:

鑫培有一次在烟炕上聊天时说:"某年,皇上万寿,太后点《造白袍》(即《连营寨》),全堂行头,桌围、椅披都是新做的,我扮刘备出台,看到崭新一堂白,心里琢磨,万寿怎么点这出戏,下面是《白帝城》(刘备归天),多丧气,看来外边传说两宫不和是有因头的。"

鑫培还说:"有一天在宫里演《天雷报》,我扮张元秀,小生鲍黑子(艺名福山,徐小香的徒弟,鲍吉祥的父亲)扮张继宝。他把继宝中状元后,不认义父义母,忘恩负义的神气,演得逼真。慈禧传旨打张继宝板子,太监打,那是像戏里那样不挨皮肉的假打,鲍黑子嘴里还得哼哼,假装疼痛。打完了,又赏鲍福山十两银子。打张继宝是扫光绪的脸,因为光绪也不是她亲生的儿子。光绪和康有为商量变法时,太监'印刘'嘴里露出太后骂皇上是夜猫子(猫头鹰),太后说:'我把他抠扯大啦,他跟我不掏良心。'所以恨透皇上啦!"

从上面几件事,可以看出慈禧早有废立的意图,格于国际舆论,不敢下手。英国公使曾表示,国书是递给光绪皇帝的,如果换人,我国政府将重新考虑。这使慈禧非常恼火,终于酿成庚子年炮轰使馆的愚蠢幼稚的丑剧,几乎导致瓜分亡国的后果。从历史上看,出了一个昏君,旁边必有一班攀龙附凤、助纣为虐的权臣;亲佞臣,远贤人,而天下大乱,百姓遭殃,而国事不堪问矣。

溥侗、载涛精通戏曲表演

大家以为慈禧好听戏,所以亲贵爱玩票,是迎合"老佛爷"的"慈意"。事实恰恰相反,慈禧虽赏他们听戏,但禁止亲贵登场彩唱,她认为王公唱戏,有失体统。

据侗五①说:"我们玩票,只能在小圈子里秘密进行,教太后知道了,是要受到严厉申斥的。到了民国初年,我们在堂会里,常常露面,演出的机会就多了。"

莹舅曾对我说:"一次堂会里,侗五和他哥哥伦四合演《连升店》,侗五扮店家,伦四扮小生王明方,当店家把褶子送给这位新科进士时,哭着说:'您穿着这件衣服,活像我老掌柜的。'观众都叫好。侗五只能和伦四合演,跟别人唱就不合适了。"

莹舅还告诉我:"侗五这出戏是跟名丑罗百岁(寿山)学的,伦四则是王楞仙教的,所以非常出色。"

红豆馆主是生旦净丑无不精通的全才,我在上海马斯南路(现名思南路)梅兰芳先生家里和他合唱《弹词》〔九转货郎儿〕,每人间隔着唱。还看过他和梅兰芳彩唱《奇双会》,以及《阳平关》的曹操,《别母·乱箭》的周遇吉。在一次音乐会上他参加"十番"(是一种民族乐曲)演奏。

有一次义演《群英会》,他扮周瑜,打盖定计一场,周瑜有四句〔散板〕,"老将军秉忠心大义凛凛,可算得我东吴社稷之臣。定下了苦肉计你心要忍",唱到第四句"怕的是年纪迈难受苦刑"时,周瑜把黄盖的白满托起来唱。我想起外祖仪老曾教我这几句唱和身段,他说:"徐小香演得最有神气,他从唱腔、脸上表情和身段都能表示周瑜痛惜黄盖为了诈降曹营要受军棍的心理。"可是,那天周瑜去捧黄盖的胡子,这个演员直往后退,弄得周瑜非常尴尬。过了几天,我在梅家

---

① 清代的封号有亲王、郡王、贝勒、贝子、镇国公、辅国公、镇国将军、辅国将军、奉恩将军。溥侗是镇国将军。

碰到侗五,谈起那天演《群英会》的事,侗五说:"那天事先没有说戏,当周瑜唱到第四句时,我过去捧黄盖的白满,他直往后躲,弄得我啼笑皆非。事后,他还在后台说怪话:'侗五爷怎么揪我的胡子。'你想,我哪能揪他的胡子,这是一个身段,现在的底包,实在太糟。"我说:"当年听外祖徐子静先生谈这个身段,他是亲眼看徐小香怎么做的,他还夸这个身段好得很,把周公瑾爱将的心理,描摹得入木三分。"侗五皱着眉头说:"我这出戏是王楞仙说的,楞仙是小香手把手的徒弟①,这是个重要的身段,现在失传了,真可惜。"

一九四八年,侗五在上海经济困难,梅先生托我送他相当于银元三百元的金元券,不久就逝世了。

比溥侗长一辈的贝勒载涛,也是精通表演的名票,人称涛七爷,曾到德国考察军事,清末任军谘府大臣,是冯幼伟先生的上司(冯耿光曾任军谘府第二厅厅长,民国初年大家称他为梅党的首领,实际也的确是缀玉轩的首席顾问)。载涛是相马专家,解放后任马政局顾问。我曾请教他相马的诀窍,他说:"这是一种专门的学问,首先要有相马的天才,还要积累丰富的经验。我在马政局当顾问,不是挂名差事,他们请我鉴定,我坐在广场椅子上,每一匹马拉过来,我只用两分钟时间,就作出结论。例如,兵士骑的战马,拉炮车的马,以及它的年龄、出生地……他们根据我的判断,进行分配工作,基本上是符合它们体力的。"

载涛能唱《安天会》的孙悟空、《醉酒》的杨贵妃……梅兰芳曾和他研究《贵妃醉酒》的身段,涛七是跟余玉琴学的,路子与路三宝不同,梅兰芳曾采用他的"鸳鸯来戏水"、"乾坤分外明"两个身段。李万春的《安天会》,是涛七亲授,身段表情准确扎实。亲贵们学戏是用重金请老艺人教,所以学到的都是经过锤炼的好东西。

---

① 某年,徐小香向"三庆班"辞班,宴请全班人员,杯酒告别。他对王桂官(楞仙)说:"我还要在北京住一年,专为教你。"王楞仙非常感激,一年中,苦心钻研,准确地掌握了徐小香的表演艺术。王的嗓音不如徐,但文武昆乱(京剧被称为乱弹)的表演又有了发展,而全身肌肉、关节的运用,给观众留下深刻印象。程继仙学王楞仙最有心得。程是"小荣椿"的学生,功底扎实,表演深刻有气度。

无面目见江东父老

康有为来过之后，有一天下午，徐福拿着一张老式红纸拜帖，上面印着梁启超三个大字，他说："这位客人坐着四人抬的绿呢大轿来的，还有四个警察。"我赶忙到轿厅把他接进来，梁启超第一句话："你是徐老先生的什么人？""外孙。"我就请他到炕上坐，只见他身穿黑缎团花马褂，蓝缎团花袍子，头戴美式呢帽，还拿一根文明棍（手杖），一望而知是个大官的样子。这时，徐福送了盖碗茶进来敬客，梁启超问起仅老的日常生活，我说："下午到茶馆吃茶，茶友中有下棋的，也有爱唱昆曲的。"说着，仅老回来了，梁启超也向老年伯下了跪，仅老把他扶起来，让到炕上坐。我觉得站在那里不得劲，就回到后面书房，因为只隔一层板壁，他们说话我都听得见。

"莹甫兄说，庚子后，年伯住到杭州，一别十多年了，身体还硬朗吗？"梁启超问。

"这所房子是亡儿研甫从湖南学政革职后买的，庚子年出狱后，二小儿莹甫陪我到了此地，研甫已病故。两宫回銮后，天津严范孙打算邀集顺天、直隶同乡京官，为我谋开复（开复是官复原职礼部右侍郎），我写信婉言谢绝了；己丑年，我曾到河南任乡试主考，河南绅士也酝酿为我开复，我也谢绝了。我不能伺候那拉氏，虎口馀生，等死而已。"

"年伯没有回宜兴原籍，看看亲友？"

"戊戌变法我们失败了，无面目见江东父老。"仅老的声音提高了，很激动。

"年伯何必如此，我们都是为国家，不能以成败论。"梁启超的语气有点窘，接着从身上掏出一个扇面说："请年伯随便写些近作，留为纪念。"站起来告辞。仅老说："恕我年迈，不能答拜。"梁说："不敢劳动，扇子写好后，我派人来取。"就把客人送到轿边。仅老回到上房，只听他自言自语地说："梁卓如前呼后拥，跑到我这里来摆架子，刚才我一句话说得他脸都涨红了。"

可是第二天，仅老作一首五律，写在扇子上，我只记得后边的跋语："任公年世兄自京来杭，别十余年矣，不胜沧桑之感，因赋俚句，留作纪念。"

小凤仙口述蔡锷脱险的经过

蔡锷

一九一六年秋,蔡锷(松坡)与老师梁启超密商反对袁世凯称帝,由于小凤仙的掩护,在袁世凯的特务眼皮下,从南班子(当时北京的妓院,分南班、北班)脱出重围,到天津与梁启超会齐,蔡锷到云南通电讨袁。八十三天的洪宪皇帝,经不住全国人民反对,只能取消帝制,袁世凯穿了几天龙袍,就气死在旧皇宫里。

一九五一年,梅剧团到沈阳演出。有一天,交际处传达室送来一封信,词意幼稚,还有白字,但她的具名却引起大家的兴趣。兹照录原样(附原信照片):

梅兰芳同志:闻已来沈,不胜心快。今持函拜访。在三十四年前,与北京观音寺(名字记不住了)由徐省长聚餐一晤,回忆不甚感慨之至。光阴如箭,转瞬之间,数载之久,离别之情,难已言述。兹为打听家侄张鸣福,原与李万春学徒,现已多年不见,甚为怀念。

梅同志:寓北京很久,如知其通信地址,望在百忙中公馀之暇,来信一告。我现在东北统计局出版部张建中处做保姆工作,如不弃时,赐晤一谈,是为至盼。此致 敬礼。

原在北京陕西巷住,张氏(小凤仙)现改名张洗非。 来信通讯处:南市区、大西区德景当胡同廿一号李振海转交张洗非。

梅先生说:"她信中说在徐省长席上见过我,但事隔多年,记不清楚了。"后

82

来梅兰芳回忆说:与小凤仙吃饭的地方是在北京观音寺街的北面,青云阁茶馆附近有一个"福兴居",是很有名的山东馆。

"我的母舅徐研甫在戊戌变法时,做湖南学台,聘梁任公为时务学堂总教习,蔡锷是时务学堂的学生,得到梁任公的识拔。后来蔡锷到云南以护国军名义反袁,是与梁任公密谋决定的,我打算写封信约她来谈谈。"梅先生表示同意。此信发出后,小凤仙如期到交际处,作了一次谈话,在座有梅氏夫妇、姚玉芙和我。事先商定由我和她对话,目的是弄清楚蔡锷从云吉班到津一段情况。

小凤仙致梅兰芳函

问:"你幼年时的家世,怎样流落在烟花队里?"

答:"我的父亲姓朱,母亲是偏房,大老婆瞧我们不顺眼,母亲带我离开朱家单过。母亲死了,姓张的奶妈抚养我,所以我姓张。辛亥年,奶妈在浙江抚台曾子固将军家帮佣,革命军炮轰曾府,奶妈带我逃到上海,把我押给姓胡的学戏,到南京卖唱为生。十三岁那年,正遇张勋攻打南京,我跟胡老板逃回上海。以后到北京陕西巷云吉班卖唱做生意,就认识了蔡将军。这时,奶妈从江西来京,找着胡老板,老蔡问:‘她是什么人?’我说是母亲,胡老板是领家(领家的涵意是押账的债主,必须本利还清,才能自由)。老蔡就出钱替我赎身,我才回到奶妈身边,仍在云吉班做生意。"

问:"蔡将军反对袁世凯做皇帝,你是什么时候知道的?"

答:"起初我不知道。后来看他的举动与别的客人不一样,袁世凯的儿子袁三常到我屋里打茶围①,有时打听老蔡的生活情况,和哪些人来往?老蔡来了,就有几个不三不四的人到班子里打茶围,据掌班(开妓院的老板)说:‘这些人是侦缉队上的,咱们惹不起。’这些人在别的姑娘屋里打茶围,并不到我屋里。我问老蔡:‘这些混混(北方称流氓为混混)好像冲着你来的!’他笑而不答。后

---

①当时妓院的习惯,客人挑中本班姑娘后,到她的房间里招待茶烟,名为打茶围,客人临走时付一元二角至五元摆在茶盘里,叫作开盘子。

来，我听别的客人说：'蔡松坡是革命党，袁世凯表面上给他挂名差事，很器重他，骨子里派人监视。听说他还反对老袁做皇帝，你别跟他太热乎，免得受连累。'奶妈听了害怕，就叫我冷淡他。我那时常听他讲些三国、水浒故事和做人的道理，又教我识字看书，我觉得这个人是正派的。有一天，我突然问他：'有人说你是革命党？'他听了一惊，就问我：'你看我像不像革命党？'我说：'我觉得你和别的客人不一样，至于革命党是怎么回事，我不懂，你给我讲一讲。'他看我的话越逼越紧，就拿话试探我：'假使我是革命党，你怎么办？'我笑着说：'别人听到这三个字就哆嗦，我却不怕，干脆你说实话吧！'

"老蔡这时不开玩笑了，一本正经地说：'我对你说了实话，你要替我兜着，别误了我的大事。'我那时急于想知道革命党是怎么回事，就说：'你敞开来说吧，我对着灯，决不告诉别人。'"

"老蔡就给我上了一课：'革命党就是反对皇帝。辛亥革命，革命党推倒了皇帝，应该是孙中山做总统。可是袁世凯手里有兵权，他使了种种花招，做了总统；现在他觉得总统不过瘾，想要子子孙孙都掌权，所以又要做皇帝。我现在就反对他做皇帝。'

"'皇帝有什么不好呢？'我当时觉得总统和皇帝都是顶儿尖儿，一个人说了算，所以想知道有什么分别。

"老蔡说：'大有分别，现在袁世凯是总统，我和他平起平坐，随便聊天。他要做了皇帝，坐在金銮宝殿的紫檀椅子上，我们就要跪在地下和他说话，矮了一截，直不起腰来，那滋味可不好受呐！'接着，他郑重其事地请我帮忙说：'我们好容易把皇帝打倒，扔在茅厕里，现在又想从粪堆里扒上来，那怎么行。你帮我逃出北京城，我一定能够打倒袁世凯，那时候，我来接你去游山玩水，开开眼界。'

"老蔡的话，打动了我，就对他说：'你叫我干什么，是我办得到的，一定尽力而为。'"

问："请你把蔡将军从云吉班脱险的情况细说一遍，我拿笔记下来。"

小凤仙沉思了一下说：

"我们当时的处境很困难，既要避开侦缉队的耳目，又不能让奶妈知道，我是她的摇钱树，虽然老蔡也花钱，但听到风言风语，说老蔡反对袁世凯，怕连累。我们两人说话声音很低，奶妈常说：'你们又嘀咕什么啦？'我说：'我们在讲《今古奇观》呢！'

"以后，外边直嚷嚷袁世凯要当皇帝啦，又说龙袍都做啦，就要登基。班子里乱七八糟的人，在眼头里晃来晃去。风声一天比一天紧，老蔡常常锁着眉头不说话,我心里直嘀咕。有一天,老蔡郑重其事地对我说:'我要走了,你想办法,让我从这里脱身。'我说:'后儿是掌班的生日,院子里来往的人多,是个机会。你在这里摆酒,不要请外客,你早点来,我们商量着布置一下。到了那一天,姐妹们屋里都有客人摆酒捧场。'

"我给老蔡找了一间北屋,他背向窗,面对穿衣镜,大衣、皮帽挂在衣架上,圆桌面上放着怀表,为的是可以掐钟点。老蔡坐在那里喝酒,可以从穿衣镜里看见侦缉队和外边的动静。我们还把窗上的纱帘去掉,换上纸卷帘,故意把它卷上去,这样,外边的人可以透过玻璃,看见屋里的动静。老蔡估计天津的车将要开行,就站起身往外走,假装解手,趁院中乱轰轰时,出了云吉班,直奔车站。他走时,衣帽仍挂衣架,怀表亦未拿走,侦缉队以为他小解就要回来的。接着刘妈就把纸帘放下,这样,外边的人就弄不清屋里的人是否还在,这些都是事先布置好的。"

小凤仙说:"事先我和奶妈商量好这样做的,因为她希望老蔡离开北京,免得受连累。老蔡到天津后,就到日租界公立医院,假装治病,等候轮船去云南。这时,袁世凯派人接蔡锷回去,公立医院的日本医生受蔡将军之托,回答说:'此人病重,不能接见。'来人只好回去复命。那时,袁世凯派儿子袁老三到云吉班盘问我,并说:'你若告诉我蔡锷到哪里去了,我将答应你任何要求。'我说:'我怎么知道他到哪里去呢!'因为平素在他面前我装做与蔡锷很平淡,所以他们就信以为真了。"

小凤仙一口气讲了蔡松坡脱险的经过。

梅先生说:"我记得,就在那个时候,我们到天津唱了十天戏。"

姚玉芙说:"那次,我在日租界球房(台球)里见到梁任公和蔡松坡,任公是在凤卿(王凤卿与梁任公是老友)家里见过两次,那天他还介绍我和蔡松坡打了一盘球。这时,报纸上已把蔡锷和小凤仙的事,作为重要新闻,纷纷刊登了。不久,蔡松坡从云南通电讨袁,袁世凯被迫取消洪宪帝制,气死在新华宫里。"

我问小凤仙:"你们以后通过消息,见过面吗?"

"蔡将军到云南后,没有来信。他在讨袁战争中喉咙受伤,到日本就医,不久就逝世了。"

小凤仙说到这里,声音哽咽,拿手绢擦眼泪。梅先生安慰她说:"关于你的生活问题,我跟交际处李桂森处长商量一下,人民政府一定会照顾你的。"那天,小凤仙还讲了她三十年来流离颠沛的身世,现在嫁了东北人民政府总务处的一个工人。她还说:"我觉得靠劳动吃饭最光荣,四十八岁那年,人民解放军解放东北,我进被服厂工作,以后做保姆工作。"

梅先生托付了李处长,并写信通知小凤仙与他联系。回到北京后,接她来信:"别后,转眼之间两月多,当梅同志启程时,捧读大札,即按所指,去李处长处请示,以梅同志之帮助,现已蒙李处长之介绍,在东北人民政府机关学校当保健员,于星期一(廿三)正式上班。我的前途光明是经梅同志之援助,始有今天。决依政府之指示,遵守工作,以报达大恩……一九五一年六月廿八日。"

事隔三十年,梅氏夫妇及姚玉芙均已逝世,小凤仙此后未通消息,不知情况如何?她的年龄与我相仿,已是八十以上的老人了。

苹妹诗曰:

拯民水火策宏谟,误入雕笼展翅图。却喜风尘具卓识,密谋相与促驰驱。
鳞鸿蓦地诉前踪,脱屣翔翔滇水红。疆惕烽燧损英烈,辛劳自持沐东风。

许姬传按:小凤仙的谈话,我只选录了四分之一。关于小凤仙事先是否知道蔡松坡反袁称帝,有各种传说,但我认为,在满城风雨闹洪宪,侦缉队密布云吉班的气氛中,小凤仙和养母为了维护自身的利益是可能向蔡松坡追问此事的,所以我摘录了她的部分原话,至于其中是否还有水分则无从核实了。

有某种记载说,蔡松坡由侦缉队监护到天津日本医院治病,我觉得不合逻辑。那样,蔡松坡是无法登轮离津的;并且姚玉芙在日租界球房与蔡打球时,旁边只有梁任公,他们的态度是悠闲而并不紧张的。

一位久居北京的长亲对我说:"蔡松坡从云吉班到车站,车票是梁任公叫当差事先买好交给松坡的。"他又说:"当时,袁项城已有暮气,从龙之人忙于筹备新帝登基,对蔡松坡的出走,未引起他们的重视,所以梁、蔡师生得以从容离津。"

姚玉芙一向不打诳语,而我的长亲是有修养的学者,他们的话应该是可信的。

关于小凤仙的出身及沦为妓女的经过,各种记载,都与她口述的有出入,只有《文汇报》载岳山《小凤仙其人》一文中,所引《曾孟朴年谱》比较吻合。现查阅《孽海花资料》第三辑《曾孟朴年谱》,摘录如下:

……先生(指曾孟朴,下同)留京时,与蔡松坡常相往还,而先生的得识蔡松坡,却还是小凤仙的介绍,这中间有一段轶事,很值得记载。小凤仙本是杭州一个旗人姨太太的女儿，那旗人死了，姨太太不容于大妇，竟被赶了出来。那姨太太带着一个老妈子(即保姆)抚养着小凤仙过苦日子，过了几年她也死了，就把这孤女托给老妈子。老妈子领着小凤仙就住在先生杭寓的对门，过的日子当然越发难堪了，不知怎样，给先生看见了，就商诸老妈子，把这小姑娘领到自己家里，想好好把她抚养起来。不料那老妈子竟自居养母，屡次无风作浪，缠绕不休。先生可怜小凤仙的境遇，因与她养母约，每年贴她若干钱，叫她带着小凤仙到上海进学堂，不得让她堕落，老妪欣然承诺。不料民元时先生赴南京，在友人席间突遇小凤仙，竟是嫣嫣婷婷的一个妓女了。先生痛心之余，赶到她的寓所把老妪痛责了一顿，可是人在她的掌握中，也就无可奈何了。这次北上参与财政会议，又在北京遇见了小凤仙，她已变成了红极一时的红姑娘了，可是对于先生还有一些感恩知己的意思。蔡松坡那时正迷恋小凤仙到了极度，可是金屋之议，因小凤仙的不易就范，始终没有办法，蔡知先生跟小凤仙夙有渊源，以撮合的重任相托。卒经先生从中劝解，成立了这一段英雄美人的结合，也可说是千古佳话了。

通观曾谱这段记载，从杭州到上海、南京而进入北京成为红姑娘，与小凤仙所述，基本相同。至于蔡松坡迷恋小凤仙则是烟幕假象，金屋藏娇，更是无稽之谈。谱乃其子曾虚白所写，受了当时沸腾众口及文字铺张的影响，不足为训。

小凤仙谈话中没有提到曾孟朴，我认为她的粗通文墨，无疑是得到曾孟朴的启导，但仅能看书报而已。从她写给梅先生的信中，看出她的文化程度不高。

那次，小凤仙还谈到她曾嫁给东北军的师长，可能还有一段辛酸史，我们没有追问，因为我们的目的只是弄清楚蔡松坡从云吉班出走的情况，不是为小凤仙立传。

田象奎兄告诉我："蔡松坡死后，在北京中山公园举行隆重的追悼会，悬挂着小凤仙送的挽联，典雅贴切，一望而知是文人捉刀：

九万里南天鹏翼，直上扶摇，怜他忧患余生，萍水相逢成一梦；十八载北地胭脂，自悲沦落，赢得英雄知己，桃花颜色亦千秋。

"那天，小凤仙穿兰布大褂，向遗像鞠躬，为北大学生发现，她快步走出公园。"

附:关于蔡松坡历史点滴

按蔡松坡(锷)乃湖南邵阳人。戊戌变法时,我的大母舅徐研甫任湖南学政,与湘抚陈右铭均提倡变法,谭复生举荐梁任公于研舅,即聘任梁任公为时务学堂总教习。蔡松坡是时务学堂学生,但年仅十余岁,每逢考试,名列前茅,由于家贫,梁任公曾予资助,故蔡对梁有知遇之感。蔡的政治观点,不主张暴力革命,倾向变法维新。庚子后,梁任公因变法失败,流亡到日,蔡锷游学日本,师生曾商讨救国之道,日本新政固可借鉴,在中国实行维新,无兵权难以实现,此为戊戌失败之教训。其个性不追逐名利,能从大处着眼,例如辛亥革命时,蔡松坡是第一任云南都督,但云贵总督李经羲由蔡派人保护他出境。蔡与熊希龄有交谊,袁世凯嘱熊转告蔡锷,请他让出云南都督与唐继尧,袁答应他调湖南都督,结果改派了汤芗铭,而蔡调京任空头的昭威将军,及国务院直属经界局督办,投闲置散。蔡松坡与梁任公密谋反对袁世凯称帝,蔡从云吉班脱险到津,即辗转到云南,以护国军名义通电讨袁,各省响应,袁世凯被迫取消帝制,病死新华宫。蔡以喉头癌症,病故于日本。蔡是日本士官学校第三期毕业生,冯幼伟、堂兄许伯明为第一期毕业生,伯明是同盟会会员,辛亥革命时,曾任沪军都督府军械局局长。

戊戌维新党人参与倒袁

一九一六年六月七日,外祖起床后,第一个来报喜讯的是我的二叔友皋先生,他对仅老说:"昨天,袁世凯死了,姻伯听了一定很痛快。"仅老脸上露出从未有过的笑容,他说:"我垂暮之年居然赶上这一天。"医生斯敬吾(日本留学生,他的侄儿是莹舅的女婿),还有仅老的堂房侄儿徐澄秋(日本留学生,回国后做法官)纷纷来报信,姚园寺巷出现了前所未有的热闹气氛。

那天,仅老预备了酒菜,对大家谈了戊戌政变的看法,这些话是以前没有讲过的:"戊戌政变,屈指算来,已经十九年了。维新派在中国积弱的局面,想要变法图强,可是没有看清楚当时的局势,操之过急,以致昙花一现,终于失败。我们觉得光绪帝在甲午战败后,有变法图强的意思,想倚靠他实行君主立宪。而慈禧是一个阴狠毒辣的暴君,光绪四岁登基,是她的傀儡,后来表面上归政,实际大权还在她手里,在这种恶劣环境中,我们的想法是太天真了。至于想借用袁世凯的兵力保护光绪,扭转垂危的局面,则是病急乱投医的举动。我是密折保袁世凯的人,徒然给他一个出卖维新,扶摇直上的机会。现在他称帝失败,固然是利令智昏,自取灭亡,亦可见狡诈作伪的人,一手遮不住全国人的眼睛,到头来是一场黄粱恶梦。"

仅老最后说:"戊戌变法,因袁世凯告密,而慈禧再垂帘,囚光绪,捕杀维新党人,成为千古奇冤。今反袁称帝,首举义旗者蔡锷。蔡松坡为研甫任湖南学政时举办时务学堂之高才生,乃梁任公之得意门人。反袁乃梁与蔡密谋定计,终于打倒袁世凯而洪宪告终。戊戌党人不仅参预了这一重大历史事件,而且报仇雪恨,吐出多年蕴结于胸的冤气。我希望中国推翻这一封建制度,上下一心,建立名副其实的共和政体。"

苹妹诗曰:

新华噩梦八三天,负负时蒙折保牵。一自姚园投散后,萧然门巷沸相传。

康有为西湖听昆曲

袁世凯死后,一九一六年夏,浙江督军吕公望(戴之)、警务处长夏超(定侯)迎康有为到杭州西湖避暑,住在刘庄(刘文初的别墅)。康派人到姚园寺巷接仅老,仅老就带了两个外孙——姬传、源来,还有伯逎弟同到刘庄,仅老住在碧纱橱内(碧纱橱是夏天防蚊蝇的特种设备),我们弟兄三人住在外间。第二天,吕公望、夏超请客,康对主人说:"徐子静老先生是度曲名家,今天诸位可以一饱耳福。"大家拍手欢迎。这时,从城内请来的笛师方老老(鹤亭)从缎套里取出笛子,试了试音,问:"老先生唱什么?"仅老说:"《骂曹》。"京剧《打鼓骂曹》是曹操大摆筵宴,弥衡当着文武百官骂曹操,徐渭所著《四声猿》杂剧里的《狂鼓史》是阴间阎王请弥衡重演当年骂曹的故事,称为"阴骂曹"。方老老是在扬州替方小东吹笛的名手,主要是吹《牡丹亭》、《玉簪记》、《琵琶记》、《西厢记》等生旦曲子,他用苏州话悄悄地对我说:"请侬搭老太爷说:我不会吹《骂曹》。"我轻轻告诉仅老,正打算改唱《长生殿·弹词》,可是康先生要听《骂曹》。仅老对我说:"你会唱《骂曹》,你吹笛子试试看!"昆曲的规矩,只要会唱就能吹,我居然对付着吹完了这套北曲,康南海看着曲文,不断叫好,他不仅欣赏声腔,还在琢磨徐文长原著的词意。

那天,仅老特别高兴,就对主人说:"坐在小划子(西湖一种小船)里唱曲,更为清越好听。"康先生建议:月夜泛舟唱曲,他要听《关大王独赴单刀会》一折。仅老指着源来说:"他能唱《刀会》。"那年源来才十二岁,伯逎比他大两岁,吹笛伴奏,康南海拍着源来的肩膀说:"小小年纪能唱大花脸,真是不凡。"于是,大家分别上了小船,在湖心荡漾唱曲,正当盛夏,游船都闻声靠拢来听曲,一直唱到十一点钟,才尽兴归来。

另一天,康先生还请军政当局,他当场写了一张字,给来宾传观:"今日设鱼脍,乃吾粤特有之风味,共用各色配料六十余种。"

那天,一共三桌,都是立食,圆桌面上摆着一只比一品锅还要大的磁缸,两盆西湖里的生鱼片;另外,有几十个小碟子,内有花生粉、葡萄干、黄瓜、粉皮、洋菜……还有两只鲜柠檬。我们席上有康南海的女儿康同璧和她的丈夫罗文仲(昌),罗在美国做领事,刚从纽约赶来,罗文仲对大家说:"诸位大约没有吃过广东鱼脍吧? 我们来调味。"同席还有两位广东朋友,把几十盘配料都倒在磁缸里,又把两盆生鱼片倒下去,用筷子搅拌,最后,切开柠檬挤汁滴在上面。康同璧说:"大家来尝尝我们家乡风味。"我拿筷子夹了一盘,吃的味道,可以说是甜、酸、苦、辣,五味俱全。古人说:"食指动,必尝异味。"我生平就吃过这一次。康同璧还告诉我们:"要筹备好几天,才能凑齐这些东西,这是刚从上海送的,一般广东人是不常吃鱼脍的。"

康同璧是西洋打扮,罗文仲当然是西装革履了。有一天,他穿了短裤,下面却穿了一双很厚的袜子,我问他:"您不怕热么?"罗文仲说:"西湖上的蚊子好利害,我穿这双袜子,就是抵抗蚊子。"

仅老在西湖刘庄盘桓了一个月,才尽欢而散,这是他晚年度过的最愉快的一个夏令。临行时,他作了一首七古长诗赠康南海,倾诉了十九年(一八九八——一九一七)来的政变风云,惨痛遭遇和蔡锷云南起义,洪宪告终,还我共和的灿烂光景。题曰《七月既望夜宴刘庄酒后狂歌为南海寿》:

> 南海先生王佐俦,遭时不遇海外游。游迹遍历五大洲,文明新理供吸收。鼎湖龙去攀莫及,十九年来悲且忧。贼臣卖主终卖国,甘心湛沉吾神州。窃号小朝媚狡虏,伪造民意设策筹。先生奋起返故国,神机默运块金瓯。滇军一呼义声震,云集响应赓同仇。凶渠破胆凶威挫,忽焉殄瘝归山丘。还我共和命有德,湖山佳处来勾留。群公倒屣授餐馆,水竹不须问主刘。今夕何夕集良会,一轮明月圆新秋。山翠蒙空当户外,荷风摇曳幽香浮。主宾杂坐恣谐笑,杯盘狼藉罗珍馐。酒酣耳热狂兴发,曼歌长啸惊潜虬。哀丝豪竹竞奏技,不拘雅郑纷赓酬①。十觞千觞累觞政,一歌再歌穷歌喉。人生及时行乐耳,浮云富贵如蜉蝣。酒阑顿触无限恨,祸水滔滔天明幽。公奉密诏作逋客,我下党狱为累囚。人亡家破何足道,自分沟瘠得谁忧。资我兼金被干没,吞声不敢通书邮。传闻多说辱生祭,长歌当哭涕泗

---

① 我与源来随外祖唱昆曲,另有唐静安(辅之)唱新编京剧《马嵬坡》,唐为知识分子,一度下海搭京班唱老生,后脱离舞台至浙江为官,"不拘雅郑"即指唐也。

流①。我猷薄满蒙恩赦,公乃丘墓遭残蹂②。两地同心空怅望,此生再见其何由。天旋地转沧桑变,世异时移流水悠。彼苍降殛元恶毙,钳网解散危机休③。衰老聋聩不自觉,忍死待公笑展眸。山前山后几两屐,西湖西溪一叶舟。追陪游宴瞬经月,今日之乐无与俦。今夕何夕共一醉,岂非幸邀天宠优。花好月圆人长寿,道高望重德益修。宋玉宅,仲宣楼,前尘休再忆,后果莫深求。尽此一宵乐,且学少年偷。参横斗转兴未已,放棹三潭,洗盏更酌,同消万古愁。

这是一首史诗,前后贯串"戊戌变法"、"辛亥革命"、"洪宪讨袁"、"还我共和"等十九年中的重大历史事件,同时,也可以看出仅老反对封建独裁,赞成共和政体的精神。

苹妹诗曰:

密诏潜行履坎坷,避风瀛海奈离何。遥遥十九年中景,刀会高歌绚逝波。

---

①海外误传仅老与六君子同被杀害,康南海曾设奠遥祭,并赋长歌志恸,笔谈中曾提及此事。
②康流亡海外,祖坟遭残毁。
③"钳网"指袁世凯成立特务组织,暗杀宋教仁等革命志士。

函劝康有为不要参加宣统复辟

民国六年(一九一七)五月,拥有两万多辫子兵的安徽督军张勋,在徐州召开第四次督军团会议,密谋拥戴宣统复辟。这时,亲英美的总统黎元洪与亲日的总理段祺瑞,为了对德宣战借款问题,意见分歧,势成水火。段系谋士徐树铮参加了徐州会议,力主复辟,意在倒黎。

在先,康有为曾对仅老谈起有人主张复辟,仅老说:"你是在说梦话。"到了六月里,仅老听说康有为到了北京,并将担任清政府的弼德院副院长,非常气愤,写了一封长信,劝他离开北京,不要参加复辟。我记得有四点:

一、戊戌变法,虽然失败,但我们变法维新的主张是对的。我们对清政府的腐败贪污,表示不满,所以要除旧布新,这一点也是站得住脚的。

二、我们对光绪皇帝有知遇之感,是因为他能够听我们的条陈,进行变法,而不是因为他是清朝皇帝,所以捧他。

三、我们主张君主立宪,并不赞成封建专制。宣统这个孩子,我们对他毫无所知,岂可跟着别人胡闹。

四、听说你要做弼德院副院长,而正院长是徐世昌,他是袁世凯的死党,你做他的姨太太,我替你难受。

仅老这封信是寄给侄儿徐勉甫送去的。当时,康有为已就任弼德院副院长,他看后,有何反应也

张　勋

听不到了。张勋发动的宣统复辟,只有十二天就告终,仅老受此刺激,第二年(一九一八)春天就在杭州逝世了,终年七十五岁①。

仅老认为,康有为参加宣统复辟,违背潮流,不择手段,有损戊戌维新派的声誉,心中愤懑,损其天年。他在病中还打听康南海的下落,十分惋惜这位曾共患难老友的暮年不幸遭遇。在开吊(即今天的追悼会)时,康有为寄来挽对,词意异常沉痛亲切。

勉甫舅和肖研表兄都是康有为的学生,是仅老介绍的,从复辟失败后,失去联系。最后,康有为隐居青岛,默默地结束了他的生命。

解放后,我在北京傅沅叔(增湘)先生的儿子傅忠谟兄家里与康同璧女士同席,谈起当年游西湖往事,她说:"先父一生最敬重徐子静老先生,有知己之感。"我说:"康、徐两家交谊,非同恒泛,我曾亲眼看到两位老人劫后重逢,抱头痛哭的感人情景。我和徐家几位长亲、舍弟源来,还有言氏昆仲正打算写一本《戊戌变法侧记》。"

"这太好啦,我希望早日看到这本书。"康女士还告诉我一桩轶事:"那拉氏派兵舰飞鹰号追重庆轮,捕先父,中途油不够,开回天津,舰长以办事不力被判监禁,不久释放。后来知道,飞鹰舰长是刘冠雄,刘曾对友人说:'那次我是故意放走康南海的。当时,有识之士都赞成变法维新,反对守旧派,所以中外人士都想尽方法使他脱险。'"

---

① 北京市政协文史资料研究委员会叶祖孚同志代为查出《辞海》、《中国近代史辞典》在徐致靖条所记他的卒年是一九〇〇年,都是错的。因为我生于一九〇〇年(庚子),从仅老读书十年,他是宣统复辟的第二年逝世的,应为民国七年(一九一八),旧干支为"戊午"。仅老终年七十五岁,以此上推,应生于道光二十四年甲辰,而公历为一八四四年也。希望《辞海》、《中国近代史辞典》,在再版时,予以改正。

附录

《凌霄汉阁自白》

引 言

这篇文章是堂舅徐凌霄（仁锦，字云甫，一八八六——一九六一）的侄儿——兰州《陇苗》杂志编辑徐列表弟抄给我的，一九三五年登载于北平的《实报》半月刊。

读后，觉得是一篇简括的自传。其中有一部分涉及戊戌维新党人的轶事，对徐氏的科名、学历有详细记述。更重要的是"五四"以后，对文言、白话文体之争，有激烈的辩论，凌舅提出了看法，引起一些人的反对而围攻嘲骂，此文是答复他们的。我把它略加删节整理，并加按语，列作《戊戌变法侧记》最后附录，以补我记述的疏漏不足，亦可看出新旧交替时的各种思潮。

我记得勉甫六舅曾对我说："二十年代末，有人把文言体攻击得一无是处，主张废掉，四舅（凌霄行四）独抒己见，认为不能因提倡白话而废掉文言，并和胡适之开了个玩笑，举电文'母病速归'为例，说明文言文还有存在价值。胡适之并不主张废文言，他有长信与凌舅，主张白话、文言应并存，他指出：如不能掌握文言体的语法、词汇、典故则无法了解数千年的历史事迹。但一些'新文学派'仍坚持他们的偏见，把凌舅划为'遗老遗少'，连'凌霄汉阁主'笔名也著文攻击。实际上凌舅的文字通俗易懂，还提倡过'戏剧体'，认为言简意赅，常常引用戏词，画龙点睛般针对主题，进行幽默讽刺。你当年看过他在上海《时报》用彬彬笔名写的文章，就可以看出在文体上自成一格，不是随波逐流的。在反对袁世凯洪宪称帝的几篇文章，曾影响江南千百万读者。"

现在我先把《凌霄汉阁自白》中，王一之对凌霄舅的评价，作为引言：

"王一之先生曾供职《申报》，后随顾维钧博士使节于美洲，近年偕夫人李小可女士久居瑞士，供职国联秘书处，仍充沪上各报驻欧通讯员。此片（照片）乃丁卯岁摄，并手书题跋，其述鄙人'斋名'、'别号'、'籍贯'较为清晰，真面庐山被其和盘托出矣。兹录其所撰文如下：

"徐彬,字彬彬,别署凌霄汉阁,江苏宜兴人,专任上海《时报》特约通讯之职已十余载,时人推为撰述界三杰之一。所谓三杰:一黄远生,一邵飘萍,又一人即徐彬彬也。徐君擅长诗词,远生或叹弗如,精究京剧剧本,飘萍实所弗逮,晚年造诣益深,旁通西土右行之书,具历史之素养与世界之观察,岿然而为报界之鲁殿灵光,能以一人兼善数事,实中国新旧交替间不可多得之大文学家,若在义国(按应作意),安见其不为邓遮南乎。影片即请徐君坐书架前与西方英国大诗家莎士比亚、义国澹斗二人相鼎足也(按澹斗现译作'但丁',凌霄舅坐书架旁,架上列莎士比亚、但丁二像,以复制模糊,原照已失,不能发表)。昔顾维钧博士出使北美洲,每日浏览西书西报之暇,辄喜展读上海大报之北京通讯,独于徐君之作,屡称其为有组织有思想。以余历年所交西方新闻学家而论,别具天才,能左宜右有若徐君者,其惟《巴黎时报》常任国际联合会通讯要职之那耶乎,然而舍那耶外,余固不能更得一人,以与徐君相比拟焉。"

按王一之文中所举三杰,经张稻梁兄代查资料,黄远生于一九一五年(民国四年,岁在乙卯)十二月廿七日在旧金山被刺;邵飘萍于一九二六年(民国十五年,岁在丙寅)四月廿六日在京北被害;凌霄舅是硕果仅存的一位。我记得在袁世凯洪宪称帝时,他以犀利的笔锋,剖析抨击恢复帝制的违反潮流。当时,我在杭州姚园寺巷从外祖徐子静先生读书,每天,外祖叫我到报摊购买上海《时报》,看完了,叫我阅看。当时,我对戊戌变法的轶事,已听了不少,但还没有独立的见解,只是跟着长辈们的好恶,随声附和。有的亲戚说:"袁世凯心狠手辣,凌霄在他眼皮底下写文章反袁,很有招来杀身之祸的危险。"外祖认为:恢复帝制是自取灭亡,骂得好!

结果是蔡锷在西南通电反袁,各省响应,袁世凯被迫取消洪宪帝制,气死在新华宫。究竟凌霄舅何以没有被害,我是朦胧的。外祖则以袁工于心计,晚年干出这桩臭事,变成笨伯,他的结论:"利令智昏"四个字。他又说:"梁任公、蔡松坡合谋以兵力反袁,连他一手提拔起来的冯国璋也署名声讨,众叛亲离,使袁心灰意冷。但他认为徐凌霄的笔杆子没有枪杆子利害,所以搁置不问。"我方才恍然大悟。

另外,凌霄舅与袁世凯的次子袁寒云(克文)是往来很密的诗友。洪宪称帝,袁的长子克定想继承皇位,竭力鼓动他父亲,并奔走策划,而寒云并不赞成称帝。凌霄舅也由于这种关系,所以没有被害。

目 录

一、自白之故

《实报》半月刊主人要我写一篇自述记，近几年来，朋友们愿意知道我个人经历的也不少，讲堂上学友们，常有"请先生今天不讲功课，把自己的历史说说听听"的呼声！是的，我也觉得说说听听，是可以的。第一，本人总算在报界、学界、文场、官场混过多少年，耳闻目睹，件件桩桩，或者可供知识界参考。第二，本人的文场劳役，由退休、冷寂的状态，又回到鼓勇、卖力的道路上来。既然常川以文字与社会相见，则不能不以"求得各方面对于本人的立场、旨趣、能力之基本的了解"，为当务之亟。否则，无论是誉是毁，是喝彩是打通，都不免"影响模糊"。譬如一个角色在台上唱，自然免不了批评，批评他唱的好，唱的坏，不如先知道他"为什么这样唱"。

按语：二十年代，我随宦到津，冯幼伟兄的侄儿冯武越办《北洋画报》，经费是张汉卿资助的，我与夏山楼主韩慎先、源来弟都是座上客，我有时写些短文，内容是戏曲、书画、掌故。有人在日报因"剑"、"箭"二字的尖、团读音，展开笔战，枪来刀去，喋喋不休。武越对我和慎先说："你们都精通戏曲音韵，可以写篇短文，澄清字音。"慎先认为幼稚无聊不写，我却写了篇稿子投到某报，大意是：翁园旧主认为谭鑫培是最讲究字音的，我们试听谭的唱片，《捉放曹》"二黄"："拔出剑就将他的满门来杀"，"剑"字唱团音，"剑"既为团，则"箭"之为尖，可无须解释而自明。

这篇短文为凌霄舅所见，对我说："写得不错，体现在从陈十二（彦衡）

学谭腔,可以写篇以谭鑫培、余叔岩的比较为题,寄给我(当时,凌霄舅住在北京,有时到天津来),登在《大公报》文艺版。"我写了两千字发表了,这是我写剧评的开始。大意是:同光以来,梨园行老生的地位最高。如程长庚、余三胜、张二奎、杨月楼、王九龄、卢胜奎、张胜奎等各有特色,自立门户,谭鑫培汇众流之菁而化为谭派,影响遍于全国。谭逝后,王又宸、言菊朋、余叔岩、高庆奎等谭派老生,均思继谭而登王位。谭以文武昆乱不挡见长,学谭者或长于彼而拙于此,或能文而武戏不工,或有佳嗓而做工逊色,其中余叔岩殚志力学,刻苦摹拟,虽嗓音以早年过度疲劳受损,能发挥己长,卓然自立。于是嗜谭者皆寄厚望于余,青年咸学习余之表演,蔚成风气。有人写文以为余艺已达高峰,骎骎乎超越谭氏矣。我以为此论不切。余虽为学谭之佼佼者,然嗓音不如谭之清亮明净,谭之为谭,乃承先辈余绪,取精用宏,余则全力摹拟谭氏,萧规曹随。最后结论是:余叔岩诚为当今之好角,胜于同辈,若云谭之无两,则吾未敢苟同。(原稿早佚,回忆不一定准确。)

这篇剧评是以"思潜"笔名发表的。有一天,勉甫六舅到叔岩家聊天,叔岩正在炕上看此文,阅毕递给六舅看说:"咳!又骂上了,这都是他们胡吹乱捧给我招来的骂。我怎么能跟谭老师相提并论,我能够学到他七成就心满意足了。"

凌霄舅说:"……批评他唱的好、唱的坏,不如先知道他为什么这样唱?"

谭的嗓音虽窄,音色甚美,能送到最后一排,有时大开大合,有"炸"音。如《南天门》曹福出场第一句:"虎口内逃出了两只羊",他把"内"字改为"啊"音,用"嘎调";《战太平》华云〔导板〕:"叹英雄失势入罗网",《空城计》"斩谡"〔导板〕:"怒上心头难消恨",都有石破天惊,气势纵横的感觉。

有一次,我在开明戏院第三排听余叔岩、筱翠花合演《坐楼杀惜》,由于这家戏院的新建筑,比较拢音,他们二位的嗓音都不算好,但口齿犀利,字字着力,听得非常过瘾。做工配合紧凑,尤为增色。另一次在新明大戏院听余叔岩的《碰碑》,坐在十二排,帘内〔导板〕:"金乌坠玉兔升黄昏时候",听不清楚,出场后接〔回龙〕:"盼娇儿不由人珠泪双流……"他竭力控制嗓音,以免"冒嚓"(嗓音出岔),但出字、收音、行腔、用气非常讲究,使观众能定心细听,唱到"反二黄"时,嗓已唱开,就比出场时听得真,这时,他也敢于用挺拔的唱法来表达杨老令公的悲愤心情。这就是凌霄舅说的,"要知道他为什么这样唱"的道理。

二、自黑之报

在《实报》畅观版上，我曾说过，由癸亥年起，新闻记者一道，就算报了"黑人"，而文艺记者却是意兴未衰，主编几种戏剧专刊，办过些文学一类的附张。在这时期，不但没有自白，而且存心"自黑"。不宣传，不标榜，只有埋头工作，不曾用着显豁的署名。不想如今正是"宣传"、"标榜"的年头儿，万不可"自黑"。"自黑"者，人必"黑"之。因之这几年来受了不少的刺激，"三毛子们"的恶气，说来可笑之至。

按语：文中说："由癸亥年起，新闻记者一道，就算报了'黑人'……"癸亥是一九二三年，民国十二年，我估计是年报界可能发生什么事故，但找不着线索，曾函询郑逸梅兄，他比我大六岁，今年是九十岁的老人了，得复函云："承询癸亥年来之报人受厄事，邵飘萍、林白水、闻一多、黄远生、杜重远、邓孟硕、史量才等年代先后均不符合，未知所指为谁，腹俭请谅。"

他又说："尊著有关戊戌政变，奉赠三札照片：一、戊戌变法促成者翁同龢；一、戊戌变法告密者袁世凯；一、戊戌变法牺牲者林旭。乞哂存之。"

这三札照片非常重要，特别是林暾谷的手书更为罕见，而袁世凯的亲笔书札亦甚稀有也。因作一绝为谢：

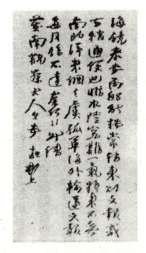

袁世凯手迹　　　　　林旭手迹　　　　　翁同龢手迹

地北天南岁月催，邮航且喜入帘来。维新三札忠奸判，健者本初酿祸胎①。

查癸亥前，以曹锟为首的直系当权，甲子年，冯玉祥倒戈，直系垮台，奉军入关，杨宇霆随张作霖来京，声势烜赫。

据凌霄舅的儿子徐泽民表弟说："奉系军阀杨宇霆曾约先严晤谈，并请主编《坦途》月刊，每期先严、一士五叔都写了文章。后因杨派人来吾家按电灯，与其手下人龃龉，烦恼多日，乃辞职，从此不介入政界。"

逸梅兄又续寄梁任公信札底片，一并发表。

三、凌霄汉阁之拆卸

所谓自黑者，即不愿意在作品上署名。我以为新闻纸上的社论小评，从前亦是署名的，而现在则大多数不署名了。不署名的好处，是公，是集中，与匿名不同，以事物或研究的问题为对象，消灭个人的风头，同时也减免了单独的责任，而一切妒忌的挑战的口舌攻击、捧场，虚浮的偶像的崇拜，都可消淡些。这是近几年报纸上很大的进步，很好的现象。然则文艺的作品之不署名，似乎亦非绝不可能。这是一。我个人一向反对明星制。戏界、影界以及其他文艺界，抬出大名，架出偶像，我都反对过，批评过。然而自己却还像明星一分子，人其谓我何？此其二。所以我对于报社的大老板们曾援例提出不署名的请求，结果则不蒙允许，以为文艺作品与时事评论不同，非署名不可。大老板的命令不能不遵，自己的意志，只好受点委屈。于是把"凌霄汉阁"一座高阁，拆而卸之，有时写个"霄"，有时写个"汉"，有时"阁"，有时随便加字成数，如"老汉""本阁"之类。有个符号就行。惟有"凌"字不曾单用，因为像个姓。这是我"自黑"的记录之一。

按语：凌霄舅一贯反对明星、偶像互相吹捧，他曾对某些摇旗呐喊、锦上添花的人进行嘲讽。同时，他也反对"京朝派"、"海派"的门户之见，他认为：京剧的形成和发展，由于徽、汉地方戏的演员在北京奠定了基础，但并不能排斥江苏、上海等地专业人员所作出的努力，而且这些地区的演员、

---

① 谭嗣同等请外祖徐子静侍郎密保袁世凯内调兵部侍郎，欲赖其兵力诛荣禄，救光绪，袁告密而六君子被害，林旭有诗云："本初健者莫轻言"，益知其不可靠矣。

乐队,有一部分是北京流出去的。

四、谁是我的偶像

洪宪时代以至"五四"前后的"彬彬",已经成了在学校当教书匠的专用词。"凌霄汉阁",除却上海《时报》的"凌霄汉阁谈荟"之外,亦渐渐的冷化了。时代的铁轮,是风一样的快,不说前清,不说民初,只说"五四",新吧?到现在可又小二十个年头了。"新新青年"一辈一辈的起来,都有时代作家之气概,各有摹仿或标榜的目标,如胡适、鲁迅、沫若、伏园、冰心、丁玲等等。乃至姓郁的、姓章的等等。然而"霄"是谁?"汉"又是谁?"阁"又是谁?大半不甚了了。不甚了了,不要紧,我本不打算要他们了了。然而有些娃娃们竟然抬出他们的老前辈来,要我这个"无名小辈"学习领教。前几年,我主编一种副刊,有人写信举出孙伏园办《晨副》《京副》的成绩,想压我一头。很好,谢谢他的指导,指导我向上。但是我去同他口舌吗?待我把几个老前辈的事迹说说,教他们明白明白好了。其中当然有一段叙述到伏园从前同我和小隐在《京报》分工合作的事,表扬他的成绩,可难免带点"意气相尔汝""不痛而痒"的玩笑。

五、对不起

过了些时,佛西为伏园自定州来平,约在平民教会小酌一叙。见了面,伏园谈起,似乎不以那几句玩笑话为然。但是,对不起,抱歉得很,没有法子。你的信徒,抬出你这个大名流,压我这个"无名小子",我实在气不愤了,所以对你本人叙叙旧。

按语:五十年代,我与熊佛西先生往来甚密,常常酒楼小酌,谈起凌霄、一士两舅,佛老说:"他们二位学问渊博,对清末民初的史事有深刻的研究。由于他是令外祖徐子静先生的胞侄,对戊戌变法的遗闻轶事,掌握了珍贵资料。凌霄的文笔独创一格,他喜欢用京剧的台词,例如《凌霄汉阁自白》就是京剧的自报家门。他后期有一篇《古城返照记》,写得非常生动,可惜没有单行本。"

我说:"我在杭州时,遇到一位朋友,他藏有《古城返照记》的全部报纸,我向他索阅,他就借给我。两月后,我请他让给我,他说:我和凌霄是朋友,不能拿他的著作卖钱,我送给你留作纪念,希望好好保存。"以后,南北迁徙,在动乱中,这部《古城返照记》的报纸散失了,我希望文艺界能找到原报,予以出版。这是一部别开生面的小说,言浅意新,对今天的青年读者能起到温故知新的作用。

我还告诉他:"当年有人反对京剧,一些盲从的人,随声附和,大放厥词,凌霄舅是提倡京剧的,于是如'三毛子'之流即对他不满,而新旧文体之争,就借题发挥,全面围攻。凌霄舅认为,他们是一群对中国文化抱虚无主义的'呆鸟',不值得和他们争论。写这篇《凌霄汉阁自白》时,就把蕴结多年的闷气,一泻无余。"熊佛老对我说:"令舅的文笔幽默藏锋,入木三分,北方有句土话,'骂人不带脏字儿',这些无知少年,岂是他的对手。"

熊佛老还说:"民国初年,我与令舅凌霄同在艺术学院戏剧系执教,他讲中国戏曲史,我讲话剧。当时,话剧还年轻,不为观众所重视,我曾与令舅商榷,要提高话剧表演质量,争取观众,必须向传统戏曲学习,吸取养分。凌霄说:话剧是从西方引进的,我们要改组成有中国民族风格的艺术,才能为中国观众所欢迎。由于表现形式的差异,不能搬套程式,只能吸取戏曲表现手法的精神,以适应新老观众的胃口。"熊佛老指出:"话剧名作家曹禺、老舍……名导演焦菊隐、张彭春就是深刻钻研传统戏曲表演艺术,运用到话剧方面,而一步步推向高峰的,与我们当年的设想是不谋而合的。"

六、学不到

尤其可笑的,一个什么"潮流小伟人"吧!说林白水先生才不愧革命文学,才不愧社会先觉,叫我学他走,可以不落伍。这封信,我只好置之不理了。提起林白水的事,另有事实,决不止于浮皮不搔痒的诙谐。但是我与白水无怨无嫌,且其人已死,岂忍再去搬他的长短。设想当时如果把白水旧事重提而至于对不起的话,那也是信徒给他惹出来的。

七、平等观

至于"凌霄汉阁主"与"平等阁"的意义,大致相同。就事论事,一切平等相,只管自己干自己的,始终只是文场劳役,不干涉旁人,亦不藐视后进。别的不敢说,只文学和戏剧这两项,不论是新是旧,是京派是海派,绝对不承认任何偶像,不容有人抬偶像来相压。

写到这里,话已不少,暂且住住。以后这篇文字,不敢用十分庄严烦细的写法,像大老的年谱、名流的自传,那样又太"装不错"了,只好算是自白。这"白"是"白口"的白,"坐场白"是戏里常听得到的,我的自白不过如是。文笔仍取流动一路,以防烦腻。虽是说自己,当然要多揽多方面的材料,以免单调,敬此声明。

八、斋名与别号之嬗变

文人习气,照例有个斋名,记者生涯,作兴署署别号,于是把本来面目,藏过一边,大家都如此,卑人亦不能例外。所谓本来面目,既曾藏在一边,现在也暂且放在一边。只说斋名与别号。

斋名大约起于著作家(如聊斋著书图),或收藏家(如九十九砚斋、四印斋),或学者,或美术家。或曰斋,或曰轩,或室,或楼,或庐,或簃。有时斋名在名号之外,有时斋名与号不可分。如袁枚,字子才,号简斋,简斋和聊斋本是一个程式,不过蒲松龄字留仙,却无人叫他做蒲聊斋。因为袁简斋另有小仓山房。这些都只能大体分类。实际应用,则无严格的分别、固定的界限。斋名如是两字或三字,纵然本非名号,亦很容易变成了号,两字者本就是"台甫"之全形,即便是三字亦可以把末字抹去,如沈宗畸,字孝耕,号太侔,斋名"南雅楼",大家称为"沈南雅",而南雅于是乎号矣。袁克文,字豹岑,转为抱存,斋名"寒云楼"或"寒云寄庐",大家称为"袁寒云",而寒云亦号矣。李慈铭,字爱伯,斋名"越缦堂",又有"桃花圣解庵""白华绛跗阁"。人称"李越缦",不能称"李桃花"或"李白华",因为"桃花圣解"是整个的,不可分的,"白华"离开"绛跗"亦不成其为"白华"了。何海鸣,字一雁,斋名"求幸福斋",不能曰"何求幸"。黄复,字娄生,号病蝶,斋名"须曼那室",不能曰"黄须曼"。

九、"徐凌霄""已成事实"

所以我的斋名如是"凌霄阁",则可称作"徐凌霄",既是"凌霄汉阁"则不能抹去"汉"字。但是出乎意料之外,"徐凌霄"已被朋友叫得烂熟,按国际的新词,就算"已成事实",印象既普,正自无法否认。只须声明我是被动的"追认者"而非自动的"创立者"。

一○、"何不凌霄阁"？那末,何不"湘绣楼"？何不"浙绣堂"？

何以不简直叫"凌霄阁",偏要叫"凌霄汉"呢？列位明公！卑人有个下情,亦可以说是我们文墨行里众所难免的一点酸态。斋名的形式,不是大方,就是别致,绝对不许落了俗套。不俗之法,不在乎冷僻、古奥,些微的变动或点染,就能点铁成金。变动之法,有关于声韵的,有关于气息的。王闿运,字壬秋,斋名"湘绮楼",人称"王湘绮",自然就是湖南的"锦绣才人"喽。但改"绮"为绣,"湘绣"二字不是不通,然而难免同于"吴彩霞"（劝业场的吴彩霞,不是旦角吴彩霞）。李越缦亦不能叫"李浙绣"。

"凌霄"二字虽不至俗到"湘绣""浙绣"的地步,但是太现成了。君不见舰队司令亦有凌霄,球队亦有凌霄,甚而至于明星亦凌霄。凌霄是个花名,尽人皆知,尽人能用,所以不能起这个号。

一一、"凌霄汉"之来历

加个"汉"字何以就脱离危险乎？一,即所谓转变法。"湘绣"虽俗,换个"绮"字则雅。"苍苍斋"虽然好像"年迈苍苍",加个"莽"字,"莽苍苍斋"就是"我自横刀向天笑,去留肝胆两昆仑"的谭浏阳了。二,"凌霄汉"三字,是"结想凌霄汉"的诗意上来的,这里头包含"思想",可不敢说精神主义。只因少时在山东高等学堂读书,国文总教习宋晋之先生批我的文字"笔势灵活变化,如春云在霄,随风舒展";英文教习威迪克先生批我的英文论说 thoughtful（富有思想）。所以我的真正的号是"云甫"（我们兄弟的号全是"甫"字排行,我的斋名是"凌霄汉阁"与凌霄花之凌霄,毫不相干。

按语:徐一士五舅告我:"四舅在山东高等学堂读书,为总教习宋晋之、英文教习威迪克所激赏,中英文屡考第一,宋先生批的考卷有'春云在霄'四字,所以字云甫,笔名凌霄。宋先生是壬午翰林,历掌山左各书院,是一位饱学之士。"他又说:"当时已废科举取士制度,全国各级书院,均改为学堂（见附一）,高等学堂毕业,就是所谓'洋举人'了,领举人俸。考入京师大学堂,则是内阁中书在职官员,到任后,值班时去一次,平时仍在校读书（见附二）。"

凌霄舅的儿子徐泽民表弟对我说:"先父考入京师大学堂,学的是土木工程,我有一本遗书《长江大桥调查纪要》,是京师大学堂印发给本校师生的,内有父亲写的文章。何以后来改行?因那次师生同去长江调查时,觉得身体疲劳,也不适应气候变化,所以毕业后以教书、卖文为生。父亲的稿酬很高,上海《时报》的稿费,每千字大洋十五元,连同其他收入,每月有五百元左右,生活相当优裕,他的钱多半花在买书、听戏,以及周济同业。"

附一:

晚清时的书院,是一种研究学术的组织,聘请有学问的告老官员及宿儒任山长,每月出题,秀才、廪贡生均可作文应考,由山长及院内宿儒阅卷,根据作文成绩,给予不同等级的奖金,称为膏火费,有些贫寒读书人赖以生活。太外祖徐伟侯先生由于游汇东推荐为金台书院山长;外祖徐子静先生以李鸿章推荐为某书院山长,每年有四五百两银子的待遇。学宫中有才识的文人,在未得第时,曾入书院锻炼进修。百日维新(一八九八)时,光绪帝曾下诏成立京师大学堂,并云:"中学为体,西学为用,中西并用,观其会通。"接着谕内阁:"全国书院,改为兼习中学、西学的学堂。以省会之大书院为高等学堂,郡城之书院为中等学堂,州县之书院为小学堂。其地方自行捐办之义学、社学等,亦令一律中西兼习,并奖励绅民办学。中学、小学应读之书,由官设书局编译中外要书,颁发遵行。民间祀庙之不在祠典者,由地方官晓谕居民,一律改为学堂。"

京师大学堂遗址

外祖徐子静先生对我说："这些改革学制的诏谕，谭复生（嗣同）曾把草稿拿给我看，并共同商榷研究。颁发后，为守旧派阻挠，向慈禧进谗。由于袁世凯告密，乃有囚光绪，捕党人，杀六君子的政变，百日维新所颁诏谕均未施行。"

查辛丑年（一九〇一），慈禧、光绪从西安回京后，废科举，任命荣庆为学部尚书。他到任后，成立京师大学堂（即北京大学前身）。改书院为学堂等，变革始陆续实行。凌霄、一士舅考入山东高等学堂；艺甫舅在河南任知县时，向张菊生索阅章程，创办小学堂，都是根据光绪帝在变法维新时所颁诏谕进行的。

蔡元培

由于各地成立学堂，需用大量教科书，一九〇二年，上海商务印书馆设立编译所，以适应各级学堂的需求，该馆负责人夏粹芳请南洋公学译书院长张元济推荐所长，张菊生荐壬辰科同年，翰林院庶吉士蔡元培（孑民），时蔡正在爱国学社任总理，商得同意后，聘其兼任商务印书馆编译所所长。由于爱国学社的革命活动为清廷所注意，蔡乃辞去各职，东渡日本，于是张菊生接任商务印书馆编译所所长。曾延聘莹甫舅编写中学教科书。张先生是戊戌维新党人中学贯中西的学者，他的一生对中国文化、教育事业作出的巨大贡献是有口皆碑、源远流长的。

附二：

查内阁中书有四条渠道：

（一）三甲进士，内用六部、九卿衙门主事，都察院御史，即用知县。

（二）翰林庶吉士散馆，同上途，亦包括内阁中书。

（三）举人可被挑选授内阁中书。

（四）后来的捐班。

内阁中书官只七品，但衙门地位极高，刚到任未补缺的官，本是闲曹，如果办事认真，也可得到宰相和皇帝的青眼而升擢。

龚定庵（自珍）做内阁中书时，有夜值诗："天西凉月下宫门，夕照人来第一番。蜡烛饱看前辈影,屋梁高待后贤扪。……"

孙紫静有〔黄莺儿〕自嘲词,非常形象地描绘了内阁中书的环境和生活,就记得的杂录如下:

衙门正四间,琉璃瓦,别有天,抬头便见金銮殿。白石栏干,朱漆门帘,磨砖到处都铺遍。金铜环,参天楅扇,高丽纸糊颜。

中书在里间,桌儿大,凳子宽,竖柜巍巍门后站。土炕拐湾,火盆滚圆,顽石砚台长尺半。到更阑,还将烛点。

宰相是堂官,受如遇,非等闲。勤劳时把中书赞。查明本单,搭完草签,包好本皮挨次散。偶然问,事出罕见。

辛勤只半天。注红本,写真签,先生高叫齐忙乱。午后坐班,档子细填。腹饿竟陪学士饭,礼貌飐,张长李短且闲谈……

三朝才一班,起五更,敢惮烦,宰相尚无班可换……通部本,信手翻,天下事情都晓遍,这其间,新闻无限,不肯向人言。

朝贺免随班,鸂鶒补,何用穿,职名不系鸿胪管。内值几年,堂上垂怜,敕书大字从人便,老积年,西厅一转,典籍便成仙。

名列缙绅编,翰林后,詹事前,印满中间一大段。也入内帘,也把诏颁,试差各省寻常点。出长安,金瓜黄伞,簇拥小京官……

一二、"一尘""一士"

我和舍弟一士在清末民初时期开始投稿生涯,我先署"烛尘",后署"一尘",又与"一士"排行。

一三、"彬彬""凌霄汉阁"

洪宪时期通讯改署"彬彬",在《时报》余兴写笔记剧谈,则署"凌霄汉阁",可以说是专为文艺用的。在我的老东家《时报》上,二十馀年来,从未见过"凌霄",因为他们知道不会变作"凌霄"的。狄楚青先生写信及扇子始终呼我"一尘",天笑、公振亦然。别人就很少知道的了。至于"凌霄汉阁"何以转到"凌霄"?有个缘故。

按语:三十年代,我住家上海时,在吴湖帆家中见到包天笑(公毅),他说："我与令舅徐凌霄，在《时报》同事，我们很谈得来。"

我谈起梅兰芳先生所编时装戏《一缕麻》是根据他的小说编演的。包先生说："这是真人真事，我是听一个娘姨（即保姆）讲的，因为男女两家都是社会上的头面人物，所以隐去真姓名。"

以后，包天笑在茶馆里见到先父直庵公，常谈清末掌故，他称先父为"许大老爷"。因为先父曾做新阳县知县，当时昆山设昆山、新阳两县，民国后归并为一县。先父由于挂白旗欢迎革民党，被委任为第一任昆山县知事。先父逝世后，即不闻消息，有香港朋友谈起包天笑晚年住家香港，前几年才逝世。

行文至此，《陇苗》编辑徐列表弟到北京来约我写稿，我把此文给他看，并请补充些过往花絮。他说：凌霄四叔后来与包天笑有龃龉，事情是由于他嘲讽梅兰芳先生，而引起四叔的不满。我叫他回去仔细回忆，把来龙去脉告诉我。最近，徐列从兰州来京探亲，带了纪录来谈话，他说：

"四十年代初，我在北京读书，住在校场四条勉甫六叔家，看到上海有家刊物，载有包天笑写的日记，中间有两句话：'北京徐彬彬函荐×××，告以无能为力。'

"我觉得包先生把朋友的私事，公开发表，对凌老似欠尊重。六叔说：'这里面有文章。不久前，包天笑在他参与编辑的一本刊物上，写过《拈花记》的连载小说，主题是嫖客的艳遇。但有一段提到梅兰芳到上海演出，写得很刻薄，并且攻击了北京的一些剧评家，说他们是'梅党'，另外，这家刊物还发表了一篇连载小说《京城影事》，是叙说梅兰芳与福芝芳结合的经过，也有不少歪曲和诋毁之词。四叔看了很生气，在一次和朋友们聚会时说：'包天笑简直无聊透顶了，鬻文、卖艺都是为了吃饭，何必作这种有伤笔德的事，对他本人也无好处。'不知座中哪一位把这番话告诉了包天笑，包天笑是存心膜你四叔的面子。

"一九五六年，我到北京开会，曾请凌霄四叔、一士五叔到来今雨轩便饭（六叔已逝），那天凌老兴致很好，正在谈笑风生时，我无意中提到这件事，凌老脸色突然变了，问我听谁说的？我答道听途说。他只是冷笑了两声，我也不敢问了。半天，他才说：'你如今也是写文章、当编辑的人了，对演员在舞台上，应该严以要求，但对他们的生活小节，最好少问，更不能无中生有。一个演员从坐科到成名是很不容易的，他们有他们的难处，演员讲究艺德，我们写这方面的文章，也要注意笔德。'凌老最后说：'我看了梅畹华写的《舞台生活四十年》,实事求是地述说他的经历,竭力避免自我宣传,他的气质与一般艺人有别,看来,诗人、画家、留学生,对他的影响是不小的。'"

徐列接着说:"最近,我查阅了当时上海的刊物,在《大众》(民国三十二年五月号)上,刊有包天笑的《拈花记》,其中一段是这样写的:'这一回是梅兰芳第一次到上海来,他在北京有了声誉,捧他的人很多,他有一个宣传队,当然是接近报界的人。这个宣传队不支半文经费,比了别的什么政党的宣传部还要忠实。那般"梅党"的忠实同志,都是当世文学家、词章家……能者颇多。北京都市在前清之季,本来就有那班词曹文人,捧角儿原是惯家。自从近来所谓八大胡同者,阴盛阳衰,全为那班姑娘所占据,很难出一个秀出的人才,还有许多是不堪一捧的,无论说的天花乱坠,他的原质,不过尔尔……'

"至于《京城影事》,也连载在《大众》月刊上,开头就是写芳芝仙(影射梅夫人)怎样成名,怎样与梅兰芳先生结合的过程,相当俚俗。过去我在社会上听到一些梅、福结合的谣传,可能都是由此而来的。中间还写了个坤旦井兰芳,不知是指谁了。"

徐列最后说:"凌老生气,可能是这两篇小说引起,但他晚年脾气很怪,我不敢多问。我的原意让他们谈谈报刊编辑应注意的事项,一士五叔作了指示,他说:'报刊编辑要注意两点:一、不能迷信名家的作品,必须审查来稿质量;对于无名作家的稿子,更要仔细阅看,发现佳品,要勇于推荐,以免遗珠之憾。二、改稿时,不能随意删改,文章讲究义法,必须在原作基础上,进行修词,如有很大改动,要与作者商榷,尊重本人的意见。'五叔强调指出:'编辑的地位,有如科举时代的阅卷考官,有些著名编辑,并未留下皇皇巨作,但他们的一生却做了大量好事,他们是能识别千里马的伯乐。你要记住今天我们对你讲的话,以保住徐家在文艺界的骨气。'"

最近戈宝权、叶祖孚两兄告诉我,包天笑晚年著有《钏影楼回忆录》正续两本,我即购来阅读,其中所记光绪年间苏州城里的风俗景物、住宅结构、服饰饮食、交通工具,以及戊戌变法、辛亥革命前后的各种思潮,均有具体描写,我看得津津有味。因为我是庚子年(一九〇〇)生在苏州严衙前住宅,包先生比我大二十四岁,所以读起来仿佛回到了童年时代,感到亲切。他还用较大篇幅记述与报界三杰之一的邵飘萍夫妇往还的轶事,其中谈到凌霄舅,却只有轻描淡写的几笔,把凌舅描写成衣衫不整的落拓文人,又说凌霄的文章"多肉而少骨,不如黄远庸"。看来他们之间的芥蒂是很深的。

戈公振是我国二三十年代著名的进步爱国新闻记者,曾先后在《时报》、《申报》工作,凌霄舅是《时报》特约通讯撰稿人,因此与戈公振是朋友。

戈公振在一九三三年以记者身份赴苏联考察,在苏期间,对加强中苏文化交流做了不少工作。如一九三四年,苏联对外文化协会曾邀请徐悲鸿赴苏开画展,紧接着该会又邀请梅兰芳赴苏访问演出,两件事都由戈公振代为联系。梅先生访苏事,先由苏联对外文化协会负责人请戈公振函达梅先生进行试探,梅复信同意接受邀请,经几次函电商榷后,进入两国外交部正式公文往来,于一九五三年三至四月在莫斯科、列宁格勒两地演出。苏联在当时物质条件很差的情况下,以最隆重的礼节,接待了梅兰芳剧团。第一天在音乐厅演出后,塔斯社用长达七百字的电讯报道了梅剧团演出盛况。

以后,戈公振和他的侄儿戈宝权合写《梅兰芳在庶联》一文,戈公振逝世后,邹韬奋为他编的一本遗著《从东北到庶联》,其中收入《梅兰芳在庶联》,这本书我曾阅读,还和梅先生核对,他认为基本上翔实可靠。前年我写《忆艺术大师梅兰芳》一书时,曾把梅剧团访苏作为专章叙记,得到戈宝权、冒效鲁两兄的磨勘校订,因为他们当时都在苏联,效鲁在苏联大使馆任职,宝权则在苏联当记者。

一四、由"凌霄汉阁"闪出"凌霄"之故

戊午年,飘萍约我发起《京报》,那告白还是"彬彬",又请我主编《小京报》,还是"凌霄汉阁主"开端,完全是《时报》和《小时报》的前例。可是文字行里朋友愈聚愈多,他们都喜欢照沈南雅、袁寒云之例叫徐凌霄。刚巧那时素忱女士脱离歌场,按捧角的老例,文人结习总得有些悲情的唱和,诗篇络绎,都含着"凌霄"二字。如寒云的"一曲伊凉恨百回,凌霄泪是断肠哀";半梦的"凌霄花下胭脂血,肠断当年拂羽来";南雅的"脱腕万言工护惜,黄金谁与铸凌霄"。这几位大名流、大诗人,你也凌霄,我也凌霄,凌霄印象愈普,以至向不大提起的平等阁主(狄楚青),亦把"三亩空园喧啄木,十寻高树络凌霄"题在扇子上。

按语:白素忱为女演员,我未看过她的戏。最近与翁偶虹兄谈起此事,他说:"白素忱是青衣,扮相素雅,唱法规矩,常在文明茶园等戏园演出,不

久就嫁人离开舞台。"

徐泽民表弟说:"先父对文人、官宦之后,改业梨园行,多予提携,如三十年代之黄玉华,曾为文提及,但不相识。白素忱之身世,弟不详,曾记有一纨扇,一面为工整小楷,一面为工笔设色花蝶,上款凌霄先生,下款白素忱。她常来我家,当时弟仅六岁,有一天,穿长袍马褂扮薛倚哥,白穿戏装扮王春娥,坐椅上,作织布身段,摄一照片。两年后,即与我家无往来,据说嫁了陈某。"

徐列表弟最近来信说:"《凌霄汉阁自白》内提到白素忱,小时候翻阅《京报》副刊,有四叔与袁寒云、徐半梅(徐初号半梅,后书法学王梦楼,自认只够半个梦楼,故又名半梦)唱和的诗,凌老最后一首诗末两句,记得是:'几劫繁怨归冥漠,一重公案已分明。'去年报载,美国有一位能唱京剧的老太太叫白素忱,不知是否此人?"姬传按,白素忱年龄与我差不多,该是八十左右的人了,是否即此人,待考。

一五、花梢了!

凌霄花与绮情诗自然是容易联想而及的,假如我的斋名添个"红豆村人"或"红豆馆主"(侗厚斋),便径可用"红豆相思"。或者不致连累这"空中楼阁"的"凌霄汉阁",被横风吹断,变作"凌霄花"来点缀这段绮情吧!所以我那时答谢诸公的一首是:"早与黄花盟晚节,偶拈红豆佐新篇。"无非是找题目做做诗而已,却把"凌霄"二字,煊染作"已成事实"。

一六、"凌霄汉"阁,"凌霄"汉阁

即如《实报》半月刊目录"凌霄汉阁自白"那个标题是我写的,下面"徐凌霄"三字,却是编辑先生替我署的名。我并不否认,因为多年的"凌霄汉"的"阁"早已演成"凌霄"加"汉阁",经过多少次的不否认,而且自己也曾写过这三个字。

一七、"我""佛山"人,"我佛"山人

著《二十年目睹之怪现状》的吴趼人,自署"我佛山人",有人称他"我佛先

生"。他笑说:"我是佛山人,佛山是地名,分不开的。"但"我佛"两个字,也不是不能独立呀,谁教你弄这别致劲儿来!

一八、笔名报名

新闻界、文艺界的人,与戏剧界的人有好些地方非常类似。吾辈有笔名,伶人有报名(戏报上的名字),笔名、报名是公然向着社会,直接观众的。所以多数人知道杨小楼不知道杨嘉训,知道余叔岩不知道余第祺,知道张黑不知道张占福,知道包天笑不知道包公毅,知道王小隐不知道王迺潼。

一九、纵系横系

本名大概都是随着谱系的,笔名则是自由创造的。谱系的命名之特征,大致可分纵横两面。纵的方面是一代一代按着固定的字样或组织一贯下去。如清室皇帝自嘉庆以后,是"永绵奕载,溥毓恒启"八个字,八字将用完时,再行续定(嘉庆是永字辈,宣统是溥字辈,没有轮到毓字辈做皇帝,就完了)。仁和许氏以"学乃身之宝,儒为席上珍"为序。前清军机大臣许庚身是身字辈,前国务院秘书长许宝蘅,是宝字辈。吾家则取五行相生之义,每五代名字,是木、火、土、金、水,周而复始。

二○、华洋科名

到我这一辈,是"金"字辈。同祖弟兄十人,仁铸、仁録、仁镜、仁铄、仁铨、仁铎、仁锦、仁钰、仁钊、仁镛。仁铸字研甫(己丑翰林),仁镜字莹甫(甲午翰林),乃是二伯父膝下的两位。大伯父只有一子,即仁録字艺甫(甲午举人)。我同胞弟兄七人。大哥仁铄(榜名仲衡)癸卯、三哥仁铎(榜名振声)壬寅,都是科举举人——中国举人。二哥仁铨、五弟仁钰和我(仁锦)都是学校举人——洋举人。籍贯则顺天宛平,老家可是江苏宜兴。但科举的题名录上,缙绅录上,却只有宛平而无宜兴。

按语:太外祖徐伟侯先生与李鸿章同榜中举,以进士分发山东任益都县知县(按当时制度,进士分发各部任职,或外放州县,称即用知县,一百天内遇缺即补,口头称为"老虎班"),留心民间疾苦,革除敝政,有徐青天之称。

伟侯先生生三子,长子未仕,生子一仁録;次子致靖(子静),生子二:仁铸、仁镜,女一仁镪即先母,她生于益州,故名"镪";三子致愉,字子怡,生子七:仁铼、仁铨、仁铎(后改振声)、仁锦、仁钰、仁钊、仁镛。

凌霄舅在这一节,详细述说了徐家科举中式年代,计进士一人、翰林三人、举人三人、洋举人三人,可补侧记之不足。

民国初年,我在外祖家见到康南海,他对我说:"令外祖治学以史学为纲,对历代兴衰治乱,了如指掌;反对八股,以其束缚思想,不合潮流,故子弟均通达时务,广交当代有识之士,主张维新变法,为慈禧所恶,而遭判刑禁锢,然而在新旧交替时,实为具有真知卓见之学者也。"

据先母说:"太外祖注重应世之学,留心洋务,很早就主张学习欧美机器、医学,可能受李合肥(鸿章)的影响,外祖主张变法维新,是一脉相承。"

二一、南北籍贯

这不只我们姓徐的为然,如恽毓鼎是阳湖,袁励准是武进,邵松年是常熟,同光间,沈文定公桂芬是吴江,许多江苏人,都以顺天为正式的籍贯,而把江苏老家当作祖籍。其与纯粹土著不同者,坟地田园在南不在北,家庭状况、亲友往来仍从家乡习惯,惟可应大宛两县的童试、进学,官场交际须与顺天直隶,乃至奉天,乃至八旗,都算同乡。其与纯粹南籍应北闱试不同者,如张謇,如孙雄,他们是以贡监资格下场,由国子监录科送考,谓之皿字号。"皿"者,监也。而如沈、袁、恽、邵及吾家,则可应大兴、宛平县考,做顺天秀才,乡试时由顺天学政录科送考,谓之员字号。"员"者,生员之员也。

二二、搬家接租之趣事

先祖父于道光丁未成进士,以即用知县分发山东。至光绪初,先伯父已入词林,先君亦以大挑县分东河。祖父遂应顺天府尹游汇东先生(讳百川,滨州人,壬戌翰林,官至仓场侍郎)之聘,来京主讲金台书院。时伯父已入词林,初居八角琉璃井,后迁到上斜街徐季和先生的旧宅。季和先生(名致祥,嘉定人,庚申翰林)搬东上斜街的东头。同住一条街,门口都是翰林,都是江苏人,而名字都是"致"字排行,好些人认为是兄弟,送礼的送信的,常常送错了大门。八角琉璃井的旧宅,则由新翰林徐世昌接租,门口还是"翰林院徐。"有几回送信的送错了,他把原信亲自转送到上斜街。水竹村人真是谦恭有礼呀!彼时翰林院及翰林出身的大老姓徐的最多,徐树铭、徐桐、徐致祥、徐郙、徐会沣、徐琪、徐受廉、徐世昌、徐德沅、徐兆璋、徐继孺及先伯父、先兄,共十余家,惟有徐致祥、徐世昌两家,因住宅的关系,演过许多"信件误投"的趣剧,不知颐养津门的老统还记得琉璃井之旧事否?

二三、严范孙误认"艺甫"

我在报上关于戏曲掌故、文艺作品,一向署"凌霄汉阁"。丙寅丁卯之间,王小隐在天津《益世报》编副刊,我为他写了些"凌霄汉阁笔记",惊动了严范孙先生写信到《益世报》,请小隐先生转来一封信,他以为是先兄艺甫的手笔。后来我回信给他,说艺甫已于庚申去世,他甚为伤感。他第二次来信就不称"艺甫"了,可也不称"凌霄",而称我的谱系上的号"云甫"。但是我并没有告诉他叫云甫,想是在天津,一般旧朋友那里打听出来的。严范孙的第一封信如下:

> 艺甫仁兄大人侍史:《益世报》载凌霄汉阁妙文时,与仁安共读,知为我兄鸿箸。卅年阔别,亟思一接清光,请将尊寓地址见示。如在津门,便拟即日奉访,或在都下,亦得时修简札,获聆教益,公其许之乎?不胜企望之至。专此手布,即请著安。弟严修顿首。

二四、戊戌维新之要素

严先生亦是研究新政的人,甲午中日战后,他在贵州学政任上,条奏请开经济特科;丁酉年交卸回京,又主张兴学自强,被掌院学士徐桐所恶,削除门生籍,只可告假出京,得免于戊戌之难。己巳年,先生去世,自挽的诗句"几番失马翻侥幸",即指此事也。那时他与我几个兄长都是同志。研甫远在湖南,莹甫虽在京,却沉默寡言。惟艺甫是个才气中人,喜谈时务,广交游,康、梁、六君子终日在一处,讲论新政。而且二伯父请定国是、保荐人才的折奏,都由他起草,他实是戊戌维新时期一个重要分子。只因他并非京官,政变以后,他就到河南做知县,离开北京了。所以好些人不大提起,只于几个当年在一起的朋友如吴绹斋、严范孙、林诒书记得清楚。可是我想现下还有一位,心里很明白——水竹村人。
　　按语:文中所举严范孙、吴绹斋、林诒书我都见过。

有一年在天津与严范孙（修）先生同席，当他知道我是徐子静先生的外孙时，就详细询问外祖晚年的生活情况。他还告诉我："辛丑年慈禧、光绪回銮后，曾写信与徐子静年伯，打算上折为他图'开复'（开复，是官复原职——礼部右侍郎）。后来徐年伯托人带口信，先谢我的盛意，但又说：'我不能伺候那拉氏，她死后，我可以出山。'"

严修先生遗照

严范老还说："令外祖是一位嫉恶如仇，刚直不阿的大臣。你的三位舅舅：研甫、莹甫、艺甫都是经世之才，可惜在戊戌政变钩党时，被革职；艺甫曾在河南做知县，对兴办学校，开风气之先。现在我的同党老友，都是墓草已宿，不胜沧桑之感。"

一士舅曾对我说：吴绹斋（士鉴）与研甫大舅交最厚，且为戊戌变法之同志。绹斋为光绪壬辰科榜眼，出吴鸿甲门下，时研舅亦为会试阅卷人。初试已落选，第三场对策："论语古注、新旧唐书、荀子、东三省形势、农政"，为吴鸿甲所惊叹，始行补荐而中式。当时习惯，乡会试专重头场"四书文"，头场不荐，三场纵有佳作，房考亦多漫不经意。研舅任是科"十五房"阅卷考官，而吴鸿甲为"第六房"阅卷考官。据研舅说："头场落选而补荐者不多，是科翁同龢为正考官，李端棻、祁世长、霍穆欢为副考官，翁六先生曾对我说，吴士鉴第三场对策，为近年罕见之佳文。"壬辰为甲午海战前两年，当时，日本侵华之野心，已为朝中有识之士所关注，《东三省形势》一文，为翁同龢所激赏，以其切中时弊，言之有物也。

民国八年，肖研师选辑研舅诗《涵斋遗稿》，张菊生先生在商务印书馆为印行出版，分赠友好，肖研师挈余同访绹斋丈，绹斋的父亲吴子修先生与吾家有年谊，又与先祖狷叟公（子颂）为诗友，余幼年曾见之。肖研师请吴绹老为《涵斋遗稿》作序，绹老并以研舅和诗见示，题曰："和吴公詧（公詧为绹斋别号）"：

后起英流近有无？少文情愿屈张敷。文章气谊莺求友，学问渊源

彗画涂。藏室相将探柱下①,选楼何必坠江都。无端引入西州感,接向
谟觞谓可须。

绚斋先生为《涵斋遗稿》所作序言,可概括研舅之学问及力主变法维
新,挽回积弱之势的抱负。序曰:

光绪戊子、己丑间,海宇无事,朝廷右文,一二名公巨卿,主持风
会。凡以科目进者,多闳通渊瞻之才。论者谓嘉庆己未而后,得人以
己丑为最。余以是年冬公车入都,始识徐君缦愔(研甫舅的别号),继
获交江君建霞(名标,余识其子江小鹣)。二君以己丑入词馆。缦愔治
经史词章,皆得其乡先生邵叔𪩘、顾涧薲之遗绪。三人者,月必数见,
见则钩䥨辨析,移晷忘倦,而缦愔之群从艺甫(仁录)、莹甫(仁镜)与
其姊婿言謇博(为简斋、申夫表兄之父),又皆潜心竺学,如骖之靳。壬
辰余获馆选,于二君为后辈,文字觞咏之会,迨无虚日。甲午东事起,
缦愔刿心时变,与余纵览迻译之书,博考裨瀛之事,颇有志于用世。会
建霞视学湘中,广开风气,迂腐之士,咸诋娸之(指叶德辉、王先谦等保
守派),而余与缦愔曾不以此稍挫其志。丁酉缦愔入湘,继建霞之任,
于此始与缦愔别。国门执手,百感苍凉,盖已知朝局之必有变也!明
年政变勃兴,缦愔落职,建霞亦牵连罢斥。缦愔奔母丧还都,相见呜
咽,仍以致用相期。无何,庚子乱作,余间关赴秦,旋至南昌,即闻缦愔
之讣,哭不成声,作诗吊之:

修门槭梐首相知②,别后江湖杳梦思。太岁龙蛇天地黯③,文
人鵩鸟古今悲④。伟高诀别谁为友⑤,阳羡无田尚有儿⑥。后死多
才徒负负,欲呼阊阖望迷离。

---

①吴绚斋著有《晋书斠注》、《纂修清史商例》。
②修门指国门都市,见于《离骚》。
③太岁龙蛇,郑康成临终谶语。
④文人鵩鸟,用贾谊《鵩鸟赋》。
⑤伟高,见《唐书·邢文伟传》,伟与历阳高子贡俱以博学闻名,伟后官右史,以直谏闻名。
⑥阳羡即江苏宜兴,苏东坡欲买阳羡田隐退未果,因研舅原籍宜兴也。

三两年间,建霞、睿博先后下世。而朝野蝈螗,国事隳坏,驯致有辛亥之变。莹甫憔悴怫郁,亦以不起,回忆当年雄睨高谈,履綦相错,其豪迈隽爽之气,如在目前,独余苟活人间,百无一效。艺甫则试吏汴中,湛冥廿载,亦可想见其意气之消沮矣。缦惜有子曰肖研,能读父书,搜辑遗诗,录为一卷,余又以遗文一首归之。芝焚兰瘁,馨烈犹存。缦惜生平交游学术,略具于斯。因述余两人交谊之终始,弁诸简端。缦惜之诗,清丽遒逸,能画雅故,与乾嘉学人相近。情文相生,言之有物,不徒足见两人交谊也。

吴绹斋先生于民国廿二年(一九三三)病逝杭州,一士舅曾为文记其生平。本文是摘录他《谈吴绹斋》原文写成的。

林诒书(开簪)行三,与林旭(暾谷)是本家。戊戌政变时,林旭住在上斜街皮库营林诒书家被捕,死后收尸等工作是林诒书办的,所以凌霄舅说他清楚。

林暾谷的夫人沈孟雄是沈爱苍(瑜庆)的女儿,沈昆三的姊姊,政变时她住在上海沈爱苍家,后来忧郁而逝。有的记载说她自戕,不确。沈孟雄能填词,著有《崦楼词》。

沈爱苍有五古题其女《崦楼词》卷,实为悼念林暾谷之作,诗中贯串百日维新事:

婚嫁愿初了,吾欲老丘樊。志业既不遂,刿乃众论喧。劳生昵儿女,息影求田园。邂逅记当时,年少王公孙。词女得所适,食贫宜清门(按:以下均包涵林旭事)。名声忌藉甚,论诗耽钝根。书丛恣瞑想,置笔穷涠藩。一朝忽舍去,肝胆奉至尊(按:以下述林旭以内阁中书入小军机,以及被慈禧所杀)。论思任亲切,旬日看翔鹓。士论为庇主,子弄疑推袁(按:康有为、谭嗣同、徐仁录主张联袁世凯救光绪,请徐致靖密折保袁,林旭有诗:"本初健者莫轻言",盖疑联袁非计也)。诸侯诬苌叔,太学讼陈蕃。成仁他勿恤,群吠安足论。诗卷留天地,千秋晚翠轩(按:林旭有《晚翠轩诗集》)。劲节耐冰雪,忠魂依天阍。崦楼绝妙词,合校声暗吞(按:《崦楼词》中多悼念亡夫意)。酬子啖名意,空舲啼哀猿。须臾忍性命,待子理覆盆。抑情更感逝,腹痛能无言。钟山那子翁,晚岁弥温存。结构决明年,突兀悬江村(自注:时家书有卜筑湾湾里之议)。老夫谋少憩,精卫方衔冤(按:末句揭出作此诗的本意)。

昆三兄的夫人是林诒书的女儿。三十年代我在上海昆三家见到林三爷,称他为姻伯,因为他的儿子林笠士是和甫三舅的女婿,源来弟是明甫二舅的女婿,我们和林家、沈家都是亲戚。那次我还和林诒书下了一盘围棋,让我四子,他曾和国手周小松对弈,称为高手。

沈昆三的家庖,非常精致,驰名沪上,他常邀我聚餐,有些朋友借他家请客,我也列席。

沈家菜以福建风味为基础,又吸收各地名菜,味清而腴,是综合性的家庖艺术。

沈家的鱼翅最出名,后来昆三发明"赛鱼翅",是用粉丝代替鱼翅,价廉味美,可与"潘鱼"、"赛螃蟹"(鱼与鸡蛋做的,为宜兴人任振采凤苞所传)媲美。

昆三有一女名沈燕,是英国留学生,昆三晚年病逝香港,沈燕不习惯香港的生活方式,一直住在上海。林暾谷的夫人沈孟雄是她的大姑母,林旭被害后的情况,是沈燕函告的。

林三爷的胞弟季鸿行四,是张之洞的幕友,喜养菊花,能编皮黄新腔。梅兰芳先生在《舞台生活四十年》第一集《玉堂春》一节里,曾详细述说《玉堂春》新腔是林季鸿创造的,王瑶卿、梅雨田都根据他的唱法而有了发展。梅雨田第一次为他侄儿伴奏《玉堂春》,唱的就是林四爷的新腔而引起观众的兴趣。

陈苍虬(仁先)曾作诗悼念:

林四季鸿,幽居善病,养菊佳种甲都下,花时,余必往观,君以病不能多言,默对而已。然君少年时,风情道上,工奕曲,以至琴笛琵琶之属,靡不精妙,酒间,诸菊部子弟,环侍问业,君为之正拍订误,通夕不倦。自丧偶,萧然独处,终岁不出户庭。今年正月,竟以肺疾死,感念不已,为赋此诗。

年年秋色君家好,一度相看一岁除。从此菊开谁作主,他时花下渺愁予。妻孥和靖微相似,棋曲东坡二不如。结习空时了无病,暗尘随意点精庐。

还有林七爷——绍琴，也能编皮黄唱腔，是学余紫云一派。民国初年住在上海新闸路鸿庆里，欧阳予倩常到他家去研究唱腔。

林家、沈家都是福建望族，沈昆三的父亲沈涛园（瑜庆）是封疆大吏，我在昆三家中曾见壁上悬挂翁叔平（同龢）四条屏，题款的称呼："爱苍十二兄世大人正，叔平翁同龢"。照世大人说，翁叔平应该比沈瑜庆长一辈。

林少穆（则徐）以焚毁烟土抗英，曾被清廷流放新疆，旋调回。太平军兴，授钦差大臣并署广西巡抚，行至中途得病逝世。戏剧、电影都以林则徐为题材，进行反抗侵略、爱国主义宣传，是近代史中有影响的正面人物。林则徐是沈瑜庆的外祖，曾在《林文忠手札题后》五古诗中详述他的科名经历。

《凌霄汉阁自白》结尾提到"水竹村人"，是徐菊人（世昌）的别号，凌霄舅在前面称他为"老统"，这里又说他"心下明白"，都有讽刺意味，因为他是袁世凯的谋士，所以就不客气了。

据一位长亲告诉我："袁项城以徐静老密保内调兵部侍郎，光绪帝召见曾有暗示，谭浏阳夜访袁请其诛荣禄，保光绪，袁佯诺之。回到寓所，思想非常矛盾。当时，大权虽在慈禧手中，但他已是六十老人，而光绪才三十岁，何去何从，不能立断。正在室中踱步思索时，徐菊人推门而入，见他神色有异，就说：'你有什么疑难事？可告诉我，代你策划。'袁沉吟许久，才把实情吐露。徐说：'太后虽已归政，仍掌大权，你内调入京，已遭后党猜疑，荣禄工于心计，又拥重兵，如照谭的意思诛荣禄，必不能成事，徒然送掉自己性命。现在两宫已成水火，为你着想，康、谭等均少不更事者，不可盲从。'袁世凯才决定向荣禄告密。"这一过程，知者甚鲜，但我认为是合乎逻辑的，因为徐世昌是袁世凯的总文案，最亲信的幕僚，有参预机密的可能的。

谭鑫培的艺术道路

谭鑫培的艺术道路

本世纪初，戏曲界被观众誉为大王称号的有三人：第一位，京剧老生谭鑫培；第二位，京剧旦角梅兰芳；第三位，京韵大鼓演唱者刘宝全。

谭鑫培诨名小叫天，叫天是什么含意呢？因为他的父亲谭志道是湖北江夏人，与程长庚同辈，搭"三庆班"，应老旦行。谭老旦嗓音高亮，有一种鸣声动听的鸟名"叫天子"，所以谭志道称为叫天，小叫天是第二代。

"内廷供奉"是谭鑫培声名雀起的原因之一，他是光绪十六年（一八九〇）被挑选入升平署当差的。当时，升平署（南府的后身，是管理音乐戏曲的机构，主管人的职称，宫中口头仍叫南府总管太监）规定，入宫当差的人，要具报一个折子，封面下角写

谭鑫培

"外学民籍教习"或学生的姓名。教习除唱戏外，兼充教太监的教师，如谭鑫培、钱金福、梅雨田……学生是青年演员，如王瑶卿、王凤卿、杨小楼……折内开列姓名、籍贯、年龄、行当并全部能演的戏目，注明每出戏的时间，以时辰计算，如二刻、三刻……主管人根据此折派戏。

谭鑫培当时已四十三岁，所开戏目约百余出，以文武老生为主，武生重头戏没有开列。因宫内演戏消耗体力更多，中年人不能见长。

我曾见清宫档案作谭金培，就问曾在宫内当差，并与谭鑫培合演的旦行王瑶卿先生，为什么改成金字？瑶卿说："老公告诉我，太后看见花名册上'鑫'字，就说要那么多金子干吗，有一个就够他花的了。南府主管人就把'鑫'改成'金'字。"

当年社会上流行排八字算命，金、木、水、火、土在相书上称为"五行"。据谭

家的人说,谭鑫培的八字缺金,所以用"鑫"为艺名。

我记得四十年前,住家上海时,在朋友家见到一位有名气的子平高手,还是法国留学生。大家都请他排八字,轮到我时,我说:"算命是推算何时交好运?何时倒霉?能不能趋吉避凶,变更命运。"他说:"我是照八字推算,已经注定吉凶祸福,岂能变更。"我说:"既然如此,我就不算了,因为事先知道了,反而使精神上背包袱。"这位子平家哈哈大笑说:"我还第一次听到像足下这种妙论。"

升平署的职权

宫里演戏,事先由升平署工楷缮写进呈皇太后、皇帝阅览的"安殿戏单",上列演出地点如"漱芳斋"……日期、开戏时间、剧目及主要演员姓名,在姓名上还注有"外"①、"府"(升平署的太监,民籍教习和学生)、"本"(太监业余演员)。

后台有一块带座插牌放在桌上,用墨笔照抄安殿戏单,不过只写演员一个姓,例如汪桂芬唱《取成都》,下注汪字,谭鑫培唱《卖马》,注一谭字,等戏演完,牌上的字就擦掉了。安殿戏单由升平署归档。

升平署总管太监权力很大,如演员想要掉换戏码,经他同意,就可变通。有一次,孙菊仙迟到,原派《朱砂痣》已由谭鑫培演过,只剩一出《定军山》,孙不会,大窘。李顺亭看他为难,就对孙说:"我代你唱吧!"向总管请示批准,孙菊仙才渡过难关。李顺亭人称大李五,能戏甚多,谭鑫培在宫里唱《汾河湾》,曾请他说戏,但性情高傲,喜欢捉弄人,而这件事却看出他助人为乐的美德。

升平署档案还记载着一条:"光绪廿二年十二月初十日,奉旨:凡孙菊仙承应词调,不允稍减,莫违。钦此。"

按:宫中演戏时,所演剧目,都有剧本放在太后、皇帝的桌上,孙菊仙常常少唱几句,或者简化唱腔,所以遭到慈禧申斥。孙菊仙在外面搭班有"孙一捋儿"的外号,在宫廷那样威严的地方亦减词改调,可谓一视同仁。(见附一)

升平署的职权,可以奏报某人病故,或某人当差不力,某人屡次误差,即除名。当时有一种传说,汪桂芬因当差不力,奏报除名,后见升平署档:

---

① 南府时期,有外学、内学的区别,但自道光七年改组为升平署,撤销外学,大多数民籍教习和学生(非太监)交苏州织造发给银两,遣送回籍,只留少数教习并入内学。到光绪九年后,又陆续从京中戏班挑选演员编入升平署(例如谭鑫培、汪桂芬、孙菊仙等),亦属于内学,但这时期口头仍叫"南府外学"等旧名。同时,戏单注"外"字,有时指外班,有时指内学的民籍教习,体例并不划一。

汪桂芬，升平署内学民籍教习，光绪廿八年六月从'福寿班'交进当差，每月二两俸，后升四两，白米十口（十个人吃的米），公费制钱一串，每次唱戏另有赏八两、十两不定。

光绪三十四年五月十三日，升平署总管跪奏：本署内学民籍教习汪桂芬于五月十二日病故，谨此奏闻。

以后汪派戏归王凤卿接替。档案还记着是年四月间汪桂芬在宫中演《朱砂痣》、《风云会》、《法门寺》、《打金枝》。

据我的二母舅徐莹甫说：汪桂芬在外面演出时，仅二十余出戏，堂会中多半点他的《文昭关》、《取成都》、《取帅印》、《洪羊洞》。

据以上资料看，汪桂芬在宫内当差达六年之久，待遇是相当优厚的，由于他不善处理生活，潦倒以终。至于他玩世不恭，戏弄权贵的事，见于记载及口头的传说不少，在封建社会里，他是一个有反抗性的艺人，是不畏强权的典型。（见附二）

宫里派戏与民间不同之处，很有名的演员要当配角，曾见一张戏单："《打瓜园》：郑恩——李七儿，陶三春——朱四十，陶洪——王长林，丑丫环——张长保。"还有四个小丫环，在戏里是配角，却派了几个名演员，他们是：余玉琴、侯俊山（梆子名演员，艺名十三旦）、相九霄（田际云）。小丫环虽无唱念，但有繁重的武打摔扑，如无扎实的武工基础是难以胜任的。这种风气很好，所以在内廷当过差的人，大半没有争牌位的习气，最显著的例子：杨小楼和梅兰芳演过《春秋配》的张衍行，和荀慧生演过《大英杰烈》的皇甫刚，和马连良演过《要离刺庆忌》的庆忌。

我还想起一桩故事：晚清时，大奎官是著名的花脸，一天，北京某班演《捉放曹》，管事派大奎官演曹操。在勾脸时，大奎官问："今天谁的陈宫？"管事答："孙春恒。"大奎官就卸妆而去，管事只得另派别人。以后，上海某班约孙春恒，孙指名要大奎官，第一天在上海打泡《捉放曹》，孙春恒对大奎官说："今天你该不会哧了吧！"卸妆时，手指把勒头的水纱网子向上一推，后台术语叫作"哧"。孙春恒唱腔清灵圆润，谭鑫培曾吸取他的唱法。

王瑶卿先生还告诉我一桩在内廷当差时遇到的惊险故事："有一天，我和凤卿等几个年轻人在颐和园乐农轩聊天，有的躺在炕上架起腿，有的大声说笑话。这时，慈禧向这里走来，老公照例念叱、叱、叱（这是宫里肃静回避的口令），由于声音很低,室内的人没有听见,当太后走近乐农轩,忽然拐弯走到别的路上去了。据老公事后对我们说:'老佛爷明明看见你们在屋里大说大笑,我替你们捏把汗,幸而她拐了弯,否则你们每人要挨四十板。'"

梅葆玥藏有梅雨田遗物一片木板,上面写着"出恭入敬"四个楷书,一望而知是内廷的东西,但如何使用则不明。后与朱季黄兄研究,他认为梅雨田是南府教习,在教太监时,如学员有事需要离开教室则发给此木板为证,回来后则须交还老师。

清宫出入证——"出恭入敬"

附一:孙菊仙的表演艺术及其他

我在十几岁时,看过孙菊仙的《三娘教子》、《朱砂痣》……觉得他在台上吊儿郎当,不卖力,对这种唱法,我也不感兴趣。二十岁时随宦到天津,住在河北(金钢桥以北称为河北)三戒里(邓颖超同志的家就在我家对门)。隔壁有位中学教员张先生,听见我吹笛子,就过来聊天,并告诉我他会唱昆曲《访普》、《酒楼》,于是我吹他唱,有了往来。有一天张先生陪了位中年人来访,介绍说:"这是我校的总务。下星期六是本校成立十周年纪念,举行庆祝联欢会,有清唱,我们约了老乡亲(即孙菊仙)、王四爷(君直,谭派票友),还有一位小姐唱昆曲《思凡》,想请你吹笛子。"我答应了。

孙菊仙

那天下午两点钟,张先生陪我到了学校,在礼堂开的联欢会。校长致词后,就开始清唱。台上布置清音桌,用两张方桌拼拢,前面系缎底绣花桌围,上面两角摆一对方形玻璃外镶铜饰角镂空图案桌灯。清唱的前面几位是本校师生,唱皮黄零段;接着是一位朱小姐唱《思凡》。事先张先生给我介绍了一下,看上去二十岁左右,长得很秀气,态度娴静,很谦虚地说:"唱得不好,请您带着我点儿。"我听她有家乡口音,就问她是哪里人?她说:"原籍是浙江,到天津十多年了。"那天她唱《思凡》的〔诵子〕、〔山坡羊〕,嗓音甜润,看来是有传授的。下面是王君直的《武家坡》,"一路离了西凉界……"最后是老乡亲唱,先唱《桑园寄子》中"叹兄弟遭不幸一旦丧命"的〔二黄慢板〕,腔简味厚,与以前在戏院听到的不同。大家热烈鼓掌,要求再唱。孙菊仙提高了调门说:"我再唱一段《完璧归赵》。"接着就唱〔西皮导板〕:"适才奉命到西秦……",没有腔,但硕大声宏,气势雄伟,唱到末句"学一个奇男子万古留名",有如石破天惊,震动全场。唱完了,我向他道乏:"我以前听过您的戏,但不如今天过瘾。"

老乡亲说:"我已经收啦,像联欢或者赈灾募款义务戏是从不推辞的。"

那一次给了我深刻的印象,觉得以前藐视孙派是不应该的。

张勋闹复辟,失败后,在东交民巷使馆里躲了一个时期,事过境迁,就回天津做寓公。一九二二年农历八月初二是他的生日,梨园行的人来向他祝寿,唱三天堂会。张勋对他的秘书张先生说:"人家专程来拜寿送戏,很够交情,他们的吃住,由我招待,临行时,送戏份,和普通堂会一样。"我和源来弟由于徐勉甫堂舅的介绍,认识了张秘书。他说:"你们哥儿俩,在我家吃便饭,步行到大帅花园里听戏。"

第二天一早,我们到了张秘书家,胡乱吃了点东西,就跟着他到张勋家去。那是一个带草坪的花园,临时搭台唱戏,戏台对面设了寿堂,我们看见很多客人冲一个矮老头拜寿行礼,有的人还行"请安礼",这老头就是张勋。张秘书带我们到了花园,对我们说:"我有事,你们看见空座就坐下听戏吧!"

我和源来找座,只见摆得参差不齐的椅子、板凳上已经坐满了人。前面两排沙发上还有空座,但坐在上面的都是上岁数的老头儿,我们不敢往那儿坐。正在发僵的时候,看见进来一位来宾,有两个知客陪着他。我定睛一看,是言简斋表兄的叔叔言仲远（敦源，曾任内务部次长）①。我们赶快上前叫姻伯，仲老说："这么好的戏为什么不坐下看？"我们说："找不到座。"他拉着我的手说："跟我来！"我和源来跟他到第一排，正好有一张三人长沙发空着，他就叫我们坐在沙发上。台上是朱桂芳的《蟠桃会》，已是尾声。第二出是孟小茹的《打棍出箱》，仲老说："小茹是学叫天的，还和梅兰芳同搭一班，今天因为好角多，就挤到前面唱开场了。"

下面是程继仙、慈瑞泉的《连升店》，钱金福的昆曲《山门》，文戏、武戏、玩笑戏间隔唱着。当王蕙芳的《穆柯寨》出台之前，我看见一个矮老头儿从椅子跳上台，几乎摔跤，有两个人把他托住，一同走进后台。言仲远对我们说："这就是张少轩（张勋号），他是捧王蕙芳的。"五分钟后，张勋从台上跳下来，坐在第一排边上。只见孙菊仙带了副老式的墨晶眼镜，袍子外面加一件坎肩，走到张勋面前说："您的好日子，我要唱一出。"

张勋说："你是有名的'孙一捋儿'，现在大家都爱听刘鸿声、余叔岩，你已经过时了。"

孙菊仙提高了嗓子说："大帅！让我唱一出，看看老孙还行不行？"

张勋报以微笑。这时王蕙芳出台，孙菊仙只得退回原座。

那天大轴是《回荆州》。杨小楼的赵云，梅兰芳的孙尚香，龚云甫的吴国太，王凤卿的刘备。跑车一场，三人编辫子，走得有节奏而步伐整齐，特别是杨小楼的斜身姿势最为精彩，博得全堂喝彩。

第二天，我记得是杨小楼的《蜈蚣岭》，别的戏就记不清了。因为像这样的大堂会，天津每年有七八次。齐耀珊老太太的寿辰，每年在奉直会馆唱两天堂

①言仲远名敦源，是简斋表兄的叔父。徐研甫（仁铸）大舅与袁世凯是换帖兄弟（俗称把兄弟）。袁在小站练兵时，研舅曾介绍仲远入袁幕为文案，徐世昌是总文案。戊戌变法时，外祖父徐子静（致靖）以礼部侍郎被判"绞监候"（即今日之死缓）。研舅时任湖南学政，莹甫（仁镜）二舅为翰林院编修，均以康党被革职永不叙用。当时，言仲远即请徐世昌转告袁世凯，荐主身败，应该卷铺盖。袁云：徐学使并非身败名裂，如另有高就则未便强留。仲远即打消辞意。以后，袁保他署理大名镇总兵，调直隶巡警道，长芦盐运使，入民国任内务部次长代理总长。一年后即辞职，与周学熙办实业，如开滦煤矿、启新洋灰公司、华新纱厂，均为常务董事，短期内曾担任开滦督办、总经理。一九二四年，研舅之子徐肖研（衍高，又为我的督课老师）病逝后，言仲远曾以八千元启新洋灰公司股票及银元二千元赠肖研师之孤寡作生活费，由先父冠英公及言申夫表兄代为管理。一九三三年由源来弟经手，将股票存款交肖研师的夫人（许宝蘅的侄女）自理，此事在亲友中认为念旧抚孤，交口称道。

会,也是这些名角,也是这些节目,所以容易张冠李戴。我的回忆,不一定准确,但有一件事是可以肯定的:张勋家的堂会,没有刘鸿声;而在齐家的堂会里我看过刘鸿声的《探阴山》、《草桥关》,我觉得他唱这些戏比他唱老生好。

有一次我坐在齐斐章旁边,他是齐老太太的第五个儿子,当时正做天津县知事,官儿比他的两个官居省长的哥哥齐耀珊、齐耀琳要小得多,但据说齐老太太最喜欢这个小儿子。齐五和先父冠英公(省诗)有交情。当时,我的长亲汪向叔(士元)做直隶财政厅厅长,先父被邀担任制用科长,管理经济出纳,所以和齐五熟识,齐五每年必请先父、先母到奉直会馆看堂会。那天,齐五拉我坐在他旁边,是第三排好座。刘鸿声扮《探阴山》中的包公,唱到:"都只为那柳金蝉屈死可惨……",他站的地位正对着我们的座,"柳金蝉"三字既高且亮,震耳朵,这么高的调门(工半调)又那么亮,喷口那么有力,听了真过瘾。我以前听过刘永春的《二进宫》,也是高调门,但那时他已属暮年,声音没有刘鸿声响堂。齐五对我说:"堂会戏的份儿,刘鸿声的《斩黄袍》是三百块,《探阴山》是四百元,这可给花脸行扬眉吐气啦!"

我还听过刘鸿声的"三斩一碰",那是《辕门斩子》、《斩黄袍》、《失街亭·空城计·斩马谡》、《碰碑》。《辕门斩子》、《斩黄袍》是他的代表作。他早年搭老谭的班,应花脸行,《空城计》中他演司马懿,《碰碑》扮杨七郎鬼魂,所以这两出戏学老谭。我还听过他的《雪杯圆》,很有味儿。他最大的特点是乙字调、正宫调唱得举重若轻,音色甜美,如饮琼浆甘露。可惜身上脸上没有戏。谭派名票王君直对我说:刘鸿声改老生后,大红,几乎压倒老谭。老谭曾发牢骚说:"老生干不过刘鸿声,旦角干不过梅兰芳,土都到这儿啦(指胸口)。"老谭还说:"刘鸿声只图唱得痛快,不讲究字音。比方《斩子》里,'将父擒下马这笑啊','笑'是去声,应该由低而高。他为了显摆他的嗓子,出口就唱'嘎调',变成阴平声的'萧'字,就倒了,但台下炸窝般的叫好。"

王君直说:"老谭对刘鸿声唱法的评论是极为公平的。"

据王君直说,老谭还说过:"内行有句话:'一嗓定乾坤。'刘鸿声的嗓子是'音膛相会',高音嘎调,纯用本嗓,在咱们这一行是极难得的。这是他走红的本钱。他搭我的班唱花脸,比唱老生好。"

书归正传。第二天,张勋家堂会散戏时,张秘书对我说:"刚才孙菊仙又缠住大帅说:明天是最后一天,您一定让我露一下,看老孙比他们如何? 大帅答应了,戏码是《鱼肠剑》。"

我说:"糟糕,连天熬夜,着了凉,好像感冒了,回家就得躺下。"

张秘书说:"你明天可以晚一点来,老乡亲的《鱼肠剑》大约夜里十点上,后面还有杨小楼的《连环套》,梅兰芳、余叔岩的《梅龙镇》。我派个人在家里等你们,我有事得先去。"

张秘书认为第三天的戏最精彩,不可不听。

那天,四点半才到家,我觉得浑身发冷,打战。源来找了生姜、红糖沏了汤给我喝,我迷迷糊糊睡了,直睡到上午十一点还起不来。我母亲到我的床前,摸我的额角,叫我的乳名:"阿彭,你发烧啦!这两天你到张勋家看戏,天亮才回来,你是个病身子,我好容易把你拉扯大,怎么可以这样不注意寒暖,今天不许出门。"

接着请了一位中医马大夫给我诊脉、开方。脉案说:"连日中寒,重感冒,治宜散寒、退热。"医生为我开了防风、荆芥、淡豆豉……清解的药,我喝下去,出了汗,就爽快多了,接着吃了一碗干稀饭。我又惦记张家堂会,梅、余的《梅龙镇》虽好,但以后还看得着,八十多岁孙菊仙的戏却机会难逢,我偷偷与源来商量。他说:"刚才老太太下命令,不许出门,我没有办法陪你去,我只得一个人前去。"正说到这里,我娘进来啦,就问:"你们嘀咕些什么?"对我说:"是不是又想去听什么老乡亲……"

我忙陪笑说:"我刚才出了汗,头目清凉,好了,您让我听一下老乡亲吧!"

我娘摸着我的脑袋说:"烧退了。"她想了一下对源来说:"你把老张叫来。"老张是每天拉自备胶皮车送父亲到财政厅办公的师傅。接着吩咐老张:"你把车上的棉兜找来安上(那时是秋天,棉兜是冬天用的),今天拉老爷回来后,早点吃晚饭,九点钟,你拉大少爷到松寿里张家,有人陪他到张勋家听戏。张勋就是辫子大帅,你带点干粮,恐怕要天亮散戏,你在张家花园门口等,把大少爷拉回来,不要让他着凉。"说完就到卧室,拿出一袋"申春阳"的南式糕点交给张师傅。

晚十点正,我和源来到了张家花园。因为言仲老已经介绍我们和张辫帅谈过话,张勋招手叫我们坐在他身边。这时,一出小武戏刚唱完。接着,孙菊仙扮伍子胥出场,高方巾,宝蓝褶子。第一个身段是右手执马鞭左手大幅度抖袖,表现出伍子胥武将的气派,全场彩声雷动,源来也大声叫好。从他的身段、神情看,几乎不能相信他就是一向在台上"泡汤"的孙菊仙。

下面的〔散板〕,如"子胥阌阗门楣地","落魄天涯有谁知",吐字凝炼,苍凉感喟,台步亦法度井然,进退中节。等唱到"一事无成两鬓斑,叹光阴一去不回还……",他用立音、丹田气唱,吐字发音接近王凤卿,但嗓子比凤卿爽朗洪亮。"实指望到吴国备兵转……",转〔快板〕,气口脸中见长,吐字斩钉截铁,看出此老使出浑身解数,与后生们一决胜负。终场时,看的人用热烈的喝彩声把他送进后台。

张勋对我们说:"老孙今天学程长庚,真卖力气。"

他回过头来又对后面几位老先生说:"你们今天听了一出好戏,要谢谢我,我用激将法,憋了他两天,今天他才肯这样卖力。早年他搭梅巧玲的四喜班,我听过他唱《五采舆》中的海瑞,好得很。小叫天也搭四喜班,都是能叫座的当家老生。"

那年张勋是六十九岁生日,第二年他病逝于林垦督办任所。这场戏是我在天津所看的几十场堂会中最精彩的一次。

一九五五年,有一天在护国寺街梅宅,源来弟谈起那次听《鱼肠剑》的事。源来的记忆力比我好,某个身段,某句唱腔的特点都说得上来。梅剧团的管事李春林接口说:"某年,我在前台听孙菊仙的《桑园寄子》,'见坟台不由人珠泪滚滚','人'字的腔转弯抹角,非常凄凉,'滚滚'的腔用立音,好像要钻到云眼里去,真过瘾。我听一位带山西口音、好像钱铺伙计模样的人对旁边的人说:'这一句就够本啦!'可是下面就不大使劲啦。他和谭老板脾气不一样,谭老板唱戏,什么地方该使劲,什么地方轻轻带过,从头到底是一棵菜,抱得紧,老孙高兴时铆上,有时'泡汤'。谭、汪、孙我都陪他们唱过,人性可不一样。汪大头脾气古怪,摸不着他的本性。现在学谭派的多,就因为谭派的玩意儿讲究,肚子里宽敞,唱工、做工、长靠、短打全拿得起,谁也比不了。我和余叔岩至好,他学老谭真有门儿,可是他的嗓子、武工不如老谭,所以也不过七成。有人捧他,说他比老谭还好,这叫瞪眼说瞎话。叔岩要还活着,听到这句话,以为是损他,一定很生气。"

接着我讲了谭鑫培演《战太平》的事。一九五二年,李少春请我堂舅徐勉甫(凌霄的弟弟)听他的《战太平》,以后又请他吃小馆,我在座。席间少春问:"听说您听过谭老板的《战太平》,请您谈一谈。"我堂舅说:"那是民国初年的事,我听过两次,都是日场。那时我在交通部做事,四点钟下班后,急急赶到戏馆里,每次只听了后半出。"少春说:"我就要打听后面几场的身段。据余老师(叔岩)说,谭老板的链子是绝活,不好学,请您把看戏的印象告诉我。"堂舅说:"链子的身段,第一下从右面摔出去,成横一字;接着向左摔也是横一字;第三下是一炷香,笔直往上摔。这三下好看极了,台下炸窝般的叫好。以后,我看过叔岩的《战太平》,没有这样做。"大家说,这三下在台上不过一分钟,私底下不知练了多少时候呢!

梅先生讲了一桩孙菊仙在四喜班的故事。他说:"听我祖母说,孙菊仙搭四喜班是头牌老生,孙老元(佐臣)给他拉胡琴。她对我说:那时,你大爷(雨田)虽然年轻,可是玩意儿跟孙老元差不多,已经成啦。你爷爷(梅巧玲)因为场面老'拿'他(要求加钱),一赌气叫儿子学胡琴,把北京城里的好胡琴、好笛子,什么贾三(祥瑞,是梅老太太的姨侄,四喜班的琴师)、李四、浦阿四……请到家里教儿子。你大爷三岁时就拿把破三弦玩儿,又碰到那么多好老师,拉胡琴就成啦。后来到宫里当差,傍谭老板,还教太监,他的脾气大,连谭老板都得敷衍他。

"四喜班有两把好胡琴,孙老元的年纪大,所以他给孙菊仙拉。有一阵,孙老元给孙菊仙要'贴饼'(当时的习惯,场面的戏份比角儿少得多,所以角儿打算唱得舒服,就得私下买点点心、茶叶送给场面的,称为贴饼),老孙不买账,于是孙老元就给他长调门。有一天,孙菊仙唱《碰碑》,大段〔反二黄〕,唱得又累又不舒服,就跟你爷爷说:'孙老元在台上阴我,调门太高,我受不了啦!'你祖父安慰他说:'你别着急,叫我儿子给你拉。'这时,孙老元对你大爷说:'孙菊仙这老家伙抠门儿,真可恶。'你大爷说:'你放心,我来收拾他。'一天,孙菊仙又贴《碰碑》,你大爷也给定了高调门。第二天,孙菊仙到咱们家告状:'你儿子比孙老元更厉害,"金乌堕玉兔升黄昏时候"〔二黄导板〕这一句,我几乎张不开嘴,照这样下去,我只好辞班了。'你爷爷看孙菊仙的脸都气黄了,赶快说:'我先跟您赔礼,呆会儿,我教训儿子,叫他好好伺候您。'孙菊仙走后,你爷爷把你大爷叫出来,问他:'你为什么给孙菊仙定那么高的调门?害他几乎张不开嘴。'你大爷说:'孙老元告诉我,这老家伙抠门儿,所以我给他点颜色看。'你爷爷一拍桌子说:'你胡闹,孙菊仙是我约来的头牌老生,现在排新戏,正要用他,你为什么跟着孙老元瞎起哄,你以后好好儿给他拉,要不的话,我就不许你再上场。'"

梅先生就这件事发表了意见:"咱们这一行,不能搞平均主义,应该用一把尺子来量每个人的艺术质量,区别对待。当然,主要演员付出的体力、脑力劳动比别人多,所担的风险比别人多,他享受优厚待遇是理所当然的。然而,乐队方面对一场戏的演出关系也不小,鼓、胡琴、二胡、大锣、小锣都跟演员血肉相连,严密配合。罗六(文田)的一锤大锣能把舞台气氛提起来;又如王大少(少卿)参加梅剧团,他拉二胡比徐大爷(兰沅)的待遇少,可我觉得他们共同设计唱腔,大少出的力不比徐大爷少。我关照玉芙,私下再补他一点钱,与徐大爷一样待遇,这在剧团已是公开的秘密。但徐大爷从来没有在我面前露过一点口风,也从来没有提出要增加戏份,这当然是他的戏德和气度。同时,他手里也有一把尺子,他知道王少卿能吃几碗饭,所以心平气和,决不争论。"梅先生最后说:"我在美国、苏联接触的演员、乐师,他们好像在经济上不成问题,乌兰诺娃的钱很多,随意花。其他的人根据本身艺术质量,都得到了应有的待遇,可以专心致志地从事艺术创造。我们的旧班社有许多不好的习惯,要扭转这种陋习,现在必须加紧培养一批德才兼备的人,量才施用,提高他们的艺术水平,还必须反对那些吹牛拍马的投机分子。但更重要的是领导必须关心他们的生活,为他们提高艺术水平创造条件,延长他们的艺术生命。"

以上梅先生的一段话是他从实践中总结出来的经验,但他关照我不要发表,以免产生副作用。二十七年过去了,我违反他的嘱托,大胆地、如实地写了出来,知我罪我,所不计也。

最后,我讲两桩孙菊仙的故事,可以看出他的艺术风格和道德品质。

陈彦老和孙菊仙很谈得来。他对孙的行腔、用气有八字评语:"天马行空,奇峰突起。"他说:"有一次,我为他在台上拉《碰碑》,唱法与谭不同,但独树一帜,痛快淋漓。当唱完〔反二黄〕,后边有几句〔散板〕。第三句'看过了青铜刀前把路找'的'找'字照例有一个上句的腔,他唱到这个字,戛然而止,不行腔。唱完了,孙菊仙说:'今天唱得痛快。'我笑着说:'你的"找"字很奇,我几乎找不着。'"

有一年,我在堂会戏里听到孙派票友陈刚叔(玩票时署名天罡侍者)唱《三娘教子》,唱毕我对他说:"您的唱法,颇有气势,是否跟孙菊仙学过?"

陈刚叔说:"他教过我,但我多半是听来的。现在男角、坤角都学孙派,其实学的都是皮毛,他的咬字、行腔、用气,新奇而不怪,这一点是谁也学不了的。"陈刚叔最后说:"老孙是个奇人,他不为名,不为利,他一生不照戏像,不灌唱片。但晚年还看到他在为募款义演,这就令人肃然起敬了。"

附二:汪桂芬二三事

当我的外祖父徐仅叟先生教了我二十几出昆曲后,十三岁那年,我醉心于摹仿谭派,因为我的嗓子是云遮月,我把《长生殿·弹词》的唱法运用到谭派唱腔中去,谭鑫培的朋友陈苍虬(仁先)很夸我有点味儿。我还和苍虬的堂弟陈觉先研究谭派唱法,觉先在清末曾跟着苍虬到谭家听鑫培吊嗓。

有一天,我在干唱《秦琼卖马》的〔西皮慢板〕:"店主东带过了黄骠马……"一段,外祖听见了就对我说:"你学小叫天,他的嗓音尖窄单薄,听过程长庚的嗓音沉着雄浑,再听谭鑫培就不解渴。现在我教你一段程长庚的《天水关》。"他自拉自唱了那段〔二黄慢板〕："先帝爷在白帝城龙归海境,传口诏将大事付与老臣。命老臣保陛下将社稷重整,命老臣将孙曹一旦扫平。臣上本并无有别事议论,望陛下准臣本臣要发兵。"

汪桂芬

外祖教了五遍,我就会了,我觉得直腔直调,不合我的胃口,但他的行腔、用气、出字、收音,沉着简洁,分量很重,我唱起来单薄,因为我还不能掌握脑后音、丹田气。有一天我在亲戚家里唱这段程长庚的《天水关》,拉胡琴的跟不上,对我说:"你这种唱法很特别,我从来没有听过,恐怕别人听了也不会欢迎,我劝你还是唱谭派。"以后我就没有再唱《天水关》。现在看来,知道程长庚唱法的人越来越少了,我们只能从学他唱法的汪桂芬(他曾为程长庚操琴)那一派里,了解到他唱的一些特点。

一九一六年,梅兰芳、王凤卿到杭州第一舞台演出,我听王凤卿的《文昭关》,觉得耳熟,在步行回家的路上,琢磨这位冠以汪派须生头衔的唱法,我的确听过。回到徐家,外祖已经上床,我睡在他旁边的一张床上,忽然想起外祖唱《天水关》第一句的唱法,与王凤卿所唱《文昭关》〔二黄慢板〕"一轮明月照窗前"非常相似,特别是"实指望到吴国借兵回转,又谁知昭关有阻拦,幸遇那东皋公行方便,他将我隐藏在后花园……"这几句干板垛字,异常简洁,与《天水关》的几个"命老臣"的唱腔,提气用脑后音的味道如出一辙。接着又听了《取成都》、《华容道》,更感兴趣,因为他给我一种古朴苍劲的意境。以后,听梅的戏,必听王凤卿,而这种汪派正宗的唱法,已如凤毛麟角,没有厚实的嗓音是无法摹仿的。

二十年代,我每年从天津到北京来两次,目的是探亲、听戏、吃小馆、逛琉璃厂。堂兄伯明当时担任保定中国银行经理,他经常在北京,常带我到程砚秋家串门。他本属梅党①,同时又和罗瘿公都成为程党的积极分子,因为程四先生是梅先生的学生,所以梅党都喜欢他。

伯明还带我到大马神庙王家去,那是一个最有趣的地方。从一条小胡同进去,先到北院,王瑶老就住在这里,以后凤卿买了南院的地重盖而分居。瑶卿无子,凤卿的儿子王幼卿过继给瑶卿,所以幼卿就住北院的南屋,瑶卿住北屋。我去的时候,多半到瑶老的卧室兼客厅"古瑁轩",瑶老能画花卉翎毛,还喜欢玩旧玉。瑁是三代古玉,古代朝会时,诸侯执圭,天子执瑁,我曾见原器,是一块白色不透明的玉,古董行称为"鸡骨白药铲"。《戏曲艺术》一九八二年第五期,刊有姚玉芙的儿子姚保瑄写的《古瑁轩见闻录》,有详细介绍,兹不复述。在五十年前,这里是一个戏曲俱乐部,晚上陆续上座,四大名旦、各种行当的名演员、票友、画家、剧作家、琉璃厂古玩铺的掌柜和伙计,还有各式各样的王门弟子,"通天教主"的外号就是在这种气氛中传开来的。王瑶老的弟子中有三圣母——金灵圣母、龟灵圣母(王玉蓉)、火灵圣母(华慧麟)。当时还只有金灵圣母碧云霞,她是张君秋夫人谢虹雯的母亲,她手面最大。

有一次,我和夏山楼主韩慎先(德寿)在前门外陕西巷恩成居吃饭,餐毕,我提议到大马神庙找凤二打听汪桂芬的事。慎先看表说:"才八点半,他们还没有吃晚饭,要十一点才上座,咱们先到附近串个门再去。"

那天,我们直奔南院北屋,看见有朱素云、曹心泉、桂月汀……他们正在谈论书画碑帖、磁铜玉石、梨园轶事,我和凤二先生寒暄一番后就说:"请您谈一谈汪桂芬唱《战长沙》的情形。"

"汪桂芬的《战长沙》是学大老板(程长庚)的。他揉脸身段不多,但端重有威,在宫里,我曾看他演此戏,是谭老板的黄忠,都有分量,可以说是旗鼓相当。"

"汪的武工如何?"我问。

"汪桂芬的关公有一招",凤二爷从炕上下来,站着做了一个举关刀的姿势,笑着说:"谭老板说它是'掌心雷'。"接着分析这句话的意思:"汪桂芬的神情严

---

①伯明大哥是日本士官学校中国籍第一期的学员,同学有冯幼伟(耿光)、舒石父(厚德)、陈蔼士(其采)……辛亥革命时,伯明因和陈英士(其美)是亲戚,由他介绍而参加了同盟会,陈其美做沪军都督,任伯明为军械局长。二次革命失败后,伯明到了北京,袁世凯请他做空头参议,每月送三百元,养起来。他就以听戏为消遣,以冲淡袁世凯对他的疑忌。民国初年,梅兰芳在上海大受欢迎,于是社会上对这些士官学校的留学生就称之为"梅党",接着就有"尚党"、"程党"、"荀党"。这个党字是从革命党化出来的。

肃,合乎关公的身分,但武工非其所长,'掌心雷'是说他举刀亮相有点'羊'(是内行对武工不够扎实者的术语)。然而,谭认为有汪在,他来黄忠最合适。因为他重回三庆班效力,常陪大老板演黄忠,由此而得名。"

以后,姚玉芙兄曾对我谈起凤二和汪桂芬的关系。他说:"凤二曾把汪桂芬请到家里来说戏,但汪桂芬说:'我虽然教你,可不要叫我师父,咱们兄弟相称。'好像汪桂芬没有正式收过徒弟,但教凤二是一字一腔细抠的,像《文昭关》、《取成都》、《朱砂痣》、《取帅印》、《钓金龟》……都得到真传,学汪派数凤卿最地道。"

我曾问梅兰芳先生:"汪桂芬与王凤卿,您对他们如何评价?"梅先生说:"凤二爷的脑后音最像汪桂芬,所以他喜欢唱并嘴音,张嘴音不如汪桂芬响堂。我排新戏,他接到单本后,往往把'怀来''发花'等张嘴音辙改成'衣欺''人辰'并嘴音辙。他有文化,本子都是自己改,无须别人帮忙。"

有一次我问姜妙香先生看过汪桂芬演戏没有?他说:"我看过不止一次,但已非全盛时代,嗓子就跟凤二差不多啦!"他又说:"凤二的嗓子虽比汪桂芬差一点,但武功超过汪。王氏昆仲曾以每月五十两白银请钱金福在家里教把子身段,所以他们的武功到家。我记得某年在上海大新舞台,梅大爷、凤二爷合演《武昭关》,伍子胥的身段边式极啦!这出不到一小时的短戏,最高票价三元,能叫进三千多人,还要加座,真不简单。"

关于汪桂芬玩世不恭、戏弄亲贵的遗闻轶事很多,这里只举一件事。某王爷家堂会,有汪桂芬的《文昭关》,由于他常常临阵脱逃,到了后台就有两个人监视他,当他穿上彩裤、靴子,在化妆时,监视的人就忙别的事去了。等到《文昭关》快上演时,伍子胥不见了,就报告王爷,王爷大怒,派人把他抓回来打板子。在一家小酒铺门外,围了许多人,原来汪桂芬自拉自唱《文昭关》,王府的人就进去拿链子把他逮住向王爷复命。王爷叫他先唱戏,唱完了再打他。那天汪桂芬的《文昭关》特别使劲,全场彩声雷动。王爷听得十分过瘾,当管事的请示王爷打多少板子时,王爷笑着说:"汪大头今天唱得卖力,将功折罪,不打了。"还叫人给他预备饭。

谭派的影响

　　京剧成为全国性剧种是依靠奠基人安徽的程长庚、湖北的余三胜、北京的张二奎的创造奋斗而日趋完善的,而谭鑫培汇集各家之长,融会贯通,唱做念打无不精能,自成表演体系,为后来者树立了典范。

　　谭鑫培生于道光二十七年(一八四七),殁于民国六年(一九一七),整七十年(虚龄为七十一岁),他的舞台生活相当长,逝世前还被迫带病为军阀陆荣廷演出《洪羊洞》。

　　晚清时,京剧舞台上三大流派——谭鑫培、汪桂芬、孙菊仙,都是老生行,但影响最大的是谭派。

　　继起的余派(叔岩)、言派(菊朋)、高派(庆奎)、马派(连良)、麒派(周信芳艺名麒麟

谭鑫培剧照

童,他曾在全国剧协举行的一次座谈会上讲研究谭派心得)、杨派(宝森)都与谭派有直接间接的血缘关系。

　　他的孙儿谭富英同志在祖父影响下,根据自己的条件,成功地演出了不少历史人物,但最使我难忘的是他在《正气歌》中扮演的文天祥,他以肃穆的神态,凝重的唱念,在舞台上树立了文文山的光辉形象。我记得梅兰芳同志看了《正气歌》后,对我说:“富英的文天祥真正做到临危不惧,从容就义,这跟他的高尚品德的素质有密切关系;酝于中,形于外,不是偶然的。我觉得京剧界有这样一位德才兼备的演员,值得骄傲。”

　　曾孙谭元寿至今还在舞台上演出唱做繁重的文武老生戏,足以说明谭派源远流长,后继有人。

少年时坎坷遭遇奋发自强

谭鑫培享名数十年,入宫后,受到慈禧赏识,成为红差使,从光绪十六年到宣统初年,达二十年之久;入民国,又被观众誉为伶界大王;梁任公题他的画像:"四海一人谭鑫培,声名卅载响如雷。"好事者说:"有冏皆为珺(王珺),无腔不是谭",可以证明人们对他的倾倒。但从他少年时的遭遇看,经过的道路坎坷曲折,并不是一帆风顺的。也正由于受到恶劣环境折磨,才促使他刻苦学艺,奋发自强,终于成为文武昆乱不挡,唱做皆优的全能演员,请看下面的叙述。

谭鑫培幼年坐科"金奎班",谱名金福,初习文武昆乱老生,嗓音高亮,小叫天的称号,就是那时得的;变嗓后,改唱武生。当时的风气,老生的地位最高,这就使他父亲谭志道很不高兴,常常遭到叱责,而同辈也加以白眼。谭鑫培在这样恶劣环境中,勤学苦练,孜孜不倦,下决心演好武生。由于在北京搭班,不受重视,就到京东河北一带跑野台,那是很艰苦的生活,风霜雨雪,奔波劳碌,还经常当配角。他扮演《金钱豹》的孙悟空,必须接飞叉,谭的身轻艺精,有时跃起三四尺高把叉接住,还撺踝子,这些难度很高的跳跃动作,应付裕如,从未失手,可以说明他的腰腿功夫已经达到惊人的程度,为后来改演老生奠定了基础。晚年常演的《碰碑》的卸甲丢盔的动作;《打棍出箱》的踢鞋;《探母回令》直起直落的"吊毛",这些精彩的表演,为内外行所交口称颂,衷心佩服。

一九五一年,我在北京护国寺街梅宅和谭小培兄(嘉宾,是谭鑫培第五个儿子,小荣椿坐科,演老生,是谭富英的父亲)聊天,谈起老谭演猴儿接飞叉的特技。小培告诉我一桩故事:"先父在六十多岁时,有一天与我岳父德珺如在烟炕上闲聊,谈起'飞脚过桌'的身段,老爷子那天兴致很好,就说:'我试试看,还行不行了?'停了一会儿,他叫我把琴桌拉到当中,铺一块地毯,起泲儿①,一

---

① "泲"字是徐兰沅创造的,这个字的涵意是指表演中的劲头的起止,一般都写作"泛",不能说明问题。

个飞脚就过了桌子,还是非常利落。"他接着说:"先父早年以短打武生出名,还演过武丑,《连环套》的黄天霸、朱光祖;《三岔口》的任堂惠、刘利华两个角色都演,这些角色是讲究翻打的,手把子最见工夫。南方享盛名的短打武生李春来是先祖的学生,和先父是师兄弟。"

程长庚识拔是转折点

谭鑫培的转折点是从京东回京，受到程长庚识拔，回到三庆班效力，演武生渐露头角，拿手戏有《恶虎村》、《翠屏山》、《五人义》……戏曲画家沈蓉圃所绘"同光十三绝"群像，谭的代表作是《恶虎村》的黄天霸。

清"同光十三绝"图中
程长庚所扮的鲁肃

以后，程长庚对谭说："你的个子矮，口大，演武生不能见长，要戴上'髯口'（即胡子）就合适了。"谭鑫培记住这句话，二十五岁后，武生兼演老生。有一次程长庚演《战长沙》饰关羽，派谭鑫培演黄忠，那次很成功，受到观众注意，地位就提高了。

我的表兄言简斋说："入民国后，老谭曾在总统府演过《战长沙》，我幸运地看到了他扮演的关公。"简斋强调指出："与他常演的谭派戏大不相同，谭揉红脸，身段简练，凝重有威。我的印象概括为'骨重神寒'。看来名家摹仿前辈的表演，有他独到的见解，不是依样画葫芦的。"

京剧老生分安工、靠把、衰派。安工以唱为主，动作简单，如《二进宫》、《上天台》……靠把则顶盔贯甲，气象威猛，必须武工扎实，如《定军山》、《战太平》……衰派多属悲剧，唱做并重，如《天雷报》、《桑园寄子》……

评论家认为，安工往往拘谨呆板；靠把又易倾向粗野，失去大将风度；演衰派的多半嗓音不佳，以卖弄技巧追求舞台效果。而谭鑫培改演老生后，三种类型角色均能掌握分寸，恰到好处，陈彦衡先生对他有精确的论证。

陈彦衡对谭鑫培的评价

谭鑫培博采众长，融会贯通，他演《举鼎观画》的徐策是安工兼衰派；《碰碑》的杨继业则衰派兼靠把；《坐楼杀惜》的宋江、《汾河湾》的薛仁贵，在安工衰派之间；《卖马》的秦琼、《打棍出箱》的范仲禹，于三派之外，独创一格。多年来，大家致力于谭派唱腔的摹拟，其实他的身段神情，变化多端，耐人寻味。京剧音乐家陈彦衡提出了特异的看法：

　　　　身段与神情相表里，古人揖让进退，周旋中规，折旋中矩，身段之最佳者也，而渊穆之神，即寓其中。鑫培摹写戏中情节，惟妙惟肖，不即不离，正如初写《黄庭》，恰到好处，固由于其富于思想，能揣摩社会人群之心理，而趋跄举止之间，一种雍容名贵气象，尤足动人注视。鑫培尝谓余言：戏中作工，以哭笑为最难，以其难于逼真也。然使果如真者，亦复何趣。

陈先生同意谭的论点：

　　　　旨哉斯言，参透此诀，思过半矣。虽然神情不离乎身段，唱白尤赖乎神情，四者相辅而行，不能偏废。习声调者，身段神情顾可忽乎哉。

这一段话，提纲挈领地指出艺术与生活的关系，也就是说，艺术来源于生活，经过加工组织后，高于生活的现实主义表演法则。

陈先生还告诉我："有了天赋的嗓子而不能运用自如，不是完整的东西。鑫培的嗓子晚年长了调门，更觉悠扬动听，得力于养气：……夫气，音之帅也，气粗则音浮，气弱则音薄，气浊则音滞，气散则音竭。鑫培明乎养气之诀，故其承接收放，顿挫抑扬，圆转自如，出神入化，晚年歌声清朗，如出金石，足征颐养功深，盖艺也而近乎道矣。"

他进一步从中州韵、尖团字谈到发音部位——共鸣的运用：

"梨园教授戏曲，以尖团字、中州韵为不二法门，尖字以舌尖抵齿，合两字为一音而急读之，如'先'曰'思烟'，'秋'曰'此由'之类。团字有上口不上口之别。或谓南音多尖，北字多团，惟河南土语，尖团分明，故谓之中州音，是仍指尖团而言。夫质言之曰尖团，细言之则唇、舌、齿（门牙曰齿）、牙（后齿曰牙）、鼻、喉、腭、颊各有专习，互相为用。鑫培此等处，工力最深，其运用之妙，五花八门，不可思议，神而明之，存乎其人，匪可以笔墨罄也。"

四十年代，我在上海由于谭和庵兄的介绍，认识了他的弟弟谭小麟教授，谭小麟是留学美国获得音乐博士学位的作曲理论家。我和他研究陈彦衡先生的论点，他说："我搜购了一千多张戏曲唱片，研究他们的声腔，觉得谭鑫培的发音部位、共鸣、用气都是科学的，但最难得是'胸腔放松'，这是歌唱领域里的最高境界。"

谭派票友罗亮生曾对我说："某年，谭鑫培到上海演出，我每天在前台听戏。有一天，因为前台没有好座，就站在台上听（当时的习惯，台上可以站人，有时还加座卖票），从前台看，谭的面部肌肉没有显著运动的迹象，那天在台上听《乌盆计》，因为鬼魂刘世昌是站在台口一个固定位置唱大段〔反二黄〕，我和他距离只有四五尺，只见他唱时，后腮脖子和背心部位的肌肉，活动得非常频繁。"

从这件事联想到当年科班训练学徒，一定有严格规定，要保持正面形象美观，不许跑眉毛、龇牙咧嘴，所以养成这种习惯。

我想起看梅兰芳先生的戏，在唱时，面部肌肉运动，也是非常适度，特别是口形保持美观。在抗日战争时，离开舞台八年，日本军阀投降后，重登舞台，唱高音时比较吃力，他尽量避免正面相，例如《霸王别姬》"巡营"的〔南梆子〕："……且散愁情"的高腔，他扯着斗篷转一个身，为的是不让观众看见口形。

有一年夏天，梅先生在上海马斯南路客厅里穿一件汗衫吊嗓，王少卿操琴，梅的习惯，在家里吊嗓比台上的调门要高一点。我坐在沙发上，只见他后腮脖子及后胸部肌肉运动得非常剧烈，看出他运用肺部共鸣，这就是谭小麟所说"胸腔放松"的反映。

还有，王幼卿是凤二先生（王凤卿）的儿子，初唱汪派老生，后改青衣，中年塌中，不能登台，梅夫人把他接到上海教葆玖。有一次他给葆玖吊《三娘教子》，"您道他年小心不小"的高腔，葆玖唱得很饱满，但幼卿把胡琴停下来说："你的口形不好，龇牙咧嘴，必须改正。"他就哼了两遍，葆玖再唱这句，果然纠正过来了。他对我说："老生有髯口挡住嘴，青衣的口形很重要，如果龇牙咧嘴，可难看哪。我改青衣后,大爷(瑶卿)给我说戏,非常注意口形。他嘱咐我,将来如果教徒弟,开头必须把口形教好,成了习惯是很难改的。"

从以上例子可以看出,中国戏曲传统的歌唱方法,不仅符合美学原理,更重要的是掌握发音部位的共鸣,以减轻声带的负担,可惜这些方法,并不是每个演员都得到真传而豁然贯通。有的演员,具有天赋佳嗓,但不能运用自如,使声带长期负担过重,突然发生病变,从此一蹶不振,默默地离开了舞台。

陈彦衡与谭鑫培的龃龉

陈彦老说:"戏班里的人都怕老谭,说他脾气高傲,不好对付。我觉得他对文人、诗人是非常敬重而谦虚的,像延煦、孙春山、罗瘿公、梁任公、陈仁先和他都有来往,并对唱词、念白、音韵方面指误纠差。谭所演的戏,都经过拆改整理,就得到这些外行朋友的帮忙。我和他相处多年,常为他吊嗓及修改唱词、唱腔,例如《南阳关》里的'麻叔谋,使长枪,鞭插在马鞍桥',词和腔都是我改的。

"有一次得罪了他,弄得很不痛快。某年,他应女婿夏月润的邀请,赴沪演出,当时为他操琴的是裘桂仙。老谭对我说:'我约你到上海逛一趟,送你千元,聊表微意。'我说:'让我想一下再决定。'我觉得这样对不住裘桂仙,我和裘是老友,我并不想下海,何必抢他的饭碗。第二天就把这层意思告诉老谭,但他说:'你不必多虑,裘桂仙的包银我照给。'我还是不答应,谈得不欢而散。等他上海回来,我们还是照常往来。有一次,王君直、丁辑甫等举办义务戏,谭演两天。老谭一生对赈灾及为同行募捐是从不推辞,助人为乐的(附一)。商定戏码《桑园寄子》、《碰碑》,请我操琴。当时瑶卿的嗓子已不能唱二黄,《桑园寄子》里'走青山望白云家乡何在……'的〔慢板〕,老生、青衣、娃娃生对唱,末句青衣唱'何日里到潼关才放心怀','心怀'二字叫散,有个往上翻的高腔,老谭的调门高,瑶卿够不到,一向由陈德霖陪他唱,这时陈德霖有事,不能参加义演。王君直问老谭:'青衣找谁?'谭答:'到东边去问问。'当时,谭住大外廊营,梅兰芳住鞭子巷,王君直说:'我们去约梅兰芳。'就这样说定了。这两天戏,都是我拉的,梅兰芳以一个年轻演员,第一次陪老谭唱戏。我看他并不怯场,满宫满调地唱完了《桑园寄子》(附二)。

"第二天,我拉《碰碑》,唱到〔反二黄〕转板〔回龙〕,'我的大郎儿'的'儿'字,照例有个长腔,我看他没有换气,知道他阴我不拖腔,就垫了个小过门,没有当场出彩,我想他是记着上海的碴儿报复。可是听戏的老观众、老票友纷纷议论说:'老谭阴陈十二。'

"隔了几个月,同仁堂乐家请老谭唱《捉放曹》,老谭事先约我到乐家走一趟票。他和乐家有交情,是不受酬报的,亲自坐了马车接我同到乐家。那天,场面、配角都是乐家约的,我看见打鼓佬是一个年轻小伙子(按:即杭子和),就对老谭说:'应该找他说说。'他说:'这是常演的戏,我都有肩膀交待,不用说了。'当唱到〔二黄慢板〕:'自有那神灵儿天地鉴察',以下行弦,老谭要转过身去饮场,等翻过身来投袖叫板唱:'看此贼睡卧真个潇洒',打鼓佬不知老谭的习惯,很快就开出起唱的点子,老谭只得匆忙转身开唱,显得很不款式。在马车里,老谭对我说:'您刚才要我找打鼓佬说戏,我没有听你的,后面唱得赶落。'我笑着说:'这不能怪他,因为头一次给你做活,不知你的习惯。'"

陈先生讲完这个故事,我问:"您能否从胡琴上想办法,扭转这个局面?""我可以照样行弦,不转开唱过门,暗示打鼓佬,就不致受窘了。"陈老强调说:"老谭唱《碰碑》不拖长腔是有意阴我,我是无心。当年他约我合作,被我拒绝了,这是因为像我这样世家子弟,下海搭班,会被亲友指摘歧视的,这件事我对他抱歉。可是我熟悉戏班的情形,这碗饭不好吃,我的性情又不能随波逐流、低头服小,所以民国十一年梅兰芳约言菊朋到上海演出,菊朋请我给他操琴,以后,我还是没有正式下海。"

附一:一桩扶危济困的故事

我曾听谭小培兄讲一桩谭鑫培扶危济困的故事。他说:"大约在光绪末年,有一天清晨,大外廊营门口来了一位少年和尚,跪在地下叩头,问他是否化缘?他说不是,我要请谭贝勒(这是民间口头语)救我一救。问他什么事,他又不肯说。午饭时,我父亲起床后,知道此事,就到门口,对和尚说:'我就是谭某,你有什么为难事告诉我。'和尚连连碰头,额角起了一个紫血泡。老爷子就把他扶起来,同到屋内,给他沏了一杯茶。和尚说:'我是江西某丛林的和尚,因为庙宇烧毁重建,疏头上要盖一块御玺,才能化缘。方丈叫我带了五千两银子,到北京来设法盖上御玺。我住在店里,就有一个人对我说:他能办,先拿几百两银子去打点,我就给了他,可是十天半月,不见回音。于是第二个、第三个都说我上了当,他们拍胸说有门路,还是先要银子去运动,照样信息全无。后来我照他们的地址去找人,全是假的。店中住了半年,钱也快花完了,回去不能交差,我打算悬梁自尽。店里掌柜的看我可怜,就说:'你只有找谭贝勒,他在宫里是红差使,只要他答应办,准有门儿。请您救救我!'说着又跪下碰头,皮都擦破了。老爷子说：'我找人打听一下，你过两天听信儿。'于是老爷子就找崇文门监督商量。他说：'这件事只有皮硝李（李莲英）能办，但此人只认得钱，你叫他预备三千两银子，我给他办。'老爷子把此话转告和尚，和尚手里只剩三百两银子。于是老爷子就向熟人募捐，题目是重修某某古刹，募到了二千多两银子。还差五百两银子，正巧天津来约他唱戏，包银是三百多两，自己掏腰包添了一百多两，凑足三千两，交来人转到皮硝李手里。几天后就拿到盖了御玺的疏头，这和尚欢天喜地而去。"小培说到这里停顿了一下，我接着问，这个大庙叫什么名字，崇文门监督是什么人？小培说："老爷子没有谈起，我们也不敢问，他的脾气给人帮了忙，从不讲的。当年老辈都有这种阴骘，像这里梅老太爷（巧玲）就最喜欢帮助别人，所以笔记里称他为义伶。兰芳也像他爷爷一样，一生唱了千百次义务戏之外，还把钱塞到朋友口袋里，再三叮嘱不要对别人讲。咱们这一行讲义气，这是外行都知道的，像肖长华省吃俭用，舍不得花钱，可是为本界扩展义冢、施棉衣等，他是大把掏钱，决不吝惜的。"小培说到这里，又回到和尚本题。他说："有一年，我带了富英到上海唱戏，坐海轮回来，我们坐的头等舱，在大餐间里，同席有一位老者，闲谈中知道我们是谭家的后代。他说：'幸会得很，你父亲谭老板在江西做过一件好事，我是无意中知道的。某年，我在江西某某县做知县，当地有个大庙，香烟很盛，我也常去和方丈聊天，我看到最后一层老是锁着门。有一天，我问：'这殿里供的是什么菩萨？'老和尚说：'别人是不让看的，我打开来给您瞧，这里还有一桩故事呢！'就从身上掏出一把钥匙，亲自开了门，让我进去，随即又把门掩上，只见这所殿房空荡荡的，只有一张供桌，神龛内供着一个朱红金字牌位，我走近细看，上写'施主谭鑫培长生禄位'。我说：'谭老板是内廷供奉，是最享盛名的好角，你们供他的长生牌位做什么？'老和尚说：'谭老供奉，当年救过我的命。'他就讲了这桩在疏头上盖御玺，使他可以回到江西交差的故事。以后，老方丈圆寂时，把衣钵传给他，他做了方丈后，就在殿里供了你父亲的长生禄位。'"小培兄说完这桩故事后，补充说："可惜我们当时在船上，没有把江西的县名、大庙的名、老和尚的法号，以及这位知县的姓名记下来，现在都说不上来了。"

姬传按：和尚口中所云御玺，应为僧录司印，僧录司是北京专管佛教的机构。在当时制度，一般庙宇疏头上只需申请本地县署盖印即可，如大丛林则必须盖僧录司印，方可据此化缘募款。然僧录司盖印，亦须行贿送钱方能迅速获得批准也。

附二:梅兰芳和谭鑫培第一次合演

梅先生说:"辛亥革命后,田际云、谭鑫培创议成立工会性质的'正乐育化会',以代替升平署管辖的'精忠庙',公推谭鑫培为正会长,田际云为副会长。民国元年冬,谭等发起为正乐育化会筹募基金义演,委托王君直、陈子芳、丁辑甫、李丙庵组织两天义务戏,地点为天乐园。王君直等约我陪谭老唱《桑园寄子》,我一口答应,当时我觉得这是谭老提拔我。早年他搭四喜班,挑大梁,我祖父很捧他,所以我祖父逝世后,每年春节,他必来我家,到上房向我祖母拜年,两家的关系是非比寻常的。但是,冯六爷(幼伟)、许伯老(伯明)、舒先生(石父)都很紧张,认为第一次与老谭配戏,倘或出点差错,影响我的前途,其实我心里有谱。那时,我与贾洪林同搭一班,像《桑园寄子》、《武家坡》、《桑园会》等和贾先生是常常合演的,他是谭派。那天,我到后台请谭老对词儿,他问:'你跟谁学的?''吴菱仙。''跟谁唱过?''贾洪林。''那就甭对啦,我都有肩膀交待。'"梅先生回忆那次演出,露出愉快神气说:"和谭老第一次合作,觉得唱念盖口(唱念中双方衔接的词句)、身段、部位,给我留的尺寸恰到好处,非常舒服。例如:'手攀藤带娇儿忙登山界'的身段,他一手拉小孩,踩着锣鼓点,一手做攀藤登山的样子,同时甩髯口,李五的鼓点子,紧密地衬托着身段,造成山路崎岖、艰难跋涉的舞台气氛,就像真事儿那么紧张动人,我跟在小孩身后,一同做攀登动作,所以看得清楚。以前和贾洪林合演这出,这组身段也做得很到家,但比起谭老来就不如他既准确又自然。以后我和余叔岩在喜群社合演《桑园寄子》,对戏时,我谈起与谭老合演的情景,叔岩说:'那次我在台下听戏,又要学腔,又要学身段,耳朵、眼睛一刻不能休息,回家后,倒在床上就睡着啦。半夜里,想起"手攀藤……"的身段,就起床摸着黑到客厅里,把洋灯(即煤油灯)点上,连哼带做练身段,拉小孩,甩髯口,从椅子登上桌子时,把条案上的磁帽筒碰到地上,砸碎了,都顾不得打扫磁片,接着把这套身段做完了。'他最后说:'谭老师这出戏是跟我爷爷(余三胜)学的,我没赶上看爷爷的戏,现在从谭老师那里学回来,我觉得这是做小辈的一件大事。但我只学到七成,比起老师来,没有他那么自然。当然,您和老师演这出,他已经六十多岁,既得到名师传授,又有几十年火候,所以谁也比不了他!'"

最近梅先生的表弟秦叔忍看了我这节稿子后,补充说:"在老谭与梅大哥演《桑园寄子》后,民国二年,我在文明茶园听戏,大轴老谭《乌盆计》,倒第二梅兰芳的《祭塔》,都有大段〔反二黄〕,梅大哥特别铆上,要与老谭比赛一下,'未开言不由娘珠泪双流……'一段反调有八个大腔,不许雷同,是最见功夫的青衣唱工戏,二十岁的小伙子扮白娘子,正是精气神充足的时候,他字正腔圆,满宫满调地博得全场喝彩声,而'峨眉山苦修炼千年时候'的高腔是最高潮。老谭也不示弱,他扮刘世昌在赵大家服毒后从里场椅翻出桌子,以及摔发等身段就很精彩,等唱到'未曾开言泪满腮……'的大段〔反二黄〕,老头儿使出浑身本领,也是一句一个好,当唱到'劈头盖脸洒下来'的高腔,声如裂帛,贯满全园。"秦三爷还谈了场内观众的情形:"那天听戏的都是行家,当梅、谭出台后,台下静极啦,几乎连掉一根针都能听到,我现在谈起来,还是回味无穷的。"

谭鑫培的影片、蜡筒、唱片

吴震修先生告诉我："一九〇五年的一天，我走过北京琉璃厂丰泰照相馆，看见有人在拍电影，细看是穿了黄靠、戴白三(胡子)、手拿象鼻刀、扮黄忠的谭鑫培，我就站定看他们摇镜头，拍的是《定军山》耍大刀的片段。以后，在前门外大栅栏大观楼，看到这个片段，还看过武生俞菊笙与武旦朱文英拍的《青石山》的对刀；俞菊笙的儿子俞振廷拍的《白水滩》、《金钱豹》的片段，都曾在大观楼放映过。"梅兰芳先生说："这些电影底片，早已没有了，但现在看到这些老前辈的剧照，就是当年拍电影时照的。"

先母曾说："你从小就是戏迷，五岁时，二叔(友皋)买了唱机、蜡筒(这是唱片的前身)开放时，很爱听，有时还叫好。"我仿佛记得唱机是长方形，好像缝纫机的样子，把罩子拿下来，有一个金属圆筒，把蜡筒套上去，再把针头按在蜡筒上，拨动开关，就发出歌唱音乐，针头是从里往外走的。第二年，莹甫二舅到苏州来看望我的母亲，二叔就把蜡筒放出来请他听，都是名角，什么汪桂芬、谭鑫培、龙长胜……二舅听完了笑着说："都是假的，我下次带两个叫天的蜡筒送你。"

这些唱机、蜡筒是乌利文洋行出品，买唱机，附带十二个蜡筒，构造简单，自己就可以录音，梅先生的伯父梅雨田是行家。

隔了几年，一天，二叔提了个方形的包袱回来，很得意地对我说："今天你可以听到真正谭叫天的唱片了。"说着就把包袱打开，那是一个紫色木头方盒子，插上喇叭，把唱片从米色纸套里抽出，片心有手工刻的字：百代公司、谭鑫培、洪羊洞等字样。把唱片按在唱机上，针头是金刚钻，不是钢针，拨动开关，就听见："百代公司特请谭鑫培老板唱《洪羊洞》。"头一面听的是《洪羊洞·病房》，杨延昭对八贤王唱的〔快三眼〕："自那日朝罢归身染重病……"，觉得从来没有这么好的歌唱音乐，翻过来再听是外国音乐，大失所望。二叔说："还有好的。"又开第二片，《卖马》是"店主东带过了黄骠马……"，两面是一段完整的〔西皮〕，听

150

得过瘾极了。我要求再听,二叔也要听,叔侄二人把这三面唱片,连听了五遍。我那时已会唱昆曲,觉得从唱片里学唱并不困难,这是我醉心谭派的开端,给了我深刻的印象。若干年后,我才体会到这三面是谭鑫培所灌唱片最标准的尖端,因为是梅雨田的胡琴,李五(奎林)的鼓,当年在清宫戏台上,慈禧太后听的就是这三个人。我还要感谢百代公司主持人为我们保留了这十分钟的资料,恰是祖国戏曲音乐遗产中的珍品。

以后,百代公司又出了《捉放曹》、《探母》、《碰碑》、《乌盆计》、《桑园寄子》、《战太平》、《打渔杀家》等十二面。一边听谭鑫培的戏,同时听唱片,自以为学得很像了。二十三岁那年,我在天津见到陈彦衡先生,我们有世交,称他为世叔,先父冠英公对他说:"小儿喜欢学小叫天,你教教他。"有一天,我到他家,陈老说:"你唱一段给我听。"就把胡琴从橱里取出来,问我唱什么?我答《洪羊洞》〔快三眼〕,接着又吊了《卖马》、《捉放》的〔西皮〕,《碰碑》的〔反二黄〕。他说:"你有昆腔底子,四声和出字收音都不错,就是嘴里喷口的劲头,还不够充沛,行腔气口也不妥帖。另外,从唱片学唱,好处是可以一遍一遍翻来覆去听,缺点是受三分钟限制,不够完整。你觉得哪几张唱片最好?"陈老要测验我的鉴别能力。

"我以为《洪羊洞》、《卖马》最好,后来灌的《桑园寄子》、《捉放》、《碰碑》、《探母》等也不错,但觉得,胡琴、鼓并不精彩,影响了唱腔,这是什么缘故?"我想听听他的意见。

"老谭第一次在百代公司灌的唱片《洪羊洞》、《卖马》,这三面是梅雨田的胡琴,李五的鼓,梅雨田喜欢研究西洋玩意儿,自己能修钟表,曾把自己拉的〔柳摇金〕、〔傍妆台〕等牌子灌在蜡筒里,这《洪羊洞》、《卖马》三面唱盘是他把时间算好,所以唱得很舒服,《洪羊洞》的〔快三眼〕,整整三分钟,他在"萧天佐以假成真"下面,减去'真骸骨现在那洪羊洞,望乡台第三层那才是真',看出唱片已到边缘尽头。"

陈老停顿了一下,接着说:"这三面是一个谭派票友从中穿线介绍的,送的钱不多,发行后畅销全国,百代公司赚了一笔钱,第二批灌的十二面,事先商定,由百代公司送银元五千元,这在当时是一笔可以买几所房子的代价,在灌片前,老谭问来手(即介绍人)'场面怎么说?'外国经理答复是包括在五千元内。于是老谭为了利权不外溢,就叫儿子谭二拉胡琴,另外找了一个打鼓佬,比李五、刘顺(也是名鼓师,曾为梅兰芳打过《出塞》等昆腔戏)差远了,所以大为减色。"

陈老轻轻叹了口气接着说:"这批唱片发行后,我曾对鑫培说:'你唱了一辈子戏,名震中外,北京城里口头语'无腔不学谭',就留下这几张片子! 应该好好儿计划一下,胡琴、鼓找谁? 唱些什么戏? 把时间掐好,譬如刘顺打鼓,假使约我拉胡琴,我可以不受酬报,尽义务。你就图省几个钱,现在你把后灌的和《洪羊洞》、《卖马》比一比,差了一大块,我真替你难受。'"陈老说:"他听了我的话,半晌不说话,看出是后悔的样子。"

一九五八年,我和徐兰沅先生谈起这批唱片,我问他:"究竟老谭对这些唱片自己觉得哪几片好些?"徐老说:"有一天晚上我去给他吊嗓,他正开着话匣子听《探母》的〔西皮慢板〕,指着唱片对我说:'这叫字正腔圆。'"

"我觉得《桑园寄子》、《打渔杀家》不错,虽然由于场面减色,但还是耐听的。"徐老同意我的看法,他感慨地说:"当年的录音技术还粗糙,如果像现在有彩色影片把那些老辈的艺术完整地记录下来,那该多好呀!"

一九五九年,梅先生写《舞台生活四十年》第三集"我和余叔岩合作时期"一章时,我常到大外廊营和谭富英兄核对一些细节,有一天谈起这批唱片,我觉得场面太差,影响质量。富英说:"我二伯父拉的《战太平》〔西皮〕的尺寸太快,也就我祖父能应付,要我就张不开嘴啦!"

这批唱片虽然有上述的缺点,但毕竟是可贵的资料。三年前,曾托朱复同志向唱片收藏家征集了十五面唱片,过录在录音带上。由于年代久远,伴奏的乐器听不清,还有杂音,但谭老的唱腔仍旧吸引着我,有时放出来听,这如同学书法,一种是临帖,另一种是看帖,我现在属于后一种。听说台湾发行了谭鑫培、杨小楼、余叔岩、陈德霖……的录音带,曾托港友胡先生购买,交葆玥、葆玖在港演毕归来带给我,可是葆玥的行李丢失一件,这些录音带也在其中。现只好再托胡君代购,据友人说,台湾发行的录音带,把杂音滤去,听起来比较舒服。

一九五八年,有一次电台播出谭鑫培的《黄金台》,梅兰芳先生说:"这是假的。"就叫我用他的名义写信给广播电台,大意是,谭鑫培先生传世唱片,只有百代公司发行的《洪羊洞》、《卖马》等十五面是本人所唱,其他均属伪托,你台播放的《黄金台》经审定是假的,希望以后不要再播放,以免影响谭老先生的声誉。

关于伪造谭鑫培的唱片,早在蜡筒时代,就已泛滥成灾,到唱片盛行后,此风未歇,我作了如下考证:

较早的有物克多公司(胜利公司前身)出版的所谓谭鑫培《打棍出箱》一面,背面是龚云甫《行路训子》。以后,胜利公司出版过一批假谭鑫培唱片,计有《田单救主》头二段,片号 54711A – B,注明谭鑫培、金少山合唱,头段是〔二黄导板〕:"听谯楼打四更玉兔东上……"二段是花脸伊立唱"御史街前下了马",对白到"大王不准也是枉然呐"。《黄金台》头二段,片号 54586A – B,头段:谭鑫培、金少山对白从"乳娘与小妹,小妹同乳娘"到田单唱"一见奸贼出府门"四句〔散板〕。二段,田单唱:"千岁爷休得要大放悲声……",梅先生听到的就是上面这四段。

还有,伪片《秦琼卖马》一面,片号 54712A,注明谭鑫培、王长林合唱,内容是从"店主东牵马"叫板起,唱到"摆一摆手儿你就牵去了罢"止,中间有丑角夹白。伪片《洪羊洞》一面,片号 54719A,注明谭鑫培唱《洪羊洞》,内容是杨延昭出场唱四句〔二黄慢板〕:"叹杨家保宋主心血用尽……"背面是假孙菊仙《忠臣不怕死》(即《骂杨广》)。

我记得五十年代中期,国营"人民唱片"曾将上述几张假谭鑫培唱片翻版发行,并见于同时出版的《大戏考》一书。电台还播过假谭鑫培《空城计》,不知出处。

从梅先生致函广播电台后,就不再播放假谭鑫培唱片。我所以不厌其详地罗列假谭片内容,为的是告诉持有此类唱片的京剧演员,澄清真假,以免鱼目混珠,贻误来者。

我从陈彦衡学谭派唱腔

我早年虽听过小叫天的戏,而且是谭迷,但不是专业人员,要靠听戏是很难掌握分寸、得到真谛的。我到北方后,向陈彦衡老师学习谭腔。他曾为谭鑫培操琴,一度为言菊朋操琴。余叔岩、言菊朋、王又宸、贵俊卿……都跟他学过谭腔。有一次王又宸请陈老吃饭,跟他学《击鼓骂曹》,饭后,陈老打了〔夜深沉〕的鼓套子,又宸胡琴伴奏,又宸的夫人(她是鑫培最小的女儿,称为老姑)对她丈夫说:"你听听,陈十二爷的〔夜深沉〕和老爷子打得一模一样,你快用心学吧!"

名琴师王少卿、杨宝忠、高连奎、李佩卿、陈鸿寿、王瑞芝都跟陈老学过胡琴,有的还学《击鼓骂曹》的鼓。陈老说:"宝忠的〔夜深沉〕打得最准确,因为他的腕子灵活。"

陈彦衡

彦衡先生还创作了京剧第一本唱腔谱《说谭》,接着又出版《戏选》,还以评论介绍形式刊行了《燕台菊萃第一辑探母回令》,是他迁沪定居后的著作,陈老委托我用毛笔写小楷石印出版,我和徐凌霄舅都写了序言,以后,香港有翻版。一九五八年八月,中国戏曲研究院编辑、音乐出版社出版了陈彦衡遗著,郑隐飞、陈富年翻译成简谱的《谭鑫培唱腔集》一、二、三辑,包括《空城计》等十出谭派戏。

屈指算来,我和彦老盘桓了十余年,从他那里学到许多戏曲知识,以及谭的出字、收音、行腔、用气的道理。他说:"谭的唱念都带湖广音,这是学余三胜的痕迹。《战长沙》的关公学程长庚,《乌盆记》的〔反二黄〕学王九龄,《一捧雪》等院子戏学张胜奎。《探母回令》以余三胜为基础,也采用张二奎的唱法而自成一派,出关时的'吊毛',叫小番的'嘎调'最为脍炙人口。"我拦住他的话头说:"您教我唱'嘎调'的方法是真气、假嗓,并嘱咐我不许用本嗓,用本嗓就不是'嘎调',并且容易黄调,我果然找到了窍门。有一天,在梅家吊嗓,唱《探母·坐宫》,王少卿操琴,唱完'嘎调'后,梅先生说:"'嘎调'的劲头不错,听上去是有传授的。但我与谭老唱过多次《探母》,他唱"扭回头来叫小番"是一口气,不加"空框"锣鼓点,更显出杨延辉因公主答应去盗令箭的高兴,和前面的忧郁不同了。'"陈老说:"对! 老谭是一口气,我怕你顶不住,所以没有告诉你,现在试试看。"说着,从橱里拿出胡琴,就给我吊〔快板〕,居然没有换气就唱下来了。陈老说:"你有点矜持,前面的气口没有安排妥帖。"他强调指出:"我听过许多名老生,鑫培的〔快板〕最见功夫。有些人唱〔快板〕,不敢换气,这是傻唱,不足为训。鑫培的〔快板〕字字清楚,不断换气,每一句有交待,如同人的呼吸那么均匀,又像说话那样亲切。本来戏里的唱就是代表说话,一定要自然,万不可矫揉造作,令人生厌。"

　　一九三一年,我从天津移家上海,不久陈彦老因我的本家良臣八兄及罗亮生兄的邀请,也到了上海。在这段时间里,朝夕相处,他把谭鑫培的行腔、喷口、发音部位、用气方法,仔细剖析,使我领略到歌唱的核心部分。有一次,我在电台播音,陈老的学生陆钧为我胡琴伴奏,我唱了《卖马》的〔西皮〕"店主东……",和《碰碑》的〔反二黄〕。第二天,陈老写信给我:"昨聆《卖马》,颇得英秀韵味,思过半矣! 但《碰碑》反调、用气及顿挫,尚不能圆转如意耳。"我即到他家请益。我说:"我觉得气单,是否由于体弱的缘故?"陈老笑着说:"你在戏班里已经混了多年,怎么说外行话,老谭晚年长了调门,并不是他身体比中年更强,是得力于养气。我现在教你用气的方法。"他把《碰碑》〔反二黄〕里每个字的气口、顿挫,拆开来教,教了三天,又教《乌盆记》的〔反二黄〕。他说:"这两段〔反二黄〕唱法不同,《碰碑》在'我的大郎儿'下面转〔原板〕,而《乌盆记》始终是〔三眼〕到底,唱腔尺寸愈唱愈紧,唱到'因此上随老丈转回家来'作一小结,下面'劈头盖脸洒下来',又翻高唱,如奇峰突起,令听者为之一振,从此要坐住〔三眼〕板式,一泻到底。这一段运用提气、偷气、换气各种方法,唱到'但愿你福寿康宁永无灾',依然非常饱满,而没有衰竭的感觉,这就是养气的奥妙,也是鑫培在场上反复试验的心得。"

　　一星期后,我又去学唱,陈老说:"你以前觉得气单不够用,今天我给你吊嗓试试看。"我以为一定是吊〔反二黄〕,我在家里把这两出戏反复研究推敲,自己觉得有点把握,如同学生考试,心情既紧张又兴奋。出乎意料之外,彦老定的弦是〔西皮〕。他说:"今天唱《空城计》,你先打引子,念定场诗。"然后拉〔原板〕开唱,一句不漏地接唱"城楼"〔慢板〕、〔二六〕。在往常我已经感到吃力,这时,他把胡琴停下来,问我:"你觉得累吗?"我说:"真奇怪,我似乎觉得气还顶得住。"他笑着说:"你喝口茶,歇会儿。"大约一刻钟后,陈老拿起胡琴,还是原调门(六半调)说:"今天你把'斩谡'唱完。"我从〔导板〕"怒上心头难消恨……"起,一口气把"斩谡"唱完。停下胡琴,问:"觉得怎么样?"我说:"现在是有些累了,但好像气还不单。"彦老重点指出:"这是养气的奥妙,我为什么给你吊《空城计》?试试你是否能举一反三。内行口头语某人开窍,某人不开窍,你现在就算开了窍。"我说:"我真有小儿得饼之乐,可惜您就要回四川,如果能多盘桓些日子多好呀。"陈老接着给我上了最后一课:"你现在只一个星期就弄通用气的方法,因为你对四声读法、出字、收音从昆曲入手,再学皮黄,这些技巧已经过关,只剩一个'气'字,经我指点就豁然贯通了。这种诀窍,只要学到手,懂得原理,是不会忘记的,而且可以触类旁通,与年俱进,日后你就能领会我这番话的道理。有些人毫无基础,就想一步登天,这是缘木求鱼,一辈子也进不了门的。"

　　一九五六年,吴性栽兄的长子吴熹升世兄从香港到北京,要我把唱腔录在胶带上,那只是干唱,没有乐器伴奏,我唱了《碰碑》、《乌盆记》的〔反二黄〕,是梅葆玖世兄给我录的。几年后,熹升逝世。一九八一年,港友蔡国蘅兄来京,谈及这两个唱段胶带,他说:"我记得孟老师(小冬)曾托熹升把你的唱段转录,现在我的同门正在整理孟老师的遗物,我仿佛听到有您唱的《碰碑》、《乌盆记》的胶带,我回去打听一下。"不久,他托人带来《乌盆记》的录音带,他在前面说话:"我给您找到《乌盆记》〔反二黄〕,可惜胶带受损,短两句。"隔了几个月,蔡兄又托人带来《碰碑》的〔反二黄〕录音带。我一边听,一边想起陈彦衡老师的教诲,还想起孟小冬女士,她虽是余派老生,但也跟陈老学过戏。我记得一九三六年,她到上海演出,我每天听戏,临别送她一本陈老所著《燕台菊萃第一辑〈探母回令〉》工尺谱,她说:"我带回北京要细细研究。"四十多年过去了,回首前尘,不胜黄垆之感。

我和几位名琴师的往还

我在天津的时候，与韩慎先兄（夏山楼主）同向陈彦老学谭派唱腔，慎先能操琴。有时我们学会了一个唱段，他就给我吊嗓，他不是专业演员，没有登台演奏，但由于熟悉谭腔，所以是很融洽的。有一次学《汾河湾》薛仁贵在窑外的唱段，第三句："幼年间父早亡母又丧命"的"亡"字拖腔，苍凉圆浑，摇曳生姿，与一般的唱法不同，他把这段唱一遍一遍给我吊嗓，终于彼此都找到了适度的行腔、音符和气口。

我在夏山楼主家结交了许多京剧界的名演员和名琴师。王瑶卿、凤卿昆仲，每到天津来演出，必到韩家，他们和慎先的父亲韩五爷（麟阁）是老友，凤卿有时就下榻夏山楼。王少卿、杨宝忠、高连奎（高庆奎的弟弟，乳名高二套）三位青年琴师和慎先是总角交，凑到一起，歌唱拉弹，非常热闹。有时，陈彦老的儿子富年兄还学唱一段刘宝全的大鼓《闹江州》、《乌龙院》、《游武庙》，少卿弹三弦，宝忠拉四胡，富年手里打鼓，还做表情身段。大家酒酣耳热时，饮食男女，无所不谈，我们的生活是沉浸在艺术池子里。由于少年时心口如一，毫无顾忌，心里要说的话脱口而出，在互相交流经验中，丰富了知识，有时在争论中提高了辨别精粗美恶的能力，为此后的艺术生活奠定了基础。

王少卿的脾气是有些古怪的，假使烦他拉一段，他也许敷衍了事。有一次他点我唱《八大锤》王佐的〔二黄〕及两段〔原板〕，指法弓法，衬托垫补，非常严实。他说："我幼年唱谭派老生，第一次跟父亲（凤卿）、梅大爷（兰芳）到上海，还登台唱过《空城计》。早年，老梅大爷（雨田）常到我家和大爷（瑶卿）聊天、吊嗓，或者拉牌子，我还听他唱过《卖马》的〔西皮〕：'店主东带过了黄骠马……'我就因喜欢梅派胡琴而改学场面。"

"梅派胡琴如陈十二爷、徐大爷（兰沅）都是短弓子，您是长弓子，好像还有孙老元的味道。"我请他谈谈胡琴的流派："我兼学梅、孙两派，我觉得孙老的弓法，很有气势，不知不觉地就搀进了孙派大开大合的劲头。"

少卿的弓法指法,有力量,有气派,他常对我说:"每个音都要拉得'鼓'起来,才有弹性,显得圆满好听。为什么有些人拉'憋'了呢?这是指腕的力量没有找到重心,所以觉得呆板单调。"

徐兰沅先生对王少卿的评价:"操琴者讲究带字,譬如拉一个'工'字,能够带出别的音,就显得丰富有味。但要带得自然,如果为带字而带字,拖泥带水,堆砌臃肿,就令人生厌了。少卿在这一点上做到不多不少,干净大方。他的伴奏技巧,并不专在一字一音的细节着眼,而是从整体出发,巧妙地烘托着唱腔的韵味,表现了精力弥满,大气磅礴的风格。"

少卿常说:"慢不等于'坠',快不等于'慌'。"这就是行话所谓坐得住尺寸。他不单是唱腔托得好,就连拉个牌子如《醉酒》里的〔柳摇金〕,《别姬》里的〔夜深沉〕也能起到辅佐烘托的作用,增强舞蹈的气氛。我觉得他在快的时候是从容匀净,慢的时候是紧凑绵密。特别是由快转慢,由慢转快的时候,都能衔接无痕,使演唱者得以尽量发挥,毫无顾虑,达到血肉相连、舒畅和谐的境界。

梅雨田、孙佐臣都是为谭鑫培伴奏的胡琴大师,王少卿继承了他们的琴艺,而以一种新的面貌出现,属于革新派。他为梅先生设计唱腔时,曾采用刘宝全的大鼓和滦州影的唱腔,这两种曲调,当时北京是很受欢迎的。谭鑫培家里经常摆着一副滦州影的道具,等他茶烟毕,就找他们来演出,遇到喜寿事,刘宝全

梅雨田

梅兰芳与琴师王少卿(左一)、
徐兰沅(右一)

必到谭家唱堂会。前面说过少卿能弹三弦伴奏大鼓，所以他很自然地把这些民间曲调运用到过门和唱腔里，受到青年琴师的欢迎，争相仿效。但有些场面上的老先生认为"外道天魔"，破坏成规。陈彦老也是持反对论者，他的看法是胡琴应该在原有基础上创新。大鼓、影戏唱腔搀入皮黄内风格不统一。

梅派胡琴加花过门，是徐兰沅、王少卿二位研究创造的。一九四八年起少卿从二胡改拉胡琴后，逐渐减少花过门，到晚期几乎不使花过门。有一次，梅先生演《宇宙锋》，事先对少卿说："你近来为什么不使那些过门？""我觉得使了多年，已经不新鲜了，还是收敛些更有味儿。"梅先生笑着说："今儿这出戏是悲剧，我特烦你来个花过门，调剂一下，观众一定欢迎。"

少卿的琴艺到晚期已经由绚烂渐趋朴素，达到炉火纯青的境界。可惜陈彦老已逝世，如果听到他晚期的伴奏，一定会改变他的看法而予以肯定的。

某年，我在本家许良臣兄处遇到名琴师孙佐臣（老元），良臣叫我唱一段，孙老问："您会唱《击鼓骂曹》吗？"我说是陈十二爷教的。孙老从出场时〔原板〕："平生志气运未通……"拉起，下面几段〔快板〕，一直拉到"落一个骂贼的名儿扬天涯"才停下来。我唱得舒服极了，因为他的衬托垫补，快而不乱，错综复杂地把唱腔裹圆了，名副其实，是谓大家。

以后，谭和庵兄找赵济羹吊嗓（外号喇嘛，是左手执弓，内行称为左撇子，傍过谭富英，但各派都能拉，是一位成熟的琴师）。有一天，我到谭家，主人未归，济羹说："您消遣一段。"我就唱《碰碑》的〔反二黄〕，从"叹杨家……"一直唱到底。他搁下胡琴说："今儿头一次给您拉，有两个地方还不够严，下次再拉就'齐'啦。"过一天，和庵买了一架钢丝录音机，赵济羹对我说："今儿您再唱《碰碑》，请谭先生录下来。"于是我从〔二黄倒板〕："金乌坠玉兔升黄昏时候……"唱起，一直唱到底，果然那两个地方就严丝合缝了。赵济羹还说："现在大家都学'二片'儿，我就是不学他（王少卿行二，乳名二片儿，内行背后都这样称呼他），因为路子不一样。"

谭兄同时还找曾傍余叔岩的名琴师王瑞芝吊嗓，他给我拉过许多戏，他的弓法、指法接近陈彦老。一九四八年到香港为孟小冬吊嗓，以后回北京，我们常凑，他是一位好学不倦的人，可惜刚过中年就逝世了。

为我登台伴奏的两位琴师

我在上海彩唱过几十次,多半是义演、堂会。

起初是陈彦老的学生陆钧(镕斋)为我操琴,《空城计》、《捉放曹》、《探母坐宫》、《御碑亭》都是他拉的,因为他经常为我吊嗓,所以托得很严。不幸患时疫病逝世。去年,他的儿子陆鉴澄还和我通过信。

又在陈彦老家碰到黎秋觉,是陈富年兄的朋友,当时,富年在上海教女票友唱青衣,秋觉为她们吊嗓。秋觉为我在台上拉过十几次,后来拜徐兰沅先生为师,一直在上海京剧院工作,近年已退休。

还有倪秋萍,是罗亮生兄带到陈彦老家里的,他曾为我吊嗓,台上没有拉过。抗日战争胜利后,秋萍拜王少卿兄为师,我们先后参加梅剧团巡回演出,他后来离团,到上海戏校任教。

上面介绍的几位琴师,拉得都很规矩,并不哗众取宠的。有一次我和徐兰老聊天,他说:"当年在宫里拉胡琴的称为'随手',他的任务是从衬、托、垫、补把演员的唱腔裹圆,所以胡琴不能独奏。"

"胡琴在过门里加'花点'是从什么人开始?"我知道他和王少卿曾创造不少"花点",想要了解早期的情况。

"孙老(佐臣)和梅雨田都是名琴师。孙老喜用'花点',谭老板曾讽刺他拉《双摇会》还要露一手。梅雨田也有'花点',但必定在演员得到彩声后才使用。这是场面上的规矩,不能喧宾夺主,现在有些琴师滥用'花点',观众并不欢迎,因为听戏的主要是听唱,不是专听胡琴。在从前这种乱加'花点'的琴师是吃不开的。我和少卿在梅派剧目里曾琢磨些花点,但都是根据剧情,配合唱腔,增加气氛,后期的梅派剧目《抗金兵》、《生死恨》就不用花过门。少卿从二胡改拉胡琴后也不大使用'花点',这说明他的手艺的进步而不是倒退。"

《穆桂英挂帅》的唱腔是徐兰老和梅兰芳先生共同设计由姜凤山胡琴伴奏,虞化龙二胡,这是最后一出梅派剧目,以醇厚凝重的唱腔,洗练的过门,配合波澜壮阔的打击乐,集中表现穆桂英的大将气度,成为梅剧的结晶。

唱戏与教戏的矛盾
——徐兰沅对谭鑫培的评价

有人告诉我,余叔岩拜谭鑫培为师后,要学《空城计》、《碰碑》,老谭对他说:"你还年轻,扮诸葛先生、杨老令公不像,我教你五块白。"什么叫五块白? 据说是《太平桥》、《氾水关》、《凤鸣关》、《南阳关》……等五出穿白靠的戏。这些戏早年派戏的管事多半排在前场、中场,作为青年演员锻炼进修剧目。据余叔岩说:"谭老师只教了一出《太平桥》,其馀的戏都是用心听会的。"

有人说:老谭有旧戏班习惯,不肯把真方传人。这话不尽符合实际情况。我所接触过享盛名的名演员,当他还在舞台上演出,拥有大量观众时,他要把全副精力到场上发挥;同时,演戏不仅为了衣食生活,也是他们自得其乐的艺术享受,而说戏是相当吃力的。下面举徐兰沅亲身经历的事为例:

曾为谭鑫培伴奏,后加入梅兰芳剧团的名琴师徐兰沅对我说:"老谭早年曾在京东三河县温家所办科班教戏,临行前,向昆曲教师浦阿四学了四十个牌子,因为京剧所用曲牌,大半来自昆曲,教戏必须口授曲牌。"

徐先生接着又说了老谭为他说《南天门》的故事:"傍谭操琴时,年纪很轻,他已是久享盛名的前辈,所以小心翼翼,谨防出错。有一次,谭演《南天门》,有同行对我说,谭唱曹福,有五个回龙

《南天门》中谭鑫培饰
曹福、王瑶卿饰玉姐

腔。我请谭说戏，他说：'《碰碑》都拉啦，《南天门》为什么发怵（音触，怕的意思），这出戏那有许多〔回龙〕，回头给你说。'等他茶烟毕，正式说戏，手里拿着一只鼓箭子，你猜怎么说？他从小姐帘内〔导板〕说起，青衣的盖口（对白），老生的唱腔，配合身段的锣经，从头到底，足足说了一个钟头，吓得我从此不敢请他说戏。从这件事可以看出他老人家肚里宽敞，对艺术认真负责，同时，他教过科班，有背通本的习惯。"

徐老还告诉我一桩趣事："我傍老谭时，常给谭五（小培）吊嗓，有一天在厢房吊《乌盆记》，唱到〔反二黄〕的后半段，尺寸越来越快，忽然老谭推门进来，面带笑容，用对待客人的神气、口气对我们说：'二位要有急事，先办事，后吊嗓。'说完就走了。另一天，又吊《乌盆记》，我把胡琴尺寸放慢，于是越唱越坠，我停住胡琴对小培说：'我在台上给老爷子做活时，他的尺寸越唱越紧，现在这么慢，又要挨骂，干脆咱们别吊啦。'收起胡琴，和谭五快步离开屋子，只听见老头儿又奔那屋，推门一看，两人全走啦。"徐老说："谭老板的唱腔，最讲究尺寸，能够操纵胡琴，像《战太平》唱片的〔原板〕尺寸谭二拉得那么快，可是'大将难免阵头亡'一句就把尺寸扳过来啦，这种本领真是了不起。"

按：陈富年兄说："我十四岁时，民国五年（一九一六）冬，谭老与陈老夫子（德霖）在吉祥园合演《南天门》。适先父去沪，我一人前往听戏，找不到座，那时吉祥还是茶园式，可以包桌，每桌六人，叔岩托他岳父（陈德霖）在'小池子'（下场门一边）留了一张桌，他邀我到他身边坐下，同桌有王君直、莫敬一。那天陈德霖闷帘〔导板〕：'急急忙忙走得慌'。嗓音脆亮，满宫满调得了一个满堂彩。大家觉得老谭怕要相形见绌，那知他在'虎口内逃出了两只羊''虎口内'使炸音，声如裂帛，高亢雄健，出人意表，观众的彩声，超过了前面的〔导板〕。当时，叔岩说：'老师本钱足，我可不能照他那么唱，悠着点儿才保险。'"徐兰沅补充说："'虎口'下不唱'内'字，而代以'哦'的衬音，比'内'字更难唱，谭的嗓子高音宽亮，所以可贵。我为谭拉《南天门》三次，吉祥是末一次。"

富年还说："那天，曹福唱到'轻轻刺破红绣花鞋'，忽然下面加了四个字，仓卒间都未听清楚，余叔岩得意地说：'我听出来啦，是：好把路挨。这句加得好，不但腔儿收得有味，并且把刺破绣鞋为了好赶路的道理也讲清楚了。'以后，叔岩和他岳父合演就照这么唱。其实，老谭生平就唱这一次，先父听谭戏最多，可是没有听到，后来，我把那天的情况告诉先父，他说：'叔岩可谓有心人。'"

徐兰老还说："老谭能戏甚多，并不是一出一出请人教，而是用心听、看学会的。他的师父只有程长庚、余三胜两位。"

谭富英论谭鑫培

我曾问过谭富英兄,关于向余三胜学戏的情况,他说:"我祖父拜余老先生时,已经有了点名气,托一位外行朋友请余老教《卖马》、《捉放曹》、《桑园寄子》。"这时,富英还说湖北话学余老的口音:"'我不是教戏匠,叫他递门生帖子来。'这就说明余老收我祖父为徒是郑重其事的,拜师后,三出之外,当然还学了许多好东西。由于我祖父好学不倦,余老是掏心窝教他的。"

谭富英演《四郎探母》

富英还告诉我关于谭鑫培移植山西梆子《连营寨》的经过:"先祖与山西梆子名须生老达子红至好,是换帖弟兄,他们曾一起跑'帘外'(河北省各县),唱草台戏。我祖父曾向老达子红学《连营寨》,改编为京剧,前部《伐东吴》演黄忠,后部《连营寨》演刘备。到了晚年,我祖父只演《连营寨》'哭灵牌',不演《伐东吴》'黄忠中箭'了。"他还说:"我祖父唱《盗魂铃》,先唱皮黄,后唱梆子,就是学的老达子红,还学花脸《牧虎关》,并无大鼓、小曲等。由于他演过武丑,所以演猪八戒很能逗哏,在上海因为没有翻三张桌子'台漫'而得了倒彩(按:我曾见杨四立演《盗魂铃》,翻三张桌子台漫)。据祖父说:'猪八戒在全部《西游记》里是滑稽诙谐角色,不能显摆他的武工,所以他在爬上三张桌子后,喝完了、往下看,摇摇脑袋,做出害怕的样子,不敢翻,最后慢慢地走下来。'他曾对朋友说:'如果翻台漫,就不是猪八戒了。'"

我幼年曾听先叔松如先生说:"庚子年,八国联军攻破北京,慈禧带了光绪帝逃奔西安,戏馆停业,谭叫天曾南下,在上海演出后,到苏州唱了几天。我看过两次:一天是《空城计》,那是旧式戏馆,我看见老谭穿着米色宁绸袍子,上罩巴图罗枣红庄绒坎肩，后面有跟包的拎着个靴包，一把鹅毛扇插在包袱上，从前台走进后台去。诸葛亮出台后有碰头好，'城楼'〔慢板〕、〔二六〕都有彩声。另一天谭演《翠屏山》的石秀，'吵家'时唱西皮，'杀山'改唱梆子，嗓音脆亮好听，还有舞单刀，身手矫健，得了满堂彩。他的刀花，与众不同，好像搀有武术的架势。"若干年后，我与富英谈起这件事，他说："《翠屏山》的一套刀，名为'六合刀'，我祖父是跟看家护院的张四把研究的，张精通武术拳棒，与我祖父很说得来，辛丑年，我祖父南下时，北京城里还乱哄哄，张四把住在我家，很尽心地保护全家。"

精雕细刻的《空城计》

——入帖与出帖

明代书家王觉斯（铎）有两句名言："其始也难于入帖，其继也难于出帖。"

这意思是说：初学当然从临摹古帖入手，要钻进去，掌握技法，达到形神俱似的境界；而最后要跳出来，以新的面貌，自立门户。唐代的书家虞世南、欧阳询、褚遂良、李邕、颜真卿、柳公权；宋代的苏轼、黄庭坚、米芾、蔡襄；元代的赵孟頫、鲜于枢，都是从学习魏晋人钟繇、王羲之、王献之等缔造者入手而后自成一派的。谭鑫培对表演艺术的学习方法，与历代书家所走的道路相同，先入帖而后出帖。梅兰芳先生常告诫后辈，勤学苦练之外，还要学会辨别精粗美恶的能力，才不致走冤枉路，学别人的东西要消化，而不是翻板照搬。这些戏曲大师们的见解，都是从亲身体验的心得总结出来的，所以不谋而合，殊途同归。下面试以《失街亭·空城计·斩马谡》为例，阐述谭鑫培对这个戏的继承、发展、创造的过程。

我赶上听谭鑫培的戏，现在只谈《捉放曹》、《空城计》的印象。因为我曾在台上彩唱这两出戏，并向几位对谭派有研究的内外行商榷请益，下过工夫琢磨。

第一次听谭鑫培是《捉放曹》，我以兴奋而紧张的心情观看伶界大王、内廷供奉的小叫天。那天，只见扮相瘦脯的陈宫出场，"路上行人马蹄忙"的〔散板〕，以及与吕伯奢对唱的〔流水板〕，都平淡而并不用力，我觉得盛名之下，不过如此，感到失望。

戏进行到路遇吕伯奢，唱〔摇板〕："陈宫心中似刀扎，多蒙老丈你的美意大，好意反成恶冤家，急忙中难说你我的知心话，你休怨我陈宫只怨他。"这几句唱腔委婉凄楚，唱"知心话"时，陈宫向吕伯奢打拱作揖，身段缓慢，面部表情显出难言之隐，这时的表演深刻地抓住了我，与出场时判若两人。特别是"你休怨我陈宫只怨他"的身段，他右手提着马鞭，边唱边退，唱到"他"字，用左手向下场门帘一指,下。当时,我看到别的演员是左手执鞭,右手往下场帘指。我当年在堂会彩唱《捉放曹》是照谭的身段做的,有人指摘我这个身段,我问陈彦老,他说:"我为鑫培在台上拉过这出,清楚地记得是右手执鞭左手指。"他接着分析了这个身段:"陈宫右手执鞭是说明拉着马头下,同时用左手指,身段很顺,鑫培最注意这些细节。他会骑马,北京的风俗,每年三月三蟠桃宫比赛跑马,谭是能手,当时沿途观看的人,联想起他在台上趟马的姿势,齐声喝彩,他亦顾盼自喜。"(按梅兰芳先生所著《舞台生活四十年》第一集:"跑马与赛车"一节曾有细微的描述。)

当曹操剑劈吕伯奢后,谭唱:"陈宫一见咽喉哑"的"宫"字,用高八度"嘎调",表现他的愤怒,"宫"字"中东辙",并嘴音,比《探母》"叫小番"的"番"字、《南阳关》的"关"字难唱,而谭运用脑后音,激越响堂。

"宿店"一场是最后高潮,这时,全场肃静,几乎连轻轻咳嗽声都能听到。〔二黄慢板〕"一轮明"三字高唱,按这三个字照中州音、湖广音都是阳平声,据我舅父徐莹甫说:"有人问老谭,余三胜这三个字都唱阳平,'一'字还拉长腔——'十三噫',何以高唱?"谭答:"我这出虽跟余老师学过,但我还兼学大老板(程长庚),从祖师爷传下来就是如此唱,本来阳平有高唱的说法,我觉得陈宫一肚子怨气,头三字高唱更合适。"

从"看此贼睡卧真个潇洒……"以下,一句跟一句,愈唱愈紧,脸上的神情,随着节奏,不断变换,如长江大河,一泻到底。唱到"我定肯放虎归山又把人抓",与一般的唱法不同,别人在"又把"下面加锣鼓点"空匡",换气唱"人抓"二字,谭则不加锣经,一口气唱下来。据陈彦老说:"谭晚年的唱法,神完气足,结构谨严,得力于养气。"他还把"放虎归山又把人抓"的鼓点子打给我听,他说:"这是李五发明的关门点,严密地烘托着唱腔,珠联璧合,回味无穷。"

第二次看《失街亭·空城计·斩马谡》(以下简称《空城记》),诸葛亮出场时的印象,与陈宫大不相同。检场打台帘后,谭站在帘内稍作停顿,才起步。他右手执鹅毛扇,把左手的水袖挽起,走到"九龙口"(乐队对面),用眼睛向两边一扫,在台口站定,念引子:"羽扇纶巾,四轮车,快似风云,阴阳反掌定乾坤,保汉家,两代贤臣。"这是加二三锣的大引子,他以清亮的音色,沉着的口齿,四声熨贴,抑扬顿挫地表现了剧中人的身份,"贤臣"二字用苍劲的老音。从音乐声中,把左手一搭拉(下垂),挽着的水袖像一匹绸子那样垂下来,然后,转身,缓步入帐。从出台到进帐,除了上述的一个小动作外,没有整冠、抖袖等身段,从肃穆中表现武乡侯的威严,台步庄重而不板,表示儒将的风度。

　　三十年代,有一天我和侗五(溥侗字厚斋,玩票时用红豆馆主别号)谈起《空城计》,他说:"这是出身份戏,不好演,有些年轻人没有看见从前的大官就弄不上来。"他接着讲了向谭鑫培学《空城记》的故事。

　　"我送一百两银子给叫天学《空城记》,在一次堂会演出后,觉得出场时的台步,身上发僵,没有鑫培自然,就去请教他,他笑着说:'别人走不上来,不足为奇,您走不好就说不过去啦!'我问他这话是什么意思? 鑫培说:'您想一想到乾清宫请安时,怎么走路的? 我以前出场的台步也走不好,后来到宫里当差,就留心琢磨王公大臣上朝时的面部神情和走路的样子,就找到了劲头,并且有了份儿。因为他们的身份品级和诸葛亮是差不多的。'"

　　这一段话,今天回想起来,就是现在口头常说的演戏要有生活。体验现代生活,有种种有利条件,而体验将近两千年的生活,光靠历史记载和演义描写是不够的。谭鑫培揣摩当时王公的动作神情来表现军政一把抓的武乡侯——诸葛亮这个例子,可以看出谭氏成为晚清时文武昆乱无不精能,影响最大的流派,还不仅是技术高明,而对塑造人物的思想性,更显示他的才华。今天的青年演员表演古代历史人物,由于社会的变革,当然有许多困难,但如果能用心钻研历史资料和前辈留下来的程式,还是能够创造出有血有肉、令人可信的历史人物的。

　　进帐入座后,念定场诗:"忆昔当年居卧龙,万里乾坤掌握中。扫净狼烟归汉统,人曰男儿大英雄! 老夫复姓诸葛,名亮,字孔明,道号卧龙。先帝爷托孤以来,扫荡中原,扭转汉室。闻得司马懿兵出祁山,定然夺取街亭,我想街亭乃汉中咽喉要地,必须派一能将,前去防守。众位将军,哪位将带领人马镇守街亭,敢当此任?"

　　据侗五说:最早的本子,自报家门后,还有冗长念白,谭改为"先帝爷托孤以来,扫荡中原,扭转汉室"两句即转入本题,最为简洁了当。

　　派将时,对王平、马谡的神情语气,都不一样,马谡进帐讨令:"启禀丞相,末将不才,愿带一哨人马,镇守街亭。"

　　"那司马懿用兵如神,此去并非小任,将军不可轻敌。"谭的语气和眼神严肃而郑重。

　　"丞相,末将随先帝爷出兵多年,战无不胜,攻无不克,何况这小小的街亭。"

　　"街亭虽小,干系甚重啊!"对马谡的轻敌表示极大不满,念这两句时,睁目注视马谡,"重"字念得特别重。

　　"倘有疏虞,甘当军令。"

　　"军中无戏言。"这句是警告马谡,不要掉以轻心。

167

"愿立军令状。"

"好！当帐立来。"这时，词色和缓了。军令状是保证书，如有差错是要掉脑袋的，但还不放心，二次传马谡进帐告诫他："今逢大敌，非比寻常，我有一言，将军听了。"下面六句〔原板〕腔简而意厚，表示诸葛亮对马谡的关心和爱护。老本子，马谡二次进帐，诸葛亮还有"靠山近水"等重复念白，经谭鑫培反复修改而浓缩成这样的。据陈彦老说："今逢大敌……"十六字念白乃孙春山手笔①。

三报一节是全剧最难处理的表演，谭鑫培仔细地、有层次地描写了诸葛亮悔恨疑怖的复杂矛盾心理。

看王平所呈地理图时，从右往左看，先是很平静，当看到后面时，突然抬眼圆睁，神色大变。这时，摇头，摆动髯口，挥扇收图，在大锣〔急三枪〕的紧张乐声中，对老军传令："快快去到列柳城，调赵老将军回来，快去，快去。"这句念白的尺寸快而字字清楚，表示诸葛亮知道已入险境的焦急神情，下面几句念白，表示他的忧虑：

"啊！好大胆的马谡哇！临行之时，何等吩咐于你，叫你靠山近水，安营扎寨，怎么偏偏在山顶扎营。哎呀，只恐街亭难保哇。"

---

① 《舞台生活四十年》第一集第八章第二节"孙春山、胡喜禄、陈宝云"，曾谈到孙春山改词、改腔以及杨月楼请他看戏提意见的事例，姜妙香先生说："我是跟他儿子孙舜臣学过《祭江》的〔二黄慢板〕：'想当年截江事心中悔恨……'这一段的词句跟唱腔，都是孙十爷的创作。"

我听陈彦衡先生说："孙春山是部曹，老谭对他很敬重。"又看见王孝禹在碑帖题跋中称他为孙兵部。一九八三年，我在中山书画社见到画家孙菊生兄，他说："《舞台生活四十年》提到祖辈春山公，他是先曾祖兆葵公（行七）的弟弟。春山公名兆尊（行十）字汝梅，又字问夔，斋名读书斋，原籍浙江省绍兴府余姚县，后入顺天大兴籍。兄弟五人皆咸丰年间进士。春山公在兵部做官，工书法，能刻印，精通音律，能编词、创腔。他的儿子孙进公，字舜臣，工青衣，是家传。梅巧玲、陈德霖、余紫云都曾向春山公问业。"

"春山先生有无著作、手迹、印章等遗物？"我希望看到孙春山的遗墨。

"我藏有春山公的书法及手刻印章二十方，均失于'文革'中，现只有他临大爨（爨宝子碑）数字。关于著作，我二十几岁时曾在绒线胡同梅兰芳先生所办戏剧展览馆中见到傅惜华先生，曾出示春山公所著木板剧本，惜已忘其名。"

从这次谈话中，可以推想到咸丰、同治年间，京剧能够蒸蒸日上，成为全国性剧种，这与艺人们结交知识分子，得到帮助，从剧本、表演——读音、唱腔、身段、神情全面提高是分不开的。辛亥后，我见到的名演员，继承了前辈的美德，进一步与有修养的文化人紧密合作，对他们的艺术事业，起到支柱的作用，扩大了京剧的影响，博得了国际上的称誉。

第一报:"马谡失守街亭。"

这时,摊手念:"如何!果然把街亭失守了,虽然马谡失守街亭,乃诸葛之罪也。"这里的神情是早在预料之中,后悔中带有怀疑、恐怖,是"山雨欲来风满楼"的意境。

第二报:当探子念:"司马懿领兵夺取西城。"念"再探"时,比第一次快些。"司马懿果然夺取西城来了。"这句念得比较缓慢,是沉思往事,下面五锤锣念"咳!"字,表现诸葛亮后悔自谴:"想先帝爷白帝城托孤之时,说道:马谡言过其实,终无大用。如今错用了马谡,失守街亭,悔不听先帝之言,如今悔之晚矣。"这里连用两个"悔"字,"悔"是上声,重念,突出后悔心理。

以上两报,有时坐着念,有时站起来念,表现诸葛亮心中忐忑,坐立不安。

第三报,向左面斜坐,探子从上场门上念"报!"即转身,以锐利目光听他念:"司马懿大兵离西城不远。"以扇指探子,急念:"再探。"接着用惊叹号念:"啊!司马懿的兵来得好快呀,唔!"又用惊叹号:"人言司马用兵如神,今日一见,令人可敬哪,令人可服。"这里的身段"可敬"用扇作拱手状,"可服"以扇画圆圈,诸葛亮以赞叹司马懿的心情,似乎忘却眼前的险境。接着,神色一变,提气念:"哎呀!"站起来,五锤锣中急念:"这西城兵将,俱被老夫调遣在外,所剩下的都是些老弱残兵,倘若司马懿兵临城下,难道教我束手被擒不成。"这"束手、被擒",下面〔乱锤〕,这里的身段,以扇遮八卦巾,台步是来回走 S 圈,最后立定,以扇从头上落到左手抱住,同时,眼睛从左往右朝远处看,微转动眼珠,表现诸葛亮已想好应付这场即将到来的生死成败的险境,以镇定的神情念:"来!老军们进见。"下面吩咐老军的话,用亲切的口气念:"命尔等将四门大开,每门用二十名打扫街道,倘若司马懿兵临城下,不可惊慌浮躁,违令者斩。"这个"斩"字从眼神和语气,都不是强硬态度,他要老军和他合作,渡过难关。

下面一节,诸葛亮用〔摇板〕唱词向老军对答,最有神气。

"老军们因何故纷纷议论?"

二老军分念:"非是小人们担心,这西城乃汉中咽喉要路,您得拿个主意才好哇!"

诸葛亮微笑、点头,表示赞赏他们的看法,接唱:"西城地原本是咽喉路径。"下面的身段,斜身,用扇把老军的眼睛引向蓝布城门唱:"我城内早埋伏有十万神兵。""神兵"二字的唱腔,略带诙谐意味,暗示老军要协助他退司马懿的大兵,也就是这出《空城记》的主题。

下面用严肃的神态唱:"叫老军扫街道把宽心拿稳。"节奏比前面的慢,

"道"字、"稳"字都用拖腔,出字收音沉着,告诉老军,不要害怕,我有办法,渡过难关。上城楼后,以坚定的语气唱:"退司马保孤城全仗此琴。"突出"此"字上声的读音。

城楼的〔西皮慢板〕、〔二六〕,早已脍炙人口,无须多作介绍,我的印象是:"……散淡的人"唱得如珠走玉盘,悠扬婉转。"人"是阳平,但谭用阴出阳入的唱法,行腔用"疙瘩腔"(即擞儿)。据陈彦老说,此腔来自孙小六(春恒)。

"鼎足三分"的"分"字,"博古通今"的"通"字,谭的喷口用气有劲,能把髯口吹起几根。

还有:"我面前缺少个知音的人"的"知"字,谭不上口,照京音唱。但在《鱼肠剑》中,伍子胥唱〔摇板〕:"落魄天涯有谁知"的"知"字上口,因为要压"衣欺"辙,必须照中州音念才合辙好听。

关于谭的唱腔,确守中州音、湖广音的法度,因为中国戏曲单字发音,而这两种读音,有标准的音乐性。而京音的四声,有的与中州音、湖广音相反,谭的取舍抉择,最见工力,他是在不违反四声的原则下使用京音的。他的湛深造诣,和他结交精通音律的知识分子而得到指点纠差,也是有密切关系的。

城楼〔二六〕,站起来唱,有身段,对象是敌人司马懿。这个唱段,流利轻快,如同说话那么自然,并且耍着板唱,都是为了表现诸葛亮好整以暇。这里的唱腔,四声要熨贴,但又不能"硬山隔檩"。谭腔的妙处,在于变化多端,引人入胜,又决不流入油滑一路,是大方家数。

老军报:"司马懿兵退四十余里。"〔丝边〕鼓点中,站起扶桌,眼睛对上场门远望,又看城下老军,微微摇头下,没有拭汗念"险哪"的动作。接着赵云上,诸葛亮念:"老将军回来了,那司马懿被我用空城计将他吓走,他必然前来复取,老将军快快抵挡一阵。"赵云下,诸葛亮念对:"虎豹深山人咸远,蛟龙得水又复还。"重念:"险哪"二字,表现已渡过难关,动作神情都比较稳定了。

斩谡时,进帐的身段,我看到的是双抖袖,高抬腿,全身颤动,几步路,走的时间却不短。这表现他愤怒的心情,已控制不住肢体。

带王平时,谭将扇子交左手,腾出右手做身段,"将王平责打四十棍"用右手四指比数,越抬越高。接唱"再带马谡无用的人哪",唱到"人哪"二字用右手拍惊堂木,表示他愤怒到了顶点,下唱〔快板〕:"……吩咐两旁刀斧手,快将马谡正军法。"这时怒容满面,声色俱厉,态度非常坚决。

当马谡念:"家有八旬老母无人侍奉,还望丞相另眼看待,马谡纵死九泉,也感丞相大恩大德。"这时,诸葛亮的态度开始转变,想到马谡立过许多功劳,是他得力的助手,这里的唱腔包涵后悔和怜惜将才的错综复杂心理:"见马谡只哭得珠泪洒","洒"字长腔翻高用半音,出帐接唱:"我心中好一似乱刀扎。"对马谡念:"马谡,未出兵之时,当着满营众将,立下军令状,今日失守街亭,若不将你斩首,叫我何以服众。"叫头:"马谡,幼常,哎,将军哪",这时,代表三军的龙套发出声音,诸葛亮在压力下念"来,斩",接着念:"招回来",马谡跪谢。这里的身段,以羽扇从马谡头上漫过,将马谡搀起来,起叫头:"马谡,你方才言道,家有八旬老母,无人侍奉。你死之后,将你的兵马钱粮拨与你家中,以作养老之费。"马谡念:"谢丞相。"诸葛亮用手扶起,再起叫头:"马谡,幼常,将军哪……"最后用哭音念:"斩。"当军士将人头呈验时,以扇掩面,唱〔散板〕:"我哭,哭一声小马谡,叫,叫一声马幼常呀,未出兵先立下军令状,可怜你为国家刀下身亡,马谡哇,参谋哇,啊啊啊,马幼常呀。"

这一节〔散板〕是非常凄楚动人的,特别是参谋二字的低腔,充分表现诸葛亮的后悔心理,因为参谋是他的本职,守城非其所长。

接着,赵云上问:"丞相斩了马谡,为何落泪?"

"老将军哪里知道,想先帝爷白帝城托孤之时,说道:马谡言过其实,终无大用。今日错用马谡,失守街亭,我哪里哭的是马谡哇,乃思念先帝托孤之言耳。"最后一段念白,诸葛亮的神情又变得严肃而有威:

"也罢!(二字重念接〔五锤锣〕)待老夫奏明幼主,贬去武乡侯,歇兵三日,再与司马懿决一死战。后帐摆宴,与老将军贺功。"

这里的身段,摆扇让赵云先走,赵云退,诸葛亮上步,回身,微笑,以扇向赵云招手,赵云跟在后面同下。

某年,我在上海看言菊朋的《失空斩》后,到他住的旅馆聊天,以此戏为话题,我们的看法基本相同。当我问他,谭与老军对答时,有一个用羽扇扇袖口的身段,何以不用?

"谭老板到晚年,有些身段是从日常生活里化出来的东西,这不好学。像扇子扇袖口的身段,我就不敢使,叔岩也不使,因为没有他的火候,使出来不自然,画虎不成反类犬,还是藏拙为妙。"菊朋还说:"我看过老谭多次《空城计》,并且下苦工研究过,但到了台上就不如他肃穆而不板,凝重而潇洒。看来台上方丈之地是有尺寸的地方,你能吃几碗饭,立竿见影地量出来。"

菊朋是有文学修养的艺人,他的话是从实践中总结出来的经验,值得深思。

据陈彦衡先生说:"鑫培此戏学卢台子(胜奎,有活诸葛称号),卢逝后,始演此戏。晚年艺大进,神明变化,渊穆潇洒,盖已自辟蹊径,青胜于蓝矣。"

171

诸葛武侯弹琴退仲达论

我十四岁时,某夕至杭州第一舞台看王又宸演的《空城计》。第二天,外祖徐仅叟先生出题:《诸葛武侯弹琴退仲达论》,命我作散文。我问仅老:"空城计是京剧根据《三国演义》编的,来源于小说,究竟有无其事?"外祖说:

"空城计的故事见于《三国志》裴注郭冲三事,你可查阅《蜀书》诸葛亮、马谡传再动笔。"我先看郭冲三事:

> 诸葛亮屯于阳平,遣魏延诸军并兵东下,亮惟留万人守城。晋宣帝率二十万众拒亮,而与延军错道,径至前,当亮十六里所,侦候白宣帝,说亮在城中兵少力弱。亮亦知宣帝垂至,已与相逼,欲前赴延军,相去又远,回迹反追,势不相及,将士失色,莫知其计。亮意气自若,敕军中皆卧旗息鼓,不得妄出庵幔,又令大开四城门,扫地却洒。宣帝尝谓亮持重,而猥见势弱,疑其有伏兵,于是引军北趣山。明日食时,亮谓参佐拊手大笑曰:"司马懿必谓吾怯,将有强伏,循山走矣。"候逻还白,如亮所言。宣帝后知,深以为恨。(裴松之)难曰:案阳平在汉中,亮初屯阳平,宣帝尚为荆州都督,镇宛城。至曹真死后,始与亮于关中相抗御耳。魏尝遣宣帝自宛由西城伐蜀,值霖雨不果,此之前后,无复有于阳平交兵事。就如冲言,宣帝既举二十万众,已知亮兵少力弱,若疑其有伏兵,正可设防持重,何至便走乎?案《魏延传》云:"延每随亮出,辄欲请精兵万人,与亮异道,会于潼关,亮制而不许,延尝谓亮为怯,叹己才用之不尽也。"亮尚不以延为万人别统,岂得如冲言,顿使将重兵在前,而以轻弱自守乎?且冲与扶风王言,显彰宣帝之短,对子毁父,理所不容,而云"扶风王慨然善冲之言",故知此书举引皆虚。

《三国志》卷三十九《蜀书·马谡传》裴注引《襄阳记》:

马谡下狱,临终与亮书:"明公视谡犹子,谡视明公犹父,愿深惟殛鲧兴禹之义,使平生之交不亏于此,谡虽死无恨于黄壤也。"于时十万之众,为之垂涕,亮自临祭,待其遗孤若平生。蒋琬后诣汉中,谓亮曰:"昔楚杀得臣,然后文公喜可知也。天下未定而戮智计之士,岂不惜乎!"亮流涕曰:"孙武所以能制胜于天下者,用法明也。是以扬干乱法,魏绛戮其仆①。四海分裂,兵交方始,若复废法,何用讨贼邪!"

我根据这些记载作论,大意是裴注用史实判断郭冲所记,举引皆虚。先举阳平对阵,时间不符;又举《魏延传》,亮不信任魏,岂得如冲言,使将重兵在前,而以轻弱自守。最后一节云:且冲与扶风王言,显彰宣帝之短,对子毁父,理所不容,而云扶风王慨然善冲之言。故知举引皆虚。我的结论是:不敢信其有,亦难断其伪。因《三国志》为晋代官书,历代史官所引民间史料,必有取舍抉择,试以情理论,诸葛一生用兵谨慎,故敢行险侥幸,而司马不入城,则以倘中诱兵计,则所失甚巨,转优为劣,不得谓其胆怯而退也。裴注所云"对子毁父,理所不容",固历代史官之所忌惮而不敢轻予附和者也。郭冲为晋代人,裴松之为南朝宋人,相去百余年,于是空城计一事遂成疑案矣。

外祖修改了结论:"按裴松之字世期,为南朝宋人,宋文帝使裴松之注陈寿《三国志》,松之鸠集传记,广增异闻,既成奏上,文帝曰:裴世期不朽矣。松之谓郭冲所记诸葛布疑兵,退司马一事,稽诸时间、地点断为举引皆虚,洵属真知灼见,允矣。然说部、戏文以失街亭、空城计、斩马谡三事,虚实联结,敷衍成文,亦有针砭之意,盖诸葛一生谨慎,误用马谡,诚为白圭之玷也。"

三庆班连台《三国志》为卢胜奎所编,他是内行中有史学知识,又善于运用资料的剧作者。他根据《三国演义》,又参考裴注,把《空城计》和《失街亭》、《斩马谡》一虚一实两件事,巧妙地连结一起,拧成一个完整的故事;又经谭鑫培删繁就简,精益求精,一直流行至今,成为有教育意义的保留剧目。他们精雕细刻的创造,是高度凝成的结晶,成为文学艺术领域的珍品。

---

①春秋时,魏绛在晋国为卿,晋悼公的弟弟杨干违法,魏绛杀了他的仆人,悼公怒,对羊舌赤说:必杀绛。这时魏绛到了,把一封信交仆人,预备拔剑自杀。悼公读了他的信,光着脚跑出来,对魏绛说:"寡人之言,亲爱也,吾子之讨,军礼也,敢以为请。"与魏绛很有礼貌地一同进餐,使他办理军务。绛建议和戎五利,又悼公好田猎,因规谏之。悼公大悦,使绛和诸戎结盟,等田里收割完了才打猎。

《诸葛武侯弹琴退仲达论》定稿后,我觉得外祖徐仅叟先生从历史角度评论一出错综复杂的历史剧,既肯定了裴松之对郭冲三事举引皆虚的论断,又赞许卢胜奎、谭鑫培创作、整理的成就,这在以前剧评中,似乎还没有人用过这种方法。

附:有关《空城计》《杨家将》《霸王别姬》的几点考证

最近,我以偶然的机会,在朋友案头看到海外寄来的一页胡健中所写《国剧浅谈》,胡先生说:"我对国剧是门外汉……差堪浅谈。"我细读之后,觉得胡先生的文章并不浅,特别是对刘备的评价,认为演义和戏曲都神化诸葛亮,压低刘备。胡先生用许多史实来说明刘备在政治、军事、用人各方面的杰出才能,给予公正的估价。又如对《空城计》的论断,在当时,司马懿不可能与诸葛亮在陕甘边界的西城对阵,这都看出作者的史学深邃,考订精确。

胡先生对《杨家将》中人物的考证,我以前和他的看法相同。一九五九年梅先生编演《穆桂英挂帅》时,有一天,我和戏剧出版社社长孟超同志吃小馆,他说:"梅先生新排《穆桂英挂帅》,你对穆桂英其人考查过没有?"我冲口说:"那是小说、戏曲虚构的。"

"穆桂英实有其人,我最近到山西,从《保德县志》中,找到了可靠根据,你可以转告梅先生。"他从身上掏出一张纸来,上面写道:

> 在历史上穆桂英确有其人,乃非姓穆,实姓慕容氏,音相近而讹传也。考山西省《保德县志》记载着:"慕容氏,杨业孙文广妻,州南慕塔村人,雄勇善战。"此即戏曲中之穆桂英,为自来考《杨家将》说部者所未及。又俞樾《小浮梅闲话》亦有记载杨文广事。

当我把这份资料给梅先生看了,他笑着说:"《穆桂英挂帅》里,姜六爷(妙香)扮杨宗保,葆玖扮杨文广,所有《杨家将》的戏里杨宗保、穆桂英是一对夫妻,想不到穆桂英竟然是杨文广的妻子,这可真有意思。"

《霸王别姬》是齐如山先生执笔起草的,齐老根据《史记》及明代沈采所著《千金记》传奇铺叙成篇,末场用司马迁《项羽本纪》:"力拔山兮气盖世……"原句,对英雄、美人、名马作了概括的咏叹;而虞姬的出场引子:"明灭蟾光,金风里,鼓角凄凉。"是描写野营秋景的警句,此引是从《千金记·虞探》一折中一支

〔石榴花〕曲子演绎过来的:

> 金风飒飒,角韵动凄凉,时断续,暮云黄,乍明乍灭闪萤光,暮笳声,戍鼓残腔。

把这支曲子浓缩成十一字的引子,而不失原曲本意是颇见才华的。当时,"缀玉轩"中的诗人罗瘿公、李释勘等参加了整理剧本工作,而齐老是欢迎大家修改的。

更重要的是杨小楼塑造的项羽,梅兰芳塑造的虞姬,使历史上的英雄、美人立体出现在舞台上,成为佳话。

胡先生对虞姬的籍贯及楚败后虞姓改姓吴的考证,是翔实而令人增长历史知识的。

梅剧中,《霸王别姬》是最接近历史原貌的历史剧。我记得在五十年代,梅先生曾接到观众来信,对项羽定场诗:"……项刘鸿沟曾割地,汉占东来楚霸西。"提出异议,于是我就查了《辞源》:"鸿沟,楚汉分界之处,《史记》项王乃与汉约,中分天下。割鸿沟以西者为汉,鸿沟而东者为楚。按秦始皇引河水以灌大梁,谓之鸿沟,即今贾鲁河,古时汴水分流也。"

梅先生叫我修改,我就改为:"楚霸东来汉占西。"梅先生叫后台管事李春林通知刘连荣,春林说:"这出戏他已唱了十几年,连荣是死口,如果'吃螺蛳'(念错台词)就糟了。"接着又说:"项羽是西楚霸王,您的唱词里还有西楚,要改就都得改,那就乱了套,现在的观众有几个能背《史记》的,还以为念错了呢!"梅先生觉得有理,就没有改,但他对我说:"当年罗瘿公、李释勘都是有学问的,何以没有注意这一点?看来编历史剧是需要逐字逐句推敲的。"

关于《霸王别姬》楚歌的看法则由于胡先生与梅先生所处的环境不同而有异。梅先生此戏创作于民国十年(1921),正值北洋军阀割据混战年代,编演此戏的目的是反战,而胡先生认为在国军文艺中心演此戏有涣散士气的隐忧。开禁后的演出本,可能是根据《梅兰芳演出剧本选集》上演的。《梅兰芳演出剧本选集》是一九五五年配合"梅兰芳、周信芳舞台生活五十年纪念"出版的。当时,田汉同志主持此事,指定许源来、何异旭和我为三人编辑小组,主要是源来弟、异旭兄认真地、细致地对一些水词和不合逻辑的句子作了必要的修改,请梅先生审定付印,我当时事忙,未投很多精力,但这两句楚歌:"千古英雄争何事,赢得沙场战骨寒。"是梅先生叫我改的,的确是换汤不换药,仍是针对反战主题修改的。

胡先生文中还提到梅先生"在对日抗战胜利,梅兰芳蓄须辍演八年后,第一次重现氍毹,在南京国民大会堂演出《御碑亭》"的事,我现将亡弟源来保藏的戏单发表,这是极为罕见的资料。

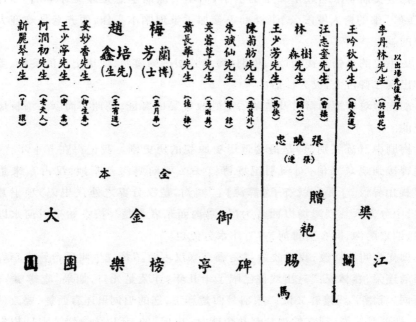

梅兰芳剧团于抗日战争胜利后第一次(在南京)演出戏单

京剧从竞争比较中提高

京剧在清代同治、光绪年间,名角如林,争奇斗胜,从比较中见高低,于磨炼中放光彩,各用其长,善于藏拙,或以清灵取胜,或以雄浑见长,或以矫健立足,或以谐噱擅场,花繁叶茂,汇成巨流而奠定了基业。试以考试为例,演员必须得到观众批准,才能及格而向前发展,每个观众都是阅卷人,戏院里常演的剧目如《空城计》、《定军山》、《玉堂春》、《宇宙锋》、《挑滑车》、《锁笼山》、《乌龙院》、《鸿鸾禧》……有的演员上五成座、七成座,有的满堂加凳,这就是观众批的分数,当然,其中也包括一部分盲圈瞎赞、起哄哗闹的无知现象,但一些真正懂戏的观众的口头评论,往往比一篇堆砌滥调、言过其实的剧评,力量要大得多。

王瑶卿先生曾有精辟的论断,他对我说:"咱们这一行有'成好角'与'当好角',如梅兰芳,他从开场前三出,慢慢移到中轴、压轴(倒第二)、大轴,也有些想当好角,出台就挂头牌,找些名演员陪他唱,撒几百张红票来捧场助威,可是玩意儿不怎么样,看戏的不批准,结果是当不成好角,只好收兵。"

早年梨园行有一句口头语"台上见"。这句话的意思是口说无凭,到台上叫大家看一看,比一比,优胜劣败,立见分晓。戏台如同战场,是量尺寸的地方,有的演员在一次演出中露出头角,博得观众称赏而扶摇直上;有的演员因一次严重事故,传为话柄而潦倒终身。我觉得观众的口碑比文字宣传的力量要大得多,这样促使从业人员聚精会神地养成一种严肃认真的作风。

"通天教主"王瑶卿

有一位外国戏剧家对我说:"中国的演员和观众的关系非常融洽,台上台下交流感情,打成一片。这种气氛我们就很弱,我很羡慕,我曾经想尽方法,缩短演员与观众的距离,但收效不大。"我从而悟到中国戏曲的能有高度成就,观众的督促比较是起到不小作用的,现再举些实例。

我的二舅父徐莹甫(仁镜)是光绪甲午年连捷点翰林,当时的习惯,同榜进士要举行团拜联欢,租用饭庄,预定酒筵及戏班,推定一人为戏提调,挑选各班名角。莹舅是昆曲行家,又久住北京,熟悉戏班情况,常被邀为戏提调,支配戏码。其时,谭鑫培、汪桂芬、孙菊仙三人正当年富力强,而各行角色亦花叶争妍,彩色缤纷,听戏是一种最好的享受,他曾告诉我一些名角竞赛的往事:"我当戏提调,必把叫天和汪大头(汪桂芬个子矮而脑袋大,人称汪大头)的戏码挨着,为的是让他们比较竞争,如同斗蛐蛐(蟋蟀)那样使劲对咬,听戏的可以过瘾。有一次,在会贤堂演团拜戏,大轴叫天《空城计》,压轴(倒第二)大头的《洪羊洞》。汪唱时,谭在门帘边听,说:'真有气力,我看他怎么死?'谭的《空城计》出台后,汪亦未走,听完了说:'真巧!'"

莹舅作了分析:"这两句话是褒中带贬。杨延昭见老令公骸骨,伤感而死,过于使劲不合适;汪的'巧'字是说老谭演戏,善于取巧,分量不够。"

我当时对这些话不理解,若干年后,我在上海谭和庵家里见到鲍吉祥,谈起汪、谭同台演戏的事,鲍说:"我和汪、谭都配过戏,有一次堂会,汪桂芬的《文昭关》,下面是谭的《探母回令》。当《昭关》演毕,谭的杨四郎出台,引子,话白,叫起板来唱〔西皮慢板〕,台下还在纷纷议论汪大头的嗓子、唱腔如何如何,静不下来,一直要到:'扭回头来叫小番'的'嘎调',座儿才静下来细听。"

从这两件事我体会到《洪羊洞》、《文昭关》都是二黄,杨延昭是病危垂死的人,而伍子胥借兵报仇心切,必须用高亢激越的声腔来表达他的内心悲愤,汪桂芬正具备这种条件,所以压倒了谭鑫培。内行常说某人某戏对工或不对工,这个道理是经验之谈。

一九七七年,谭富英兄病危入医院,我去探病,问起他祖父谭鑫培带病演《洪羊洞》是什么人配八贤王?富英说:"是贾洪林。祖父病故开吊那天,贾先生对我父亲(谭小培)说:那天老爷子的'病房'一场,'自那日朝罢归身染重病……'的〔二黄快三眼〕,唱得非常悲伤,就像真事儿一样,我听了毛骨悚然!几个月后,贾先生也作了古了。"这是我和富英兄最后一次谈话,我怕他累着,他却再三留我,谈的都是他祖父的事。

从以上事例对照看,谭鑫培演《洪羊洞》有生活而对工,胜过汪桂芬,他常唱

《捉放曹》而很少演《文昭关》是善用其长。朱季黄兄看见此文后对我说："故宫档案中,常见汪桂芬演《洪羊洞》,而谭鑫培则《樊城·长亭·昭关》是常见的剧目。"我的推测谭在外面不演《文昭关》,可能是三出连演太累的缘故。

书归正传,接着再谈当年我和莹舅的谈话:

"我听过老谭,但没有听过汪桂芬,请您说说他的好处。"我请他介绍汪桂芬。

"汪初唱老旦,倒仓后,为程长庚操琴。光绪七年,长庚死后,汪出台唱老生,他的嗓音沉着浑厚,善用脑后音,在当时学程的没有人能和他相比。据一个内务府的人告诉我:'宫里唱戏也是谭、汪同台,有时,太后点《战长沙》,大头的老爷(满族人称关羽为老爷),叫天的黄忠。另一天,某亲王府唱堂会,王爷点汪桂芬、龚云甫双演《游六殿》,上下场摆两个城楼,汪、龚分扮刘青提合唱,那天汪没有带琴师,用的是龚云甫的胡琴。唱完了,龚云甫对琴师发脾气说:'你怎么随了他的腔走。'琴师说:'老板!从〔导板〕起,我只听见汪大头的唱腔,所以就随了他的腔托啦!'这位朋友还说:'单听龚处(龚云甫是玉器商人,当年对玩票下海的都称处,如孙处——菊仙、许处——荫棠),嗓音甜润有味,但和汪大头比就差一点啦!那时,龚云甫,在宫里还是二三路老旦,而汪桂芬则是唱正戏的角儿了。"

我认为京剧是在竞争比较中不断提高而成为全国流行的剧种的。但像某亲王这种比较方法,北方人称为"损",南方人叫做"促狭",使龚云甫相形见绌,也只有统治集团才能这么办,民间堂会是不可能看到这种特殊场面的。

我看过龚云甫不少戏,但未看过汪桂芬,有一次和王少卿谈起龚云甫、汪桂芬演老旦的比较,少卿说:"据我的父亲(凤卿)说:汪桂芬以演贫婆戏见长,如《钓金龟》……龚云甫演佘太君等雍容华贵的角色最有气度。有人说:汪桂芬用老生嗓子唱老旦,不如龚云甫,这是想当然的看法。汪桂芬是老旦出身后改老生,他知道唱老旦的用嗓和劲头,像这样享盛名的大角儿,他们都有掌握分寸的火候,并且能善用其长。"

从少卿这段话,使我想起看过的许多名演员,他们都有自己的风格,但扮演各种类型人物,都是从性格、身份出发,使观众相信是真人真事,不觉得他们在做戏,而扬长避短则各有巧妙不同。他们的表演给观众留下深刻的印象;而某些一般的表演,则为浮光掠影,一闪而过了。

谭鑫培一生走过的艺术道路,是在竞争奋斗中不断提高而至老不衰的。他各个时期都遇到了劲敌。

他在三庆班改老生后,第一个劲敌是杨月楼,杨月楼是张二奎的学生,他继承了"奎派",同时又有扎实的武工,每年三庆班封箱戏演连台全本《三国志》,杨月楼的赵云是脍炙人口的。杨月楼还能演《水帘洞》的孙悟空,博得杨猴子称号。有一时期,谭鑫培只能离开三庆班到上海演出,以避其锋。但杨月楼由于一场冤枉官司而抑郁以终①,临危时托孤于谭鑫培,谭认杨小楼为义子,把他的名字改为"嘉训",并以全力培养杨小楼,这可以看出他的古道热肠。

在谭、孙、汪三派鼎立时期,汪桂芬、孙菊仙拥有大量观众,都是劲敌。由于汪、孙上演的剧目不多,而以唱为主,于是谭以文武昆乱来与之竞赛,争取观众。后汪不常演出,孙亦离京,谭即独树一帜,成为观众最欣赏的舞台人物。

入民国后,谭受到刘鸿升、梅兰芳的夹攻。梅兰芳从上海载誉归来,成为舞台上风云人物。刘鸿升虽然肢体上有缺陷,武打、做功均无条件,但他以天赋的佳嗓而拥有大量观众,他的三斩一碰——《辕门斩子》、《斩黄袍》、《失空斩》、《碰碑》,成为每演必满的保留剧目。

一夕,谭贴《辕门斩子》,于是内行、名票、谭迷云集,因大家知道此老好胜,必有可观。

表兄言简斋描述了现场情况。他说:"在《斩子》出场前,谭忽便衣登场,对观众说话:'今天我唱《辕门斩子》,请诸位赏音,比别人如何?'于是全场报以彩声。"简兄强调说:"谭的杨延昭,与众不同。见八贤王是态度强硬;见佘太君则以'娘若是再讲情儿要自刎头来'使佘无法再说下去;见穆桂英则以惊喜交加的心情表示已等来了破天门的人。层次井然,声容并茂。"

我看谭鑫培的戏已是晚年,但觉得他精力弥漫,并无衰退之象。由此看来,谭遇到劲敌,对他的艺术起了促进作用,而他的战略战术是善用其长,精益求精,所以能立于不败之地,而成为影响最大的流派。

苹南诗曰:

皖鄂燕歌国剧基,艺坛雀起叫天儿。精研广究跑帘外,说教喻题鉴步仪。承值升平安殿目,妙擅诸葛御琴姿。坎肩便服标鹅扇,庭示曾聆雅奏时。

---

①杨月楼初搭三庆班,因购置住房,料理婚事,向三庆班借了三千两银子,不久即陆续还清,但三庆班的账簿并未注销欠款。以后,程长庚的后人,根据此账簿向杨月楼追索欠款,以致涉讼,杨月楼正在中年,抑郁病逝。

徐仁镜与谭鑫培斗蛐蛐

我的二舅父徐莹甫多才多艺,书法宗虞世南《汝南公主墓志》、颜真卿大字《麻姑仙坛记》、李邕《云麾将军碑》,我少年时曾学他的书法;围棋称高手,与汪云峰、胡祥麟对子分先,让我四子;还精通昆曲,能吹笛,皮黄最欣赏谭鑫培、王楞仙、罗百岁,我十一岁时,他给我吹过《长生殿》的《弹词》、《疑谶》(即《酒楼》)。他还善于识别蛐蛐。有一年,从北京到杭州省亲,正赶上中秋节,吃嘉兴的大螃蟹,南方的习惯,吃蟹要喝黄酒,既去腥,又驱寒。那天莹舅喝了几杯黄酒,有三分酒意,台阶下有蛐蛐叫,我娘说:"你现在还养蛐蛐吗?"二舅说:"今年因为到杭州,所以没养,杭州蛐蛐是有名的,可惜我是过客,如果在此住家,打算养几盆玩玩。"我插口说:"听我娘说,您挑蛐蛐最有眼光,比蛐蛐把式还强,请您讲点故事听听。"二舅喝了一口紫苏、生姜、红糖汤(按南方的规矩,吃完蟹要喝紫苏姜糖汤,目的是散寒),笑着说:"我讲一桩和叫天儿斗蛐蛐的故事给你听。"

"当年北京城里斗蛐蛐的风气很盛,上自王公大臣,以至普通老百姓都有这种嗜好。有一批人靠此营生,称为把式,他们要代主人挑选蛐蛐,管理饲养,斗的时候,由他们照料。我的蛐蛐有时斗赢了,就把彩钱给了把式。"

"听我娘说,您挑蛐蛐是有名的,到局里斗的时候,胜多败少,您是怎么练的?"我请他谈谈鉴别蛐蛐的窍门。

"挑蛐蛐有很多讲究,看它的个头、颜色、牙齿,就有红牙青、墨牙黄、白牙紫、正紫等名称,北京的蛐蛐称为'伏地',是从近郊区来的,也有从山东省乐陵、肥城来的。蛐蛐贩子很辛苦,要肩挑重担到北京城里来卖。有些好蛐蛐,贩子居为奇货,价钱很高。我挑蛐蛐的方法,不完全走热门,仿佛看古董一样,要有鉴别能力,等斗时,才见分晓。我养蛐蛐是消遣,并不在赌钱,有的蛐蛐,斗赢一次,就不再上阵。"

"我的堂弟许伯遒养蛐蛐,他曾带我到杭州斗蛐蛐的地方观战,仿佛是在一个长形竹笼里斗,两头有两个小门,当中有一道闸,双方把蛐蛐从小门里放进去后,有一个公证人把闸拔掉就开始战斗。不知北京是否如此?"我想听听北京城斗蟋蟀的场景。

"北京斗蟋蟀是在瓦盆里斗,蟋蟀罐里有一个小瓦房,名为'过笼',把蟋蟀放在过笼里,交到管戥子的人手里过秤,在一张登记表上注明分量、字号。斗蟋蟀的规矩,一般要分量相等。双方把蟋蟀放进斗盆里,斗盆的形状像一个钵,由主人或把式用'探子'(是用象牙、虬角或竹制的细签,上安鼠须)向蟋蟀牙部轻拂,引到一起,让它们拼搏对咬,一方退却就输了,胜者开牙鸣叫。"

"我曾在友人处看见一个蟋蟀罐,里边是瓦,外面是红色雕漆套匣,盖上有'大明嘉靖年制'的款字,好像是宫里的东西。"我请他谈谈蟋蟀罐的历史。

"好蟋蟀必须养在名工烧制的罐里,使它们生活舒适,斗志昂扬。北方讲究赵子玉、万里张,都是明代的高手。赵子玉有八种罐,颜色深浅不同,盖里或盆底刻有'古燕赵子玉制'、'敬斋主人'、'淡园主人'等阳文款识;万里张的罐作马蹄形,上窄下宽,盖与罐身刻有骑缝图章款,仿佛商标,又如同字画的骑缝收藏章。赵子玉是硬胎,万里张是软胎。我还见过'大明宣德年制'的蟋蟀罐,还有'大清康熙御制'的蟋蟀罐,更为名贵。看来,明、清两代宫里养蟋蟀是盛行的。"莹舅把话拉到与谭鑫培斗蟋蟀的本题:

"斗蟋蟀由头家出帖邀局,被请者按指定的地点、时间,带了蟋蟀前往。每家用一个字作代号,我的罐就写上'由'字,因我别号由盦。携虫来斗的有王爷、官宦、巨商、文人、梨园行、店员各色人等,到了这里,没有尊卑之分,都以字号称呼。北方的习惯,输赢以月饼计算,一斤月饼代表一元或两元银元,还可以帮彩下注,头家抽百分之二十的头钱,作为开销。我和叫天是老朋友,常在斗蟋蟀的地方碰面,他称我徐二爷,我叫他谭老板。

"有一次,老谭在家里设局,下帖子请我。我准时到大外廊营谭家,那是个深秋天气,斗蟋蟀一般在院子里斗,我带了把式和三盆蟋蟀。其中一盆与老谭的蟋蟀配上了对,双方苦战对咬,最后,我的蟋蟀把对手咬得蹦起来,开牙鸣叫,表示得胜。老谭非常懊丧,苦笑说:'徐二爷,您的蟋蟀真好,我这个蟋蟀已经赢了五次,快要封盆称将军了,想不到败下阵来。'临走时,我把这只蟋蟀亲手交给老谭说:'您失了一位将军,现在我把它送给你,可说是失而复得。'老谭喜出望外,再三道谢。"莹舅笑着说:"蟋蟀酣战时,老谭二目圆睁,全神贯注,脸上有戏,仿佛扎靠登场的神气。"

"听了您说的故事,斗蟋蟀如同唱戏那样竞争,真有意思,可惜我对此道是门外汉,不能养几盆玩玩。"

莹舅最后说:"从南宋贾似道到现在上千年,养蛐蛐是达官贵人的消闲方法,古人说,玩物丧志,你们年轻人最好不要往里钻。现在局面变了,这一套也就随着潮流过去了。"

苹南妹读此文颇感兴趣,认为像莹舅这样的斗蛐蛐,真是玩物而能不为物所役。因口占五律志钦:

> 高秋凉夜永,篱落网严罗。天宝官中竞,半闲堂里多。军容拟孙武,决策赛萧何。赠将中怀朗,冲襟协太和。

梅边琐记

梅边琐记

　　《北行琐记》是记述一九四九年夏,梅兰芳先生由沪至京参加第一次文代会的活动情况,返沪后,《亦报》主编唐大郎兄(云旌)嘱写此文连载。是年秋,梅先生被邀为全国政协代表,第二次北上,出席大会,并参加开国典礼,返沪后,在中国大戏院演出。一九五〇年春,《亦报》编辑部约稿,更名为《梅边琐记》,从三月至六月连载了一百天。这份剪报被源来弟保存下来,其中有少数缺页。我重阅此稿,有些是当时取稿者坐索时写的,不免有粗疏之感。但这些随笔性质的文字,记录了三十年前的社会风貌,思想情况,因而收入我的《许姬传七十年见闻录》中,并作了补充诠释,仍是随笔写去,与同年十月间在《文汇报》发表的《舞台生活四十年》体例不同,那是个人自述的传记性质,从连载到成书是经过若干次增删修改的。可惜《北行琐记》的剪报已轶,我再三回忆,如云烟过眼,渺不可追矣。

　　《梅边琐记》里有一些篇幅谈徐家旧事,与《戊戌变法侧记》有重复的地方,为保存原貌,不作修改,从按语中略加补充。

第一次南归

我前作《北行琐记》,因为第二次北上,事情太忙,无暇握管,返沪后又遭大故,情绪恶劣,不能为文。农历年前在门口碰见芥老,他鼓励我继续写下去。当夜就找出日记本子,整理了一番,第二天预备开始写述,那晓得从那天起电灯不亮了,大为败兴。这几天灯又亮了,感觉到这灯光格外亲切而可贵,趁此缕述如下,不过改了一个题目,叫作《梅边琐记》。

前次的《北行琐记》写到快要离开北京。我们第一次南归,文代会的团体在七月底已经陆续走了,梅(浣华)周(信芳)两君,因为同业筹款义演,还有总工会的晚会,迟到八月八日上午方始由京动身。事先由文代会一位同志替我们买好平沪直达通车票,非常舒适。到站送行的有田汉、洪深、周扬、阿英、欧阳予倩、马彦祥等;抵津站,有京剧公会入站欢送。中国大戏院经理孟君还送了蛋糕、面包、糖果,梅先生病后,肠胃不好,这些东西来的正好。因为两个多月的疲劳,在车厢里东倒西歪的睡了下去。

按语:一九四九年冬,先父直庵公(省诗字冠英)病逝于沪寓,文内所说"遭大故",即指此。

芥老是名记者钱芥尘,他和我家都住在上海重庆北路咸益里,芥老常告诉我不少军阀争夺地盘、日本军阀侵华的轶事。他和奉系有来往。我曾询及皇姑屯炸车案的内幕,他说:"张作霖拒绝了日本方面提出的某种条件后,才有炸车的阴谋。被炸后,当场未死,抬进汽车时,还大声骂日本军阀,到了元帅府不久就死了。临终前,关照军政要人及幕僚,等张学良回沈后再发丧。所以就秘不发丧,暗中调兵遣将,部署后事;同时,医生天天到元帅府假装看病,若干天后张学良化妆成兵士的样子回到元帅府,才公布发丧。关东军本打算逞乱烘烘时,侵占东北,由于这种原因,才推迟到'九·一八'进兵北大营。"

他又说:"张雨亭死后,杨宇霆勾结日本军阀,想取代张氏,黎霸东北,

188

为张学良等识破阴谋,以迅雷不及掩耳的行动,消灭了政变阴谋。此后,张汉卿坐镇东北,有举足轻重之势,阎锡山、蒋介石都派代表到沈阳,争取张汉卿以扩张势力,由于国民党代表的手段灵活,张汉卿就归到蒋介石一边。"

我谈起当年在天津古玩铺看到黄鹤山樵的《林泉清吸图》,非常精妙,后为张汉卿所得。当时,军人购买书画,多半请人掌眼鉴定,他是否如此?

"汉卿是自己看,他看中的东西,从不还价,所以古玩行有精品,必定先送给少卿看。他买《林泉清吸图》时,派人坐飞机到上海与狄平子所藏《青卞隐居图》、庞虚斋所藏《葛稚川移居图》核对比较而后收购的。汉卿所藏赵松雪行书尺牍是屡见著录的名迹,他收藏的书画,盖有'定远斋'收藏章,以班超自况。还有'毅厂'、'十八冠军'……都是寿石工刻的。"那时,我与钱芥尘闲谈中,增长了知识。虽然回忆多年前的谈话,可能有出入,但还是写出来供参考。

电灯不亮是台湾飞机空袭警报,全市停电。

我写《北行琐记》、《梅边琐记》时署名"思潜",是纪念我的老师徐肖研(衍高)表兄的,他别字"潜士"。在记录《舞台生活四十年》时,黄裳兄主张署姬传,因梅先生用艺名,此后为文即不再用思潜了。

泰山赏月

　　泰山赏月，并不是登泰山赏月，因为我们所乘的列车过泰山正在午夜，那天晚上月亮非常好，我同梅葆玥、王佩瑜因为天热睡不着，就在车窗赏月。碧天如水，皎洁的月光照到泰山顶上，愈显得泰山的崇高伟大，奇峰突起，好看极了。她们二位都喜欢研究诗词文艺，大家念了许多古人关于月的句子，如"明月几时有，把酒问青天"，"人有悲欢离合，月有阴晴圆缺"等，总有几十句。我说还有昆曲《西厢记·佳期》里的"月明如水浸楼台"，《玉簪记·琴挑》里面的"月明云淡露华浓"，她们听了非常欣赏，觉得古人写景的技巧，真有独到之处。我们又广泛的谈到中国数千年来，许多文艺界的前辈老先生，留下来的精湛的文字、创作的精神，他们对于当时的政治社会、风土习俗、山川文物，用批判式的文字描写出来。一部二十四史，是统治阶级的御用日记。古人老早说过，尽信书则不如无书，我们从诗词、乐府、歌曲、杂记里面，反而可以了解一大部分当时的真实情况，找到许多珍贵的史料。像唐人的诗，宋人的词，元明的曲，更有他们独特的风格，足够后人寻绎采索的了。鲁迅先生曾经对我的朋友徐君说："读书人要会选择古人文字，要读有用的书，如果毫无计划、毫无目的读书，于性灵上一点没有发挥，于学术上更谈不到进步，结果变成两脚书橱而已。"

陵园瓜

　　从济南开车,因为淮河新桥,已经修好,车行相当迅速,第二天黄昏到浦口,夜半渡江。第三天因有警报,车停在白鹭洲,天气非常炎热,车上的服务员告诉我们,要下午四点以后再开。周先生听见这个消息,就下车单独行动去了。我陪了梅夫人及其子女绍武、葆玥、葆玖和剧团的郭仲逸等一同下车,到桃叶渡老宝兴(是教门馆子)吃了些汤面、盐水鸭、油鸡。那时天气更热,大家都说这次在德州买了几个西瓜,一点也不甜,现在如果有好西瓜吃一个,清暑解渴,真是琼浆甘露。我忽然想起,曾经在此地吃过陵园瓜,甜脆爽口,告诉他们,他们不信。梅夫人带了葆玥、葆玖先回车上。我同仲逸、绍武三个人,走到夫子庙,捡一家规模大的水果铺,问他有没有陵园瓜。他说你要普通的,还是好的。我说此话怎讲? 他告诉我普通的三百元一个,好的三百元一斤,相差五六倍之多。正在犹豫,看见几个人走进来,从冰箱里买了一个瓜,就在桌子上打开来吃,我问他们甜不甜,三个人不约而同的向我点点头。我们赶快跑到冰箱边往里看,还冰了两个,都买了回来,到车上剖开,是薄皮、红瓤、檀香瓜子,每人尝了一两片,凉入心脾,如饮甘露,顿觉暑气全减。梅先生说,在美国曾经吃过最有名的西瓜,也不能胜过陵园瓜,真是名不虚传。后来二次下车,又买了十几个,带回上海送朋友。听一位南京朋友讲,可惜产量不多,很希望由专家管理,大量种植,使大家都有机会一尝此味,岂不美哉。

　　按语:当时车行甚慢,在南京白鹭洲停车十七小时是躲空袭,要到夜晚开车。

　　买陵园瓜用的是人民币,三百元相当于三角钱。按今天所用的人民币是以后用旧币万元折合一元的新币。

收税员

我们在白鹭洲，一共停留了十七小时。那时大水之后，有许多人家，尚在水乡，搬到车站上来，搭了简便棚架，卖茶水，卖点心食物，倒也非常热闹。乘客因为车中炎热（一百○七度），在里面喘不过气来，纷纷下车散步，看小孩子在水中游泳，觉得别有风味。周信芳先生下午四点钟回来了，我们问他到哪里去耍子了半日。他说一下车，先到一家规模相当大的澡堂里洗澡，因为时间早，没有人，大汤里的水碧清，一个人浸在里面，游来游去，舒服极了。洗完澡，到夫子庙一家扬式点心铺吃鸡肉大馒头，可巧老板是熟人，还了账，盘桓了半晌。随后到一家戏馆里访问赵松樵，走到门口，正要进去，忽然有一个人过来问他说，同志，你是来定座，还是查捐？周先生的扮相，穿了一身黄卡其的列宁服（文代会送的），手里拿着公事皮包，有点像一个收税员，就反问他你是戏馆里甚么人？他一听更恐慌，说我是街头艺人，不在戏馆里工作，立刻拿起腿来就跑。大家听了，想起那种形态，都笑不可仰。

砀山梨

我们回到上海后不多时候,又接到政协筹备会的通知,于九月四日,重行北上。这一次出发,简单得很,梅氏夫妇而外,王佩瑜、梅绍武连我,只有五个人。在徐州买了几个砀山梨,价钱很便宜,二三百元一斤,最大的一斤不到两个,这是安徽境内的名产。以后每到一站,我们三个人轮流下去买梨来比较好坏,经验告诉我们,要挑大的,愈大愈甜,肉也愈细。我们谈到中国的水果优点与缺点,优点是土壤厚,汁水甜(像日本的桔子和梨,他们想尽法子改良,还是淡而无味),缺点是种植方法墨守旧规,不知改进。譬如山东境内最著名的莱阳梨,那的确比砀山梨还要好,表皮深绿色,形状并不美观,味恰又甜又鲜,称得起梨中极品;但是十个之中,到有六七个是虫蛀的,吃的时候,要用刀很仔细的把蛀的部分挖掉,产量也不多。如果有农科专家加以改良,这虫蛀一点,必定可以克服。烟台的洋梨,水多而甜,略带酸,色香味俱全,没有虫蛀之病,足以证明种植的方法有了显著的进步。天津的雅梨,北京的小白梨,久已畅销各地,人所共知。还有一种雅广梨,味酸甜而肉不细,产量不多,时间甚短,只有久住北京的人方知道。我觉得水果对于人身营养,极为需要,在医药上亦有帮助,又是我国的土产,应该提倡大量种植,廉价发售,使人人有力购买,利权也不致外溢。像过去历年进口的外国罐头水果食品之类,这一漏卮,无法估计,提起来真痛心。

罗果夫

　　我们在车上五个人只有四个铺位,隔壁住了一位塔斯社的罗果夫先生,还空了一个上铺,梅绍武就住到他的房里。罗先生跟梅先生是素来相熟的,他会讲中国话,写中国字,也能英语,我同绍武常常跟他聊天。他告诉我们许多苏联的情形和文艺动态,他的儿子是研究戏剧的。梅先生问起几位戏剧界的老朋友如唐金柯、史达尼斯拉夫斯基、梅也荷尔德、铁资可夫等等,大半已作古人,相隔十余年,不胜沧桑之感!罗果夫说:战后的莫斯科,建设得很好,一切都有合理的进步,梅先生再去一定感觉到面目一新。车过淮河,走上新架的木桥,我们告诉罗先生第一次北上路过蚌埠,因为要换车,在此停留十几小时,我同梅小姐都病了,想不到路局很快的就修好了,旅客无不称便。他说有他们的技术人员在协助设计,外界恰很少有人知道这桩事,他们是诚心诚意不折不扣的帮忙,工作的时候一声不响的埋头苦干。这种精神,真是值得我们学习的。

　　按语:罗果夫能讲中国话,我曾向他打听苏联对待科技人员及演员的情况,他说:"工程师及科技人员待遇很优,演员如乌兰诺娃等名演员薪给更高,在物资缺乏时,他(她)们可以凭证到特点购物。"

　　"个人的生活环境如何?"

　　"可以有住宅、汽车、冰箱……"

　　"这种特殊待遇,大家有无反感?"

　　罗果夫笑着说:"我们是批判平均主义的,大家觉悟提高了,并无意见。"

　　梅先生嘱咐我:"写文章时,不要把罗果夫这番话写进去,因为我们刚刚解放,条件不如苏联。"

史家胡同陈宅素描

　　第二次到了北京,我陪梅先生住在六国饭店政协招待所,梅绍武回燕京大学读书,梅夫人同王小姐(梅先生的学生,这次请她来照料饮食卫生)借住在史家胡同陈关铎先生家中,陈是一位热情的主人。梅先生肠胃不好,每天除了开会时间以外,都到这里吃饭休息。陈家是一所古老的洋房,因年久失修,已经显出"画廊金粉半零星,池馆苍苔一片青"的景象。构造方面充满了广东气味,北京城里这样格局的房子,是不多见的。我们借了他右边的三间,吃饭的时候,如果人多,就借他家客厅,人少在卧室里吃。有一个占地两三亩的园子,树木甚多,枣树梨树,结的树头鲜常常摘下来享客;一片草坪,早已改为家庭农场,种了青菜、云豆、番茄之类,环境相当幽静。隔壁是一个托儿所,从我们窗外望出去,几十位小天使,嘻嘻哈哈,一片天真,有几个大一点的还会扭秧歌,唱《东方红》,有趣极了。王佩瑜常说要办一个托儿所,为下一代小同志们服务,所以她看了窗外的环境,比我们更加兴奋的多。

　　按语:陈关铎是北京新华银行的副经理,当时冯幼伟兄任新华银行董事长,曹少璋兄是北京新华银行经理,都是梅先生的老朋友,所以梅夫人住在陈家。陈关铎的夫人已到外国,有音乐家夫妇住在陈家。

北京的家常便饭

　　我们跟主人约好,吃的问题,自己解决。陈家人口不多,生活非常简单,就把厨房全部让给我们用。王小姐托徐大爷(兰沅)介绍了一位女炊事员,每天做些道地的北京家常便饭菜,如溜锅炸(绿豆粉做成寸金糖大小的条子用油炸)、麻豆腐(二十年前我住家天津的时候,在夏山楼主家里吃过羊油炒麻豆腐,那一阵味,几乎吐出来。还有豆汁,我也不能吃。这次我居然能吃麻豆腐,因为不是羊油炒的。豆汁还是不能吃)、卤虾油烧豆腐(这样菜梅先生最喜食)、炉肉丸子熬白菜、青酱肉(青酱肉就新鲜火腿夹烧饼、窝窝头,非常好吃)、爆三样(羊肉、羊腰、羊肝)、溜丸子(北京从前管票友叫丸子,带点玩笑的意味,我问了许多京剧界的老前辈,都不能解释这种意义),这些菜都是经济而可口,我们离开北方多年,吃时觉得亲切有味。梅先生近几年的生活,力主节约,我们在北方的时候、上海思南路的寓中,每天只有四千元菜钱;我看见梅先生穿的汗衫有几件都是细针密缕缝过的,说出来真令人难信。

　　按语:文内所举的菜是标准的北京便饭,梅氏夫妇生长北京,吃得津津有味,而我生于苏州,所吃以鱼虾为主。这道地北京风味系豆汁、羊油炒麻豆腐等,我并不欢迎,可以看出饮食方面南奢而北俭。当然,南方是鱼米之乡,而北京则靠近畜牧地带,以肉食、面食为主。人的生活,往往喜欢家乡风味,这是古今一辙的。

　　炉肉是烤猪肉,皮脆肉酥,又叫响皮肉,炉肉垛馅做成丸子,是很好的家常菜。

梦素轩

我们窗外有一座露台,宽敞豁目,上面有一块匾叫"梦素轩",底下还有半池残荷。梅先生饭后,总在这里晒太阳,看政协文件,阅报,练柔软运动。有熟不拘礼的朋友来访,也请到这里谈话。主人善于摄影,王小姐也是行家,梅先生更是积卅年之经验,有一个时期,大家都以照相为遣,几乎把园子里每一个角落都照遍了。最妙的是有几位朋友刚进门,还没有坐定,就请他照相。有一天估衣铺的掌柜,拿了一包刺绣、织锦、缂丝的箭衣、蟒袍、旗袍、厂衣(厂衣是从前贵族遇到大典入宫朝贺时候穿的,像《四郎探母》公主到萧太后那里盗令一场,就穿的是厂衣)来兜售。这种衣服,过去就专销洋庄,外国人改做靠垫、台毯,或者时装跳舞,现在唯一的对象是京剧工作者,买来改制行头。这一堆虽然是封建时代的垃圾,但是质料紧密,手工精巧,配色古雅。大家看了觉得新鲜有趣,三十岁以下的人更是见所未见,就纷纷穿起来照相,梦素轩倾刻变成了一个《清宫外史》的舞台面,梅夫人像太后,王小姐扮了一个郡主,梅先生的化装师顾宝森是个胖子,穿起龙袍活像大世界变戏法的艺人,殊堪发噱。

按语:那时,我常陪梅夫人到估衣铺买绣、缂、绸缎的衣服和料子带回上海送人。记得我买了黑绸日本式大袍预备做浴衣,肩上有两个白色小团花,不知什么意思?曾在日本留学的曹少璋兄看见了说:"了不得,这是日本贵族穿的礼服,大约是日本军阀投降后遗留下来的。"

中秋节吃烤肉

　　烤牛羊肉,是蒙古人的吃法,据说从元朝时期带进来的,如今成了北京城唯一的特色(《红楼梦》所描写的烤鹿肉渊源一辙,不过方式略有不同而已)。在过去封建统治时代,到了公共吃烤肉的场合,某些阶级观念就暂时消失了。北京有一处著名的吃烤肉的地方是在一个院子里,十几个人围住吃,生意甚好,常常要排班补缺。从前的所谓达官贵人们,不惜纡尊降贵的来照顾。这里是各色人等俱全,劳动阶级当然也可以捷足先登,看来倒也"平等"。梅先生的表弟秦叔忍,是一个热情而诚恳的人,在北京城人缘好,亲故多,相当兜得转。他的父亲秦稚芬(小名五九),就是梅先生的姑夫,擅翰墨,写孙过庭书谱,研究中国历史,与梁任公、罗瘿公、魏铁珊过从甚密,为人豪侠亢爽。民国初年,梅先生与田际云发生纠纷,他出来仗义执言,片言息事。这两次我们到北京,遇到办不通的事,请教秦三爷(叔忍行三,大家称他三爷),总是知无不言,尽力帮忙,有父风。他约我们中秋节吃烤肉,居然有本事,把这套笨重的道具搬到史家胡同来,真可以算得神通广大。

　　到了中秋那一天,秦叔忍事先将从梅先生起到伙计跟包整个剧团的人都约好了,俞振飞夫妇可巧从上海来刚下火车,外客还有吴性栽、费穆(费与秦叔忍在北京同学),宾主二十余人。从七点钟开始,梦素轩露台,摆上了圆桌(吃烤肉的规矩是立食,不摆凳子,因为铁风炉甚高,坐下来就够不着了),一个像蒸笼形状的铁风炉,上面扣了一块平面的铁板,用木柴烧旺了端上来,摆在中间。牛肉羊肉切成片,浸在酱油葱蒜作料里,各人自己烤来吃。还有两大盘烧饼,几壶白干,全套的游牧风味,仿佛置身塞外,觉得别有奇趣。客厅里另外一桌,年老的,肠胃不大健全的,吃羊肉,还配了几色饭菜,招待得周到之至。那天下午有微雨,阴晴不定,吃到一半,月亮出来了。梅夫人沏了好香片待客,客人们有的在露台上看月,有几位在客厅里闲话,有的在园子里散步,到十一点钟光景才陆续散去。这个中秋节吃烤肉的晚会,过得相当热闹。

按语:有一年到北京,表兄言简斋带我到宣武门内安儿胡同吃烤牛肉。那是一间不大的屋子,桌上摆两个"支子",即文中所描述的道具,我记得有一个胖胖的人招待顾客。据简斋说,这种吃法是蒙古人带进来的,起初是姓宛的弟兄——两个回民,把"支子"和牛肉佐料搁在一架带篷的车上,停在胡同口,大家围炉立食。以后营业有起色,就买了这间小屋。指着一个胖子说:"这是哥哥,专管招待顾客,坐在账桌上的瘦子是弟弟,切肉兼会计。"

秦叔忍叫来的烤牛肉是"烤肉刘",在陕西巷南口外,我没有到那里吃过。

隔了几年,马连良兄从香港回京,有一天请梅氏夫妇子女吃"烤肉宛",那已是三开间门面的大馆子了。连良陪梅先生和我到后面一间小屋,坑上躺着一个面有病容的胖子,他坐起来,连良介绍说:"这是掌柜的。"掌柜的陪我们聊天,述说烤肉宛的发展史,还陪我们去看牛肉冻池。那是一个比西式浴盆大的长方池,牛肉放在天然冰上。他介绍说:"烤肉是最讲究的吃法,必须把肥的和筋筋拉拉去净,全用精肉。切肉的老师傅是很有本领的,光是刀工就有许多讲究,所以肉味鲜嫩。至于烤的技术,要看顾客的经验,但无论如何一定是嫩的。"

"剔下这些牛肉如何处理?"我问。

"我们叫下脚,垛馅蒸包子。"掌柜的还说:"吃烤肉的,主要是回民和本京人,外宾也爱吃,他们对这种蒙古式的吃法感兴趣。"

一九七六年七月二十八日唐山地震那天,梅夫人派孙儿梅卫东、外孙范梅强、司机张良材把我从张自忠路(旧铁狮子胡同)接到和平门内西旧帘子二十九号梅宅居住,距离"烤肉宛"很近,常去吃烤肉。起初还是自己烤,以后改为大师傅烤好,由服务员送到客座上来了。最后一间是招待外宾的雅座。这家蒙古族生活方式的回民食堂,经历了各个社会的变革沧桑,和我年龄相等的老回回、老北京读了此文,也许引起会心一笑。当然我的浮光掠影的述说,必定有许多门外之谈,尚希指正。

潘乐德与中国戏

　　陈叔通先生写信介绍了一位英国文化会的潘乐德君,潘是清华教授,戏剧专家,梅先生约他到史家胡同喝茶。那天下午,由清华学生英若诚陪了潘君如期而来,他第一句话:我在先见过程、尚、荀三位,今天能够见到梅先生,可称幸会。潘君对于中国戏很能了解,并且指出中国古典的歌舞剧,地位非常之高,这种歌舞一体综合性的艺术,是东方特有的风格。外国戏歌与舞,是分开的。譬如歌唱,就分成男女高音低音若干部门,一个人只练一门,工作比较单纯,容易成熟。跳脚尖舞,在各种舞蹈里最费功夫,必须从小下苦功,年纪一大身子就重了,训练的方法非常严格,跟中国的科班教育,有点相似。他要梅先生告诉他关于中国戏剧学校训练演员的程序,预备把这种方法介绍到欧洲去,提倡歌舞合一制度。

　　梅先生说,做工方面的基本训练,第一步是"走脚步",正生、花脸、青衣、武生、小丑,各种脚步,都是不同的。表情部分,喜、怒、哀、乐都必须有内心的体会,才能把握住剧中人的人物性格。唱的基本工作,每天黎明起床,到水边喊嗓,严寒酷暑,不许间断。我在莫斯科、列宁格勒表演的时候,有一位苏联戏剧专家的评论,说中国戏是"有规则的自由动作",最为恰当扼要。潘君又问训练一个演员约需若干时间?梅先生想了想,答复他至少六年,还得要看此人的天才和教授法,是否能够适合。因为需要学习的部门太多,唱、做、念、打、文、武、昆、乱都是必修科目,所以占去很多的时间。我虽然十一岁就出台表演,可是一面表演,一面学习、自修,一直到现在还是如此。最后,梅先生感慨地说:"目前还没有一个组织完善的戏剧学校。北京原有的科班因为私人经营,无力支持,都已解散。往后教师人才一天比一天凋零,中国戏剧的前途非常可忧。"谈到此处,已经暮色苍茫,他们看表,超过了约定的谈话时间,起来握别,约好后天到潘君家里,看他的傀儡戏流动舞台。

　　按语:当潘乐德谈起看过四大名旦的戏时,还说:"我先看荀慧生的戏,是个胖子,后来看程砚秋《荒山泪》,比荀更胖,以为中国观众看戏,喜欢胖子;最近看了 Dr. 梅的《霸王别姬》,才觉得我的看法不对。"(按解放初梅先生已是望六老人,但身材适度,尚未发胖。)

潘乐德还说:"外国戏,芭蕾舞演员必定是瘦子,如果超重,就使男主角无法托举,所以她们的饮食是严格规定的。而演歌剧的演员就有胖一点的,因她们以歌唱为主,如果营养不足,就影响'横隔膜'(即丹田)的运动。我觉得中国戏曲演员的负担很重,唱、做、念、打都经过严格锻炼,你们的表演包括歌剧、舞剧、话剧,因此过瘦过胖都影响表演。而梅先生是最标准的身材,所以在美国、苏联都博得文艺界的称誉。"当时我曾把原话写进这节里,梅先生拿笔涂掉了。我说:"我记的是外国人对中国戏的评价,是不增不减的真话,为什么要勾掉?"我说话时有点激动,因为《梅边琐记》里凡是牵涉到别人赞美他的词句,他都勾掉了,我很不满意,因此借题发挥。梅先生用温和的语气、恳切的态度安慰我说:"姬老,我们的交情亲如手足,你的脾气喜欢说真话,我是了解的。但潘乐德的原话,一般读者看了也许感到新鲜有趣;而我的同行看了就疑心我们借外国人的话来抬高自己,这样对你我都不好。希望你体谅我的心情,尽量避免自我宣传。"那天我在枕上细味他的话,逐渐解开了思想包袱。

一九五五年,梅先生在北影拍摄《梅兰芳舞台艺术》纪录电影,由于一天只拍几个镜头,从早到晚,在化妆室里喝茶、吃饭,没有活动,京剧界的口头语:"蹲膘",就开始长肉。到了一九六〇年,他常唱《穆桂英挂帅》,有一天,姚玉芙对他说:"有时我派定了《醉酒》、《别姬》,你又改为《挂帅》,挂帅的唱做繁重,你何苦来。"

"我现在胖了,腰粗,《别姬》的舞剑,《醉酒》的卧鱼,都有下腰的矮身段,我感到吃力。抗日期间,我停了八年,重登舞台,嗓子回工,唱工戏觉得费劲,所以常唱《醉酒》、《别姬》、《虹霓关》……做工戏。现在我不怕唱,就怕矮身段。我现在的嗓子,连《玉堂春》、《生死恨》都能唱,因为这两出戏由葆玖唱,所以不动。"梅先生接着对我说:"十年前,我勾掉潘乐德对于胖瘦问题的谈话,你当时不以为然,现在你回过味儿了吧,照那样写,岂不是一个话柄。"

与潘乐德谈话时,英若诚担任翻译,他从清华毕业后,入北京人民艺术剧院为话剧演员,在《茶馆》里扮演人贩子刘麻子,一九八二年在意大利电视连续剧《马可孛罗》中扮演成吉思汗。最近人艺上演现代美国名剧《推销员之死》,中文演出本是英若诚翻译的。据吴祖光兄说:英若诚为话剧界精通英国语文的翘楚。

潘家的傀儡戏

　　潘乐德和梅先生一样,也是戏剧世家,欧洲的名演员,他本人主演过莎士比亚的名剧,后来因为身体发胖,才终止舞台生活。他的父亲是傀儡戏专家。潘家学渊源,多才多艺,可惜在第二次世界大战的时候,把所有的道具行头都损失了,这次到中国来,预备补充一部分。这天下午,我陪梅先生赴他约定的茶会,进门在客厅里坐定,他给我们介绍了几位帮他工作的中国同志。一位是西藏人,他用的英国名字记不得了。还有一位小姐,是制做傀儡戏戏衣的,在一张红木琴桌上,拿了几个傀儡人过来,说明这衣服是潘君出样子,她手制的。傀儡本身的塑像、雕刻、上彩种种工作,都是潘君亲手设计制造,精能极了。客厅的右面,摆了沙发、茶具,左面就是潘君设计的流动舞台,现在陈列着一出《威尼斯商人》的舞台面。我们请他表演傀儡戏的动作,他爬到舞台顶上去,要给我们看。每一个傀儡身上有许多根线,至少十三根,多到十七根,复杂而细密。他指挥傀儡的时候,全神贯注在舞台侧首一座大镜子里,从这镜子当中,可以看见整个舞台面,全身的力量,都运用到十个指头上,好像打太极拳运气一般,紧张而慎重。他把每一个傀儡不同的动作,分析给我们听,这样表演了十几分钟才下来。我看他满头大汗。他说操纵傀儡的技术,要经常的练习,生疏不得。

《大劈棺》

　　潘君表演了傀儡戏以后，又把流动舞台的巧妙，告诉我们。他用十几分钟的时间，把《威尼斯商人》的舞台布景、楼梯、房子、窗户等都拆卸下来。据说装到箱子里面，一点不占地位，同中国人搭七巧板的方法一样。梅先生看了称慕不止，想起每一次出国表演，行头道具箱子总是一百多件，如果能照这样设计，至少可以精简三分之一的行李。潘君又谈到他要排一出用中国戏的故事、内容、形式的傀儡戏，选定了《大劈棺》，征求我们的意见，同时把已经塑好的像拿给我们看。他在南京看见过《大劈棺》，才有这个动机。我告诉他《大劈棺》出在昆曲《蝴蝶梦》传奇，现在所演的《大劈棺》，已经走了样，加重了黄色，迷信、科诨的部分，处理得很糟。《蝴蝶梦》传奇的全本不好找，散见于曲谱当中的不过《说亲》、《回话》、《扇坟》、《劈棺》等七八出戏。可惜傅惜华君刚刚有事离开北京，他那里或者可以看到全书（傅君搜罗的传奇小说非常丰富，单讲《西厢记》，就有两三种罕见的孤本。文化戏剧圈的人士像阿英、欧阳予倩等，都常到他那里欣赏他的藏品，发掘编剧的材料）。最后，我们向他提供意见，对于《大劈棺》的故事内容，应该加以整理，方能完美。潘君送客的时候，又导引我们到他制作傀儡的小型工场参观，看出他是个脚踏实地，埋头苦干的艺术家。

政协晚会五出戏

梅兰芳在《宇宙锋》中饰赵艳容

那晚一共五个戏，我们进门，正演到第二出《钟馗嫁妹》，因为全场中没有戏单，我到后曾打听，据说是侯益隆的徒弟，名字记不清了。下面云燕铭的《鸿鸾喜》，演到投江为止，不带"棒打"。复次为谭富英的《定军山》带"斩渊"。到十二点钟，梅先生的《宇宙锋》上场，那天嗓音甜润，做功表情深刻，台下一点声音没有，镇静极了。我们坐的地方距离戏台有十几排，但是〔反二黄〕里"懒睁杏眼"、"倒凤颠鸾"、"一声来唤"，几个低腔，每一个字都送到耳边，异常清楚。我觉得近三五年来听梅剧，以这次为最舒服。阿英同志常说："优美的戏剧，能够净化观众心灵，使之升华。"那天晚上真到了那种境界。这出戏共唱了六十几分钟，演完已经一点钟，外面下小雨，我们五个人都集中到梅先生的化装室，等招待处的车子送客。化装室内，挤满了人，原来苏联代表团向梅先生致国际上友好的礼貌和谢忱。我看见罗果夫和几位干部当翻译，等他们走了，我们才附车而归。梅先生在吃稀饭的时候，告诉我们，这一晚的戏，因为环境与心情的和谐，演得非常舒适，与我们看戏的人有着同样的感觉。

访问凌霄汉阁

凌霄汉阁这个名字,读者该不会太生疏,他是我的堂房娘舅,与梅先生也是老朋友。这次我到北京的第三天,抽空去看他,他住校场头条,在顺治门外,离六国饭店相当远。到了那里,他已出去遛弯,舅母和表妹告诉我,近来四舅的肠胃不大好,每天饭后,总要出去散步,家事久已不问,稿子不常写,北大图书馆的工作,最近也辞去了。刚谈到此处,这位文化老战士回来了,看见我非常高兴,问完了家母的好,就问起梅先生的近况,尤其关心的是经济情形,和此后工作的计划。他说:"六国饭店门禁森严,我不能去看他,如果有工夫到我这里来谈谈,非常欢迎。"他留我吃饭,自己回到房间里单吃。舅母预备了白米饭、小米窝窝头、小米稀饭、牛肉番茄汤、酱菜,我吃窝窝头稀饭,他们觉得奇怪。我说:"从前得过慢性的肠胃病,这样吃最舒服。"表妹等恰巧和我相反,都爱吃大米饭。北京的大米,据说是日本人改良的种子,粒头大而白,油性足,和江南产的大米差不多。米虽好,我生平最怕吃这种米,所以两次北上,总是吃面食居多。

我记得若干年前,凌霄汉阁的剧谈里很少谈起梅先生,有时候笔下偶然提到,还带些讽刺的意味。我曾经问过他为什么要这样做?他说某人的名气如此大,歌颂的人这么多,用不着我再来凑热闹。可是,抗战胜利以后,他对梅先生的态度完全改变了。去年夏天参加文代会北上,我们去看他,谈得非常痛快;这次到京两度访问,都坐得很长久。他说:"梅先生在戏剧界已经奋斗了四十年,此后更需要继续努力,为新中国的新京剧而奋斗。"同时指出,旧戏里面还蕴藏着不少好的东西,应该整理出来。我们互相举出几个例子,像《宇宙锋》的反封建,《战宛城》含有军事教育意义。又如采用民间故事编的戏,像《童女斩蛇》的破除迷信,主题非常正确。《汾河湾》的文字技巧虽然落伍,但就柳迎春十八年苦守着投军的薛仁贵一点上讲,对于远征军人也能得到一部分安慰。这些戏稍加修改,便成完璧。所以一致认为编新改旧,都是当前同样重要的工作。最后,他又谈到京剧界老前辈的相继凋零,是最大的损失。王瑶卿就是一个具有革新思想、组织能力的老手,一个新戏本子经他审查过,哪一场应该删去,第几场应该调到前面,中间应当加点甚么穿插,真有画龙点睛的手段。梅先生也告诉他本身的经验等等,谈得和谐欢洽之至。过了两天,我单独再去,凌霄老人对我说:"梅先生的一生,从品格、艺术、待人、接物,处处显露出一个'真'字,他那接受批判,勇于检讨的精神,应该向他学习。"

　　按语:那次访问是一九五〇年。凌霄舅所谓京剧界老前辈相继凋零,是泛指已故老艺人。举王瑶卿先生为例,是因为他有代表性,王瑶老其时还健在,一九五一年任戏曲学校校长,培养了许多优秀学生,还创造了京剧《柳荫记》的唱腔,于一九五四年四月六日病逝。梅先生曾写悼文:《继承着瑶卿先生的精神前进》,收在《梅兰芳文集》里。

凌霄汉阁与袁世凯

凌霄老人姓徐,字云甫,行四,原籍宜兴,流寓北方,在新闻界工作过卅几年。他的头脑冷静,思虑周密,性情幽默。我小时到他家里,看见他常常一个人关起房间写文看书,他的书房向不欢迎别人进去,怕翻乱移动书报的部位。有一天他不在家,我无意中推门而进,只见里面桌上、架上、地上满坑满谷、堆积如山的,都是报纸和线装、洋装的中国书、外国书,除了一张坐椅而外,毫无余地,可以说是坐拥书城。他经常地危坐闭目构思,一整天讲不到几句话。跟我们谈到戏剧上面,又是滔滔不绝,移晷忘倦。他的笔调犀利轻松,言之有物,最不喜随声附和,人云亦云。当袁世凯称帝时候,他用"彬彬"笔名,每天在上海《时报》发表论文,把袁世凯的反革命、反人民的种种阴谋,义正词严的指出来,觉醒了东南半壁几千万的人民,发生了很大的效果。可是他本人还住在北京城,并不怕袁世凯的特务对付他。

徐家和袁世凯,本来是世仇,我的外祖徐子静先生,是戊戌政变里面的重要人物,因为保举康有为、谭嗣同被捕入狱,到庚子年八国联军进京,方始南归。我的大母舅徐研甫(仁铸),是凌霄老人的堂兄,做过湖南学政,与江建霞前后任,在新党里最有计划、有远见的,幕府人才极盛,政协代表周孝怀先生(善培)就是其中之一。戊戌清党的时候,他脱离政治,移家杭州,不到三年,愤激而死。我刚出世不满一个月的时候,他从杭州到苏州来探望家母,还抱过我,对家母说,这孩子将来跟我读书。想不到第二年就死了。我没有赶上受到徐研甫大舅的教育,至今引为遗恨。他死的那年不过三十多岁。十年前,我遇到六十岁以上的湖南人,还常常告诉我关于他在学政任上,办新政,开风气,奖掖青年,网罗人才的事迹。这次北上,看见研甫先生的两个孙子,都受过党的严格训练,一个是工程师,到东北去了;一个加入南下工作团,广州解放以前随军出发。他们对于政治的认识非常清楚,又是勤恳地为人民服务,在这里要引用句戏词:"谢天谢地,徐家有后"。

按语：文内最后提到徐研甫（仁铸）大舅的两个孙儿（肖研表兄的儿子），工程师名徐振棨，现已退休，住在黄石市铁山区冶矿路。去年，振棨到北京，带了他的儿子徐文燕（湖北省武汉市武汉歌舞剧院工作）、徐文炜（湖北省黄石市第二医疗器械厂工作）来见我。谈起他的大哥徐振楹（伯轩）在江西戏校任教，中国戏曲研究院曾借调到北京协助编纂《中国戏曲史》。一九五八年，梅兰芳先生到兰州、西安演出时，曾邀他随团帮忙。一九六七年，"文革"风暴波及江西，伯轩被揪斗死去。徐家的后代，在戊戌变法钩党后，又一次遭到意外的横祸，令人痛惜。

我所受的徐氏教育

　　我这一辈子，从小到大，都受的是徐氏教育，当我十二岁的时候，就受业于外祖徐子静先生，我的表兄徐肖研（潜士）督课，我们两个人亲如手足，感情最好，可惜他三十岁就死了（我现在别号思潜，就是纪念他）。子静先生的教授法，非常新颖，每天只读四个钟头书，其余的时间，教我唱昆曲、下棋、吹笛子、看小说、讲历史上有趣的故事给我听，这位老人家的思想，非常之新。

　　到了晚年，他的生活，非常朴素。每当寒夜，喜欢吃几杯白干、花生米、醉蟹（亲手自制，他有一首七绝，说明醉蟹的方法云："十八团脐不用尖，半斤米醋半斤盐。斤半饴糖斤半酒，吃到明年二月天。"）下酒。吃到微醺，就要讲起戊戌政变的故事，首先大骂袁世凯的反复无常；提起谭浏阳，凄然下泪，总是说"我虽不杀伯仁，伯仁由我而死"。因为谭复生先生本是候补知府，他上了一个折子，保举他熟谙中外政治，才堪大用，德宗求治甚亟，立刻以四品京堂内调。后来包围颐和园的计划，被袁世凯出卖，六君子被害，慷慨就义。据他说当风声紧急的时候，新党的干部，在日本使馆开秘密会议，谭先生神色镇定，侃侃而谈。对梁任公说："你应该离开此地，你年纪轻，前途无量，将来救中国的责任都在你们身上。"代梁计划，化了装到天津，坐外国商轮出国，任公唯唯应之，拱手听命。旁边另一党人（按：为徐艺甫舅），就问谭先生："你怎么样？"他说："我是不走的，革命必须要流血，并且须要更多的志士来流血，才能激发全国人民的勇气；这一次就从我姓谭的起首。"他还引证了许多外国革命的例子。这一种坚毅的正气，从他炯炯目光中透露出来，在座的人，无不感动。我那时候不过十三四岁，听到这段故事，仿佛眼前就有一个革命先烈的影子，印象深极了。又听见我外祖说，康广仁被乃兄所累，并没有参加这个运动。

　　按语：我家从曾祖珊林公（梿）起就住家苏州，他以进士外放山东平度州知州，其后升迁到江苏粮储道。当时的制度，为了避嫌，不能在本省服官,所以祖父狷叟公(湘祥字子颂)、父亲直庵公,三代都在江苏做官。我出生于苏州严衙前,以后搬到观前洙泗巷。我幼年先天不足,一场疟疾,身体更弱,没有延请塾师。六岁时,友皋二叔(甄)教我识字,先念"天",接着就念"平声","地"字"去声"……,于是懂得了平上去入的读音。同时,教我查《康熙字典》的方法,首先接触到的是"反切",即两字急读切出本音,我很快就掌握了查字典的反切。以后,我唱昆曲时的出字、收音,就是反切,所以没有困难。同时,松如四叔(保诗、古厂)教我对对子,规定平对仄(上去入均仄声),仄对平,实对实,虚对虚,从一个字到五个字,就是一句诗了。四叔指出平仄四声,必须谐适熨帖,诗有五言、七言,前人有两句格言:一三五不论,二四六分明。这意思是每句的一三五字的平仄声可以变通,二四六则不许犯规。但他又说:"这是指近体诗,这种格式是唐朝人规定的。近体是对古体而言,古体有四言、五古、七古,譬如你读的《诗经》,就是四言诗,以后才有五古、七古,古诗的平仄声,对仗比较灵活。总之凡是诗,必须声调铿锵,和谐悦耳,古人的诗都是可以唱的。"等我稍长,父亲、二叔、三叔(鹿苹)、四叔还教我做骈体文的法则。他们说:"中国文字的妙处在于声韵、对偶,能够钻进去,其乐无穷。书中自有黄金屋,就点出这种意境。"他们又说:当诗的各种体裁已经完备后,读书人又转向长短句的词、曲。四叔能填词,懂得曲律。我从外祖徐仅叟先生习曲时,学到一点知识,曾试做散曲,但不能填词。以后,吴湖帆、张伯驹、徐邦达诸兄均能填词,他们鼓励我作词,但我觉得要从头学起,就知难而退了。

当我八岁时,先母徐夫人(仁镒,字玉辉)带我到杭州姚园寺巷外祖徐仅叟先生家。第二年,正月十六日,举行拜师礼,外祖坐在客堂正中一把椅子里,命我向他磕头。接着说:"你要向肖研表兄(衍高,他是甲午年生的,与梅兰芳先生同庚,比我大六岁)行师生礼,他是你的督课老师。"肖研表兄站在大椅子傍,我跪下叩首,仅老对肖研师说:"你自学之外,给他督课。"接着仅老在他卧室书桌坐下,为我讲解《论语》第一章。肖研师把我带到外院书房,我高声读《论语》,他阅读《资治通鉴》,我就开始家塾生活。下午四点放学。晚饭后,外祖教我唱昆曲,一支曲子只教四五遍,就吹笛子,我对着他手抄的曲谱唱,居然没有唱错。外祖很高兴地说:"你是'隔夜报'。"这句话,当时并不懂,后来才知道说我记忆力强,其实我是照谱唱曲,强记。

拍曲之外,还教我下象棋。起初让我车、马、炮,可是两年后,只能让我"马三先",什么叫"马三先"? 就是他撤下一个马,我可以先走三步,但不许吃红棋的子。

以后,又教我下围棋。入手让十七子,随着我的棋艺提高,就逐渐减少让子,最后让我四子。我和肖研师下象棋、围棋,不久就对下,让我先走一步。

文中所说十二岁受业于外祖徐子静先生,是那年开笔做文章,题目是外祖出的。起初我的文思很枯窘,求救于肖研师。文成,送到外祖卧室,改本常常勾掉原文一大段,上加眉批"冗句冗字,汰之大快"、"隔靴搔痒",每篇文章的结尾都有改动,并在眉批上说明改动的道理。同时,肖研师每星期三也做论文,可是改动只有几个字,有时一字不易,我觉得自惭形秽,非常懊丧。因为题目多半是历史题材,我当时只能看《御批通鉴》,而肖研师阅读《资治通鉴》、王船山《读通鉴论》,以及黄梨洲、顾亭林等著作,所以他的文章紧密切题,我则空泛无力。

这以后,我在外祖身边见到了康南海、梁任公、张菊生、陈散原、陈苍虬、余恪士、冒鹤亭、夏剑丞等饱学之士,从他们的谈话中增长了知识。到北方后,我又听到堂舅徐明甫、徐凌霄、徐一士、徐勉甫等谈起徐氏治学以史学为纲的许多事例。这些影响熏陶,为我后来搞文学艺术创作打下了基础,我所受的徐氏教育是深刻而难忘的。

当时的习惯,晚饭后还要读书,第一天,我在煤油灯下读《唐诗三百首》里的五绝:"春眠不觉晓……",外祖把我从书房里叫到他卧室拍曲。我记得他对母亲说:"小孩初入学,要从多方面锻炼他的脑力,开豁他的思路,老的书房规则必须打破。过两年,我还要请先生教他英文。(按:我从十三岁起从寿毅成[景伟]先生读英文,不久,他到美国留学得博士学位,我因患严重肠胃病辍学。)还准许我看小说《水浒》、《红楼梦》、《三国演义》、《儒林外史》、《镜花缘》,乃至《天雨花》、《凤双飞》等七字唱本。《凤双飞》是一位女子写的,内容是以刘瑾陷害郭永忠、张隽为主题,当然还是才子佳人老一套,但遣词清新跳脱,外祖叫我注意他的造句方法。以后北大教授邓之诚写的《骨董琐记》里曾介绍这本书的作者身世。

我还阅看了商务印书馆出版的外文译本《说部丛书》,其中最吸引我的是大仲马著,伍光建(当时署名君朔)译的《侠隐记》、《续侠隐记》、《法宫秘史前编》、《法宫秘史后编》,道林纸精印十二册。

　　上述这些书,我在十六岁前都已阅毕,当时这些小说称为"闲书",意思是消闲而已。有些家塾还禁止小孩阅看《红楼梦》、《水浒》,认为诲淫诲盗。后来我搞写作时,用口语体,于是"闲书"就都到了腕底。当然,唐宋八家古文的起承转合的法则,还有"意在笔先"等说法,仍是颠扑不破的。

我的外祖徐子静先生

　　我的外祖徐子静（致靖）先生，学问渊博，政治、哲学、词章而外，精通医理、《易经》。对于音律，工力尤深，《九宫大成》非常娴熟，能制谱度曲。归玄恭的《万古愁曲》，在清代是禁书，统治阶级认为最有"反动思想"的文字。前清末年，禁令渐弛，他找到了一个本子，填了工尺，分为十七段，配上宾白，宾白里面，他引用了《木皮子鼓儿词》的开场白："老子江湖漫自嗟，贩来今古作生涯，三百二十八万载，几句街谈讲到家。"（按：《木皮子鼓儿词》的内容意识与《万古愁》异曲同工，都是用嬉笑怒骂的笔调，推溯历史，批评古往今来的政治，尽量发挥，淋漓痛快，与《万古愁》可称姊妹曲。）他把《万古愁》改名《懊恼歌》，脱稿的时候，刚好辛亥革命武昌起义，他在日记里这样说："《万古愁曲》言人所不敢言，深得我心，乃易名《懊恼歌》，缀以宾白，演为昆曲，凡两载始竣事。甫脱稿，而清社屋矣，亦异数也。"这出戏系独脚戏，注明脚色"生或丑"，全部用北曲，音节苍凉郁勃，腔调复杂细密，拍子由最慢的"长三眼"到最快的"数板"，非常难唱。他教会了我，总是他吹笛子，我唱，或者我吹他唱。幸而我在先已学会了《长生殿》的《弹词》，唱起来还不太费事，但是一口气连唱十七段，在昆曲里面是很少见的。我那时只是十三四岁的小孩子，没有倒过仓的童子音，所以能够对付，现在就办不到了。叶遐庵先生知道我保存着我外祖的手抄的《懊恼歌》本子，曾经建议付印流传，因为时局动荡，始终没有实现。

213

张难先亲访奇人

六国饭店政协招待所，住了好几位高年的代表，其中年龄以张菊老为最高（八十三岁），他如周孝怀、张难先、江翊云、李步青、陈望道等诸老人，都是思想开明，齿德俱尊的人瑞，他们都住在二楼，取其上下便利。代表的伙食规定到饭厅集体进膳，晨八时稀饭馒头，十二时午餐，六时晚餐，摇铃通知。因为优待老年人，可以用饭票交与伺应员，开到自己房间里吃（代表们如果留客人吃饭，另有客饭票）。还备有理发券、洗衣券、乘车证，招待非常周到。我们初到的时候，因为处理一些琐事，没有一一拜访他们，张菊老倒先来看梅先生，惶恐极了。有一天清晨七点钟，有人敲门，我赶快从被服里跳出来，披了睡衣，打开门一看，一位面貌清癯的白发老人，还同了一位女士。他首先自己报名："我是张难先，此番到北京概不拜客，但是我要看一看这位'奇人'，梅先生起来没有？"我说："对不住得很，还没有醒。"他留了名片，我把房间号头记下来。九点钟模样，梅先生醒了，我告诉他张老先生已经来过。他一听大窘，赶快起来，匆匆盥洗一番，我们就去答访。

为张难老画梅

张难老看见梅先生,非常高兴,他第一句话,就是"今天见到了具有民族气节的艺术家,幸会得很"。梅先生谦逊地说:"我们都是后生晚学,希望老先生不吝教诲。"谈到当前政治问题,难老郑重指出:"共产党领导的政府,是中国有史以来最清明廉洁的政府,他们刻苦耐劳的精神,愉快而自然。我自问也还算能够刻苦自励的,但是比起他们来,瞠乎后矣。"(张难老做过我们浙江省主席,以廉俭著名。)他又说:"我们这些代表,住的、吃的、用的,招待得如此周到,更使我们不安,似乎我们不够吃苦条件。我们做了些什么事,带点什么回去,老百姓面前如何交待,需要自我检讨一番。"梅先生听了,凛然自警,觉得难老年逾古稀,而思想如此进步,应当向他学习。最后又谈到文艺上面,他一生最爱梅花,拿了一个扇面,要梅先生画梅,这件事一直到我们离开北京的前几天才缴卷。因为没有画具,只画了折枝墨梅,还缀了一个小跋,说明此次在北京的遇合之缘。

    按语:以后,梅先生和张难老还常常通信,《舞台生活四十年》第一集出版后,寄一本给他,不久接到来信,对"焚券"一节,找到杨镜秋的外孙关思虆,澄清了一桩张冠李戴的事,我在《舞台生活四十年》,以及即将出版的《忆艺术大师梅兰芳》两书中有详细记述,这里从略。

从梅巧玲先生一生交游看,他结交了许多有学问的文人,对他的表演有很大的帮助。梅兰芳先生继承了这一家传美德,终于蜚声国际,成为本世纪影响最广的流派之一。可见演员与知识分子合作,是提高艺术水平的重要条件之一。我们还可以从更早的记载中,找到这种事例。晚明时,泰州人柳敬亭以说书名满大江南北,黄梨洲、吴梅村、阎古古等饱学宿儒均以诗歌描绘其书艺精湛,变化神妙,并为之立传。柳敬亭的说书艺术何以能达到这样高的境界?他在松江卖艺时,遇到一位有学问的莫有光先生,教他说书的诀窍,经过三个月时间,掌握了书艺,而成

215

为雅俗共赏，有生活根据的一门技艺。至今扬州以说《水浒》而驰名的，还大有人在。

三百年来，泰州出了几位艺术大师，前有柳敬亭，后有梅巧玲、梅兰芳，都得到学术界的陶融指点而成名，至今流风余韵还照耀着后来者前进，他们的成绩是不可低估的。

江庸老人与偶语

　　我在六国饭店，有时起来后，梅先生开小组会议去了，剩我一个人，很觉无聊，就到张菊老、周孝老房间里谈谈戊戌旧事（我与周张二老的关系，都是从徐氏发生的，不过菊老的夫人是许氏，还有姻亲）。江庸老人的房间，离开我们最近，他与梅先生是三十几年的老朋友，所以常常去聊天。江老的文学，我一向钦佩的，有一天看见他写挽对，送一位名医汪逢春，自选前人七言句子，非常精简贴切。我说七言挽对，倒不容易著笔。他说这多年来，我送人家的红白对子，都是七言，没有变更过。据说张之洞就是专用七言，他是学文襄的样。话虽如此，如果学殖荒落，腹笥空虚的人，是学不来的。请想上下联一共十四个字，要概括死者的一生，还有对偶、平仄、虚实，种种条件，都要照顾到，没有点真本领，是无法处理的。我最欣赏集古人成句，信手拈来，都成妙论。我记得二叔父（友皋）告诉我，全椒薛慰农老人（是我姊母的祖父）有一次文酒之会，当筵有伎者姊妹二人，请他写对，一个叫花君，一个叫花相，他不假思索，就写了"花开堪折直须折，君问归期未有期"。第二联头一句还是"花开堪折直须折"，花相说怎么我跟姊姊一样的，薛老先生说你不要忙，下句就不同了，他沉思了一回，才写出了"相见时难别亦难"。在座的人，无不叹服，目为这两联，非特对得工，并且把对方的人物性格，苦痛心情，狎客的猎艳心理，完全描写出来，最难得的还是一个时代当中的成句，运用文字技巧，真有弹丸脱手之妙。

与江翊老谈酒

　　有一天早晨看见江庸老人在喝白兰地，问起原由，是隔夜受了寒，以酒发散，话题就转到饮酒上面。江老是宏量，大家知道的，对于品酒，尤为在行。他说北京城的绍兴酒，全国闻名，称为"京庄"，其实酒还是从南边去的，不过北京酒栈"对酒"的技术非常成功。主持对酒的工人，待遇也特别高。据说用普洱茶、龙井，种种方法配合起来互相起了作用，正如初写《黄庭》，恰到好处。寒家上两代从先祖起都讲究品酒，到我们这一辈，昆季当中，也有遗传，就是我最不行，虽不至于"文端""文敏"（从前称不会喝酒的人为文端公文敏公，谐声而已），恰从不敢与人赌酒猜拳，但是曾经从我叔父友皋先生学习过（十年前杭州城里喝酒的权威，谁家有好酒，必定请他先尝），所以我还懂得一点"酒趣"。我叔父常说京庄何以好的缘故，因为从前轮船火车不通，运送成坛的酒，都得起旱走，如果酒的本质不好，到了北京就变味了。他品酒的理解，苦味为上，酸次之，甜为下品。酒器切忌银、锡等金属品，该用紫砂，或磁质。这种论调，与江老不谋而合。最后江老感慨地说，北京城已经不容易找到好酒了，像长盛（在八面槽）的酒，也不如从前，除非我亲笔批明，或者还可以得到一点上品。

王佩瑜的纪念册

　　上次在文代会的时候,梅先生的女弟子王佩瑜,有一本纪念册,许多名人都写了字,这次带到北京又补充了许多,包括俄文、英文、法文、新疆文、藏文,各种不同的文字,内容非常丰富。她托我转求江翊老写几句勉励的话在上面,并且希望张文伯、邵力子、章行严、李蒸诸先生顺序题名,我跟这几位不常见面,只好拜托江老。他老人家很热心,首先题了"晚有弟子传芬芳"七个字,又代她找着邵、张、章、李四位,都一一写了。据他说,最难找的是章行老,如果交给他,恐怕会连本子都搞丢了,所以一定得当面立索。这次章老很卖力气,还写了一首近作在上面:"孤竹高风未可跻,唐王飞箭久成泥。重来游目千山顶,辽水东流却向西。"

　　王佩瑜拿回纪念册子一看,十分满意,又觉得劳动江老先生非常不安,就说几时我自己做几样家乡菜请老先生吃饭。直等到江老离开北京的前两天,才得到一个机会,在史家胡同举行这个晚宴。王女士亲手做了回锅肉、宫保鸡丁、辣子鲫鱼、罗宋汤(她是贵阳望族,所做之菜,偏重辣味)。因为找不到好绍兴酒,不敢班门弄斧,只备了白干、茵陈两种硬酒。江老那天兴致甚好,一边喝酒,一边同梅先生谈谈旧人旧事,尽欢而散。后来我们回到上海,重九那天顾景梅女士请江老喝酒,还有一首诗提到这件事,题目是《重九夜集醉叶楼并寄王佩瑜北京》,其结句云:"更喜芬芳传弟子,三旬南北见双娥。"双娥指王佩瑜、顾景梅两女士,均为梅门弟子,顾又为大风堂门人,能人物写生。

　　按语:王佩瑜女士是老友朱博泉的外甥女。她喜唱京剧,是梅门弟子,那两次北上,她都同行。江庸老人的题诗和代她征求名人的题咏是极为珍贵的。以后,她从事幼儿园保育工作。前年,因儿子刘肖华被聘到洛杉矶某医院工作,佩瑜就和她的爱人同往洛城居住,曾有长信给我,述说异域风光。经过四十年的变迁,不知这本纪念册还在身边否?

　　顾景梅女士是梅门弟子,后来参加阜新京剧团担任主要演员,以后到扬州京剧团担任团长,近年已退休。

顾景梅曾请伯遒弟拍昆曲,当伯遒在上海戏校任教时,她的儿子顾兆琪入戏校学吹笛。我记得一九五九年冬,梅兰芳、俞振飞、言慧珠同志在北影拍摄《游园惊梦》彩色影片时,上海戏校的演员、乐队参加工作,我第一次见到顾兆琪,是伯遒介绍的,他说:"兆琪的笛风好,是我的得意学生,将来可接我的班。"

一九八二年,上海昆剧团来京演出,我听了顾兆琪吹的《迎像》、《哭像》、《思凡》、《痴梦》,艺已成熟,振飞兄登台时,由顾伴奏。我与华文漪、梁谷音谈起伯遒弟时,她们说:我们八个人都是许老师的学生。回首前尘,不胜怅惘。

长安演出记

　　梅先生离开北京十几年了,二十岁左右的人,根本没有看过他的戏。夏天第一次北上,大家就都希望他多唱几天,那时因为天气热,梅先生连续开了一个月的会,身体疲劳,只演了几场义演。观众天天在戏馆门口挤票,情绪非常热烈。所以这一次到了北京,长安戏院(在西长安街路南)方面,就托尚小云(他是梅先生的表妹夫)来说,要求帮几天忙(历来戏院请演员出演通称为帮忙)。梅先生也觉得离开这出生的第二故乡(梅先生原籍泰州,从他的祖父巧玲先生移寓北京,已经有一百年的历史),日子甚久,应该要与观众多见几面,就约定在政协闭幕后唱十天。演员大部均是承华社旧人,小生俞振飞,从上海赶来参加,其余萧长华、王少亭、刘连荣均在北京,不成问题。老生约了奚啸伯,因为啸伯断弦以后,心绪很不好,梅先生为照顾旧伙伴而约他参加;同时对杨宝森还打了一个招呼,宝森十分同意,他的表示也很好,认为应该帮帮啸伯的忙,他本来同啸伯的友谊也很笃厚的。

　　票价问题,戏院方面拟的最高为五千元、六千元两种,梅先生坚决反对(近四五年来每次演出都是他自己决定。院方对于他的低票价政策,非常头痛。有两次戏馆老板请我疏通,我告诉他们不便表示意见,因为戏是他演,来买票的人都是他的观众,旁人不能借箸代筹)。他的理解,照院方提出的票价,有许多人一定听不起,这么一来,就失去了我这次演出的意义,希望看我的戏的人太多,必须照顾到群众方面,我的戏不是专演给某一阶层的人看的。磋商至再,戏院方面,退让到四千元,梅先生作了三千五百元的最后决定。长安场子不大,约可以容纳一千人,因为买票拥挤,无法应付,要求警察局特许加凳二百个,还是挤票。据说有些人一天亮,就站在票房口等开柜,买了去再转卖。有人告诉梅先生说,你的低票价政策恐怕行不通了。

戏的选择

在长安演出之前,对于戏的问题,最伤脑筋。梅先生演过的戏,约摸在二百出左右,大家研究了半天,这一出有点封建,那一出内容意识不大正确,又一阕犯了迷信;还有些戏,多年不动,无法演出,搞了两天,毫无结果。最后决定由我同王少卿每人开出一个单子来,共同研讨,然后考虑到修改问题,因有人主张须要大开刀的就动人手术,小修改的稍加纠正。我感觉到这很短的时期,只能小修改。如果大开刀,一则时间不允许,二来梅先生的戏,都是千锤百炼,不晓得演过了多少次,在过程当中早已经过了若干次的修改,有着固定的"完整性"。如果仓卒之间,粗制滥造,从剧情技术,整个变动,等于另编一出戏。看过梅先生的旧的观众,未必满意;新的观众,觉得旧瓶装新酒,并不感觉兴趣,这一来会变成猪八戒照镜子,两面不是人。最后还是梅先生自己在单子上点定了《起解》、《贩马记》、《宇宙锋》、《别姬》、《凤还巢》五出戏,觉得还没有大毛病,加以部分修改,比较容易。

崇公道台词的修改

梅先生在长安预备先演《女起解》、《贩马记》、《宇宙锋》三出。那天回到六国饭店,每人喝了一杯咖啡,不想睡,梅先生跟我商量说:"现在政府厉行禁娼,我们何不把起解里面崇公道的道白(苏三唱"十可恨"〔原板〕当中的夹白)加强对苏三的同情心,同时还可以指出娼妓在旧社会里面所受的压迫痛苦蹂躏。"我想了想,还可以着手,因为配演崇公道的是萧长华,他向来有一套即景生情的"现抓哏"的台词,如果给他换一套,听众不会感到突兀。就戏言戏,崇公道本来就同情苏三的身世,现在加强一点,不致于破坏剧情。但是离开演出的日期,只有一星期,改好了,还要交给萧老头儿去念。他已是七十二岁的高龄,自己"抓

梅兰芳、萧长华演《女起解》(1935)

223

哏"不受羁勒,固定台词,便有束缚。梅先生说:"你快想好写出来,好交给他念熟了,免得临时'钻锅'(内行赶戏谓之钻锅);年轻人还不要紧,他这么大的年纪,害他到台上'吃螺蛳'(内行在台上唱时忘词或口吃谓之吃螺蛳),就对不住他了。"我们斟酌了一夜,第二天写出来,托李春林交给老萧。演出的前两天,梅先生和我还亲到他家里去,研究了一番,所以唱的时候,居然一点不错;他根据我们的意思,加了一两句,也很自然。我觉得比较有意义的,就是崇公道替苏三把枷卸下来以后,对苏三说:"这解放啦,你觉得轻松多了吧!"这句极普通的现成名词,用在这里,好像还自然而得当,没有造成旧瓶装新酒的不调和的气氛。

谈《贩马记》

　　《贩马记》是一桩民间故事所构成的,四川戏也有这一出,据说情节大致相同。究竟孰先孰后,很难断定,不过故事是发生在西南、西北,而不在中原(根据唱词中"西凉贩马四川货卖")。这种地方戏的沿革演变,我们不容易找到确实的记载。照我的推测,大约是徽班的创作,到了北京以后,经过许多名角演唱红了,然后流传到各地。川戏可能是受了徽班的影响。这出戏的情节,错综复杂,编剧的技巧,非常成功。从"哭监"演起到"三拉团圆"为止。前半部的事实,完全从李奇、桂枝、赵宠三个人口中互相说明,使观众明白晓畅。剧情的发展,一步紧一步的不断有高潮,唱词也比较通俗,所以到今天还很受欢迎。内容也没有什么毒素,就是李奇在监内被狱卒压迫损害的痛苦呼号,由"狱神"传音送到李桂枝的耳中,这一点,梅先生在二十年前就把它删掉了。陪梅先生演过赵宠的小生有程继仙、姜妙香、俞振飞等,票友当中最著名的红豆馆主溥西园,现因老病,久不重唱渭城矣。现在当行出色,自然首推俞振飞,所以在长安,第二天打泡戏就演《贩马记》。

　　按语:《贩马记》又名《奇双会》,一九五九年《舞台生活四十年》第三集在《戏剧报》连载时,梅先生写了《奇双会》一章,他从剧本结构、表演、舞台调度细致地分析了这个戏的经久不衰的成就,他对我说:"通过这一章,告诉咱们同行对表演要深刻,才能打动观众,有回味,自然就有了效果;但不能追求舞台效果,哗众取宠。"他举了名小生王楞仙在表演"三拉"时,全身肌肉颤动来表现赵宠的惊怕,但又是松弛灵活的。以后的程继仙、姜妙香、俞振飞先生都是这一流派传下来而各有发展。

　　一九八一年秋,文化部等单位举办的"梅兰芳逝世二十周年纪念演出",八十岁的老战友俞振飞专程从上海来京,和梅葆玖合演《奇双会》"写状"一折。事先,俞老认真与葆玖说戏,还在北京京剧院排演厅与葆玖进行一次响排。演出时博得好评,两代交谊,传为嘉话。

《宇宙锋》之赵忠问题

　　《宇宙锋》是一出反封建的戏，是尽人皆知的了。这次在政协会场演出之后，也得到普遍的好评，因为限于时间，"修本"起到"金殿装疯"止。第二天，邵力子先生派人送来名片一张，上面大致这样说：昨日听《宇宙锋》，声容并茂，意义深刻，惟赵女与赵高对白当中，有"三纲五常都不晓得了"一句，鄙意"三纲五常"易为"羞恶之心"如何？梅先生看了，当时对我说，老先生改得不错，以后就照这样念。还有几位代表对梅先生说："昨天的戏好极了，可惜就是短一点。"所以在长安演出之前，梅先生向我表示，这次预备演全本《宇宙锋》（大约演两个半钟点）。我说不太吃力吗？他说："行，请您把总纲拿出来审查一下，有没有问题。"我因为事忙，没有看，直到开演前几天，抽空看了一遍，发现赵忠替死一场，大有问题。这问题比莫成替主还要大，真是白圭之玷。当时我就告诉梅先生，他说："对了，我过去演到这一场，在台上非常之窘，感觉到赵忠替死，最不合理，赶快想办法修改。"当时就召集了几位团员研究这个问题，有人主张根本取消这一场。我想了想，觉得在剧情方面通不过。研究了半天，没有结论，我同梅先生说："还是我们两个人把头脑冷静一下，早点回六国饭店，开一次夜工试试看。"

　　那天晚上，我同梅先生很早就回到六国饭店，把赵忠替死那一场的话白，仔细反复讨论了一夜，才决定保留原场，变更主题。赵忠本来为报恩而自杀，现在改为激于义愤而被误杀。由赵忠口内指出此事为赵高主谋，如果校尉前来搜查，有少夫人庇护，料无生命之虞，赵女亦全力保证赵忠生命。及校尉进门，赵忠稍一抵抗，就被误杀。赵女在此时可以有种种复杂而深刻的表情，做工较原场生动而合理。不过这出戏的关键，都在赵忠、赵女对白当中，我告诉舞台管事李春林，要找一个好的赵忠。他说他的徒弟韦三奎，足可以胜任。到上演那一天，我在池子前排留了两个座，还约了费穆先生同看，观众的反映居然很好。费兄听完了说："误杀赵忠一场，能够顺利通过，真不容易，韦三奎的赵忠，演得不错。"我旁边坐了一位女士，对于这出戏，熟极了，她跟同来的女友讨论批评，指出某处经过修改,某处是原场,都非常正确。当赵女从匡家回来将要出场之前,后排有一位老先生说,应该把满头珠翠去掉,另加"白条",为的向赵高表示,为匡扶带孝。等到梅先生出场,果是如此扮相,不约而同地说:"我晓得他不会错的!"北京城毕竟是戏剧的大本营,懂戏的人,还是不少。第二天,我看见一位文艺干部,他告诉我幸而你们把这场改编了,前两月有一个招待军人的晚会,杨荣环演全本《宇宙锋》,到赵忠替死一场,观众大起反感,纷纷退席,首长们站起来说,后面还有好戏,结果制止不住,这出戏草草终场。

　　按语:我在那一时期,改了许多传统剧目,大半在仓卒时间里,大笔一挥而就,因此不免有粗糙之感,只有《宇宙锋》赵忠替死的修改是比较合理的,而且提高了表演质量。梅先生在修改这一带有关键性的剧情时,对着镜子做身段,更注意面部表情,他说:"这场戏都在脸上,要表达赵女的复杂内心活动,眼神起到决定的作用。"他还做各种表情叫我看。

　　这篇旧作我比较满意,因为我记录了观众的评论,如果今天叫我从追忆中再写,那我只能交白卷。

岂不两便

偶然想到杭州去旅行一次,恰巧有位杭州朋友写信来,他却正想到上海来走走。因为大家都还仅只是"想",而且同是游玩而已。我便写了一封信给他说:"你来我去,何妨两免,你代我向西湖多看上几眼,我也在上海对你所要走的地方去跑上一次,岂不两便。"

这虽然是熟朋友们开开玩笑,但仔细一想,杭州我曾住过,我的朋友原也是一个老上海了,何以大家都还恋恋于见所已见呢?旅行这件事,说得俗一点是白相相,说得雅致点是调剂心身,其实说穿了还是苦着一双脚(当然尽想坐轿子、车子、划子的是例外,但那也许会给风雅一点的人士所菲薄的),便宜了一双眼睛,此外只剩了不大有人说得出的所谓心领神会了。

也曾很兴致地带了孩子们去玩过漕河泾和兆丰公园、复兴公园之类。很坦白地说,还是趁热闹的心思强于赏鉴风景。西湖的风景片,我看看也非常觉得满足了,要说是湖山清新之气的话,我想来也未必有胜于早晨市郊的地方。即使有,也只有让那些拥有别墅和小筑的人去长期享受了,而何况那些别墅和小筑却又是门虽设而常关的呢?

按语:我的堂妹许苹南看稿时,对这个题目注了问号,她不了解我写此文的用意,我现在作了解释,梅先生在《舞台生活四十年》第二集第四章里,写了姜妙香先生游西湖而嗓哑的故事,同时,看出他对西湖的留恋。

本文所记"苦了一双脚,便宜了一双眼睛",这是反话。梅先生曾对我说:"多次游西湖,都是大队人马,其中带头的也许是上海的大亨,他们要停留的地方都是乾隆皇帝题碑敕封过的名胜,排场阔,声势大,结果是走马看花。"他曾有过一些想法:"假使有二三同好,寻幽探胜,喜欢步行就走,累了就坐小轿,在明媚春光和秋高气爽时,都有趣味,有时坐划子荡漾中流,更有意思,但这里有重要一条——闲,而我一生就缺这个字。在抗战时期,我倒是闲了,但心里紧,如果离开上海去逛西湖,能引起麻烦,而且国难家愁

（生活），哪里还有心情去游山玩水。"

从这里看到一个名人的生活，虽然衣食住行称心如意，但每天必须做许多并不愿意做的事，反不如普通老百姓可以适性而行，而不必"偷得浮生半日闲"也。

《别姬》之霸王

　　我看过杨、梅合作各种不同样子的《别姬》，真是奇迹，照原本虞姬自刎以后，霸王还有精彩场面，"开打"、"马失前蹄"、"乌江自刎"，杨老板表演得有声有色，非常过瘾。有一次义务戏，时过午夜，在虞姬自杀后，观众开始抽签（后台术语，少数看客中途离席，谓之抽签。多数哄散，谓之起堂。演员最怕遭遇此等情况），小楼只能敷衍了事，草草终场。梅先生心中说不出来的难过，但是群众的决定，无可奈何。此后再演，索性在虞姬自刎后，干脆就"撩幕"；霸王的生死，成了一个谜。我有一次在后台，请问杨老先生说："我看了几次《别姬》，都是不同样子，最近连霸王的生死都不明了，真有点莫名其妙。"他感慨地说："观众不拥护我，我变成英雄无用武之地了！"可见演员的个人英雄主义，完全是观众造

梅兰芳与杨小楼的《霸王别姬》

梅兰芳与袁世海的《霸王别姬》

成的，并且是多数人压倒少数人。譬如我当时的看法，杨、梅是并重的，因为霸王的戏多，可能还偏重杨一点，但是一班人经过了虞姬舞剑的高潮，他们的需要满足了，就不愿再看下去。等到金霸王(少山)时代，仍旧跟着这个路子走，不敢轻于变更，他的武工比不上杨霸王，即使演下去也不能讨巧。同时你如果违反了人民的意思，一定自讨无趣，落一个"费力不讨好"的批评。

按语：《霸王别姬》初演时，杨小楼的武打场子很重，揉进了《千金记》"十面"的武打套子，还有打藤牌等表演，所以第一次演到一半，他对梅先生说要打住(参看《舞台生活四十年》第三集《与杨小楼合作时期》)。以后经过修改，减少了武打，但还是他的重头戏。我在北京看此戏，只要虞姬自刎后，观众有人离座，杨就草草终场，其实乌江还有不少事儿。

二十年代，天津春和大戏院有十天阵容强、规模大的演出，杨小楼、梅兰芳、马连良、筱翠花……名角如林。我和陈富年兄都是杨迷，就和他商量听什么戏？富年给我挑了《落马湖》、《霸王别姬》，我说："在北京听《别姬》杨不卖力，改《艳阳楼》如何。"

"不然，天津卫是捧杨猴子的(按：早年杨小楼在天津演《安天会》、《水帘洞》而得名)，在这里不会'抽签'，杨一定'冒上'(卖力的意思)。"我就看了杨、梅的《霸王别姬》。那天，虞姬自刎后，无一人离座，于是乌江的身段就异常精彩。那时，杨小楼才五十岁左右，正是精力旺盛的时候，是我听他的《别姬》最满意的一次。还有《落马湖》"酒楼"一场，盘问酒保几句，"店家，你拿饭来"的念白，脸上的变化，语气的轻重，有层次地表达了黄天霸的内心活动，王长林的酒保，和他抱得像一棵菜那样严实，三十年后，他们的声容似乎还回荡在脑际，艺术魅力，真是不可思议。

写到这里，我接成都京剧团来电，陈富年同志于一九八三年一月二十五日晨逝世，三十日开追悼会。

六十年前，我和富年兄在天津订交，以后，又先后到上海。在那些日子里，我们朝夕见面，他比我小两岁，今年八十一岁。抗战前夕，他随彦衡师入川，不久彦师病逝成都，富年的生活陷入困境。解放后，成都京剧团聘他为教师，生活逐渐稳定，以后，儿女都成立，他退休颐养，晚境是比较从容的。一九六〇年，富年兄随团来京，梅先生请他吃饭，我们正写《舞台生活四十年》"我和余叔岩合作时期"一章，富年提供了珍贵的资料。从那以后即不复再见，但每月至少有一次通信，所谈内容都是评论过去观剧的印象。他曾把陈彦衡师记录的谭鑫培工尺谱与郑隐飞合作，翻译成简谱《谭鑫培唱腔集》,由中国戏曲研究院张宇慈编辑为三集,包括《空城计》等十出谭派名剧,受到戏曲界欢迎。最近音乐出版社将再版此书。

陈富年兄还写了《京剧名家的演唱艺术》,是他早年听戏的回忆录,当然,不少观点是听陈彦衡老师讲的。我曾为他写序,发表在《人民日报》。这部书的价值,在于都是作者聆听的第一手资料,可从中看到过去名演员的演唱特点。本书亦将由音乐出版社出版。

忆金霸王

金霸王(少山)是金秀山的儿子,可算得花脸世家,可是他的戏并不完全学他父亲,有人说他学的是郎德山。他一直在上海搭班,说红不算太红,因为当时的风气,不注重净角。有一年,梅先生到上海要唱《别姬》,找不着霸王,可巧金少山正是"底包",李春林保举人才,说本班就有很好的霸王,梅先生同意了。一问他不会这出戏,春林很细心地按着杨派路子教授他。他在上海多年,"钻锅"的本领早已学会,他有天赋的金嗓,魁梧的扮相,稳练的工架,所以一唱而红。对于霸王的颟顸轻信、恃勇无谋的个性,表现

金少山

得还能恰合身份,所以在杨小楼死后,金少山独步海内,盛极一时。

金霸王的个性非常别致,有时候喜欢恶作剧,弄得对方啼笑皆非,关于他的遗闻轶事,够做一部十万言的章回小说。我现在先讲一件亲眼目睹的事:梅先生有一次在天蟾舞台演出,老生是高庆奎,除了梅先生以外,团员都住在大江南饭店。高庆奎住在四楼,那天晚上特别备了丰盛的夜宵请少山,我也在座,因为第二天星期,日场是高老庆的全部《浔阳楼》,少山的李逵,希望他"冒上"一点,于是烟呀茶呀的招待他。搞到三点钟,庆奎的弟弟连奎(名琴师)说:"金三爷,您早点回去休息,明天有日戏。"他就走了。那晓得他从四楼到三楼一个跟包的房间里去聊天,天色大明,才离开旅馆,一部黄包车又跑到外滩公园去透空气,十一点回家,跟猴子玩了一回(他家里养一只猴子,能解人语),才躺下去。睡着了不到一个钟头,催戏的小辫子来了(小辫子是蒙古人,其姓氏不详,专为戏馆

金少山在《断密涧》
中饰李密

催戏,同时还勾引年青无识的男女演员们做种种轨外行动,荡子淫娃,趋之若鹜)。金三奶奶说,三爷刚躺下,不能叫他。小辫子说不行,马上要上场了。麻烦了半日,总算连推带揉的把他弄醒。刚起来就嚷着要吃东西,小辫子说不行,快走罢,把他拖到门外,给他雇上车,拉到戏馆,台上已快轮到他出场了。这才着了慌,勾脸赶场,他一面勾脸,一面还嚷说饿了,叫伙计到对面大西洋西菜馆叫客牛尾汤。等到汤送来,他已上场,伙计不得已,只好把牛尾汤灌在小茶壶里,立在台上,候他"饮场"的时候,递给他吃。

再记金霸王

金少山的艺术,当然以他的天赋佳喉见长。花脸的嗓子有三个条件:要高、要宽、要灵活。三样具备,方称全才,他是够得上平均分数的。梅先生的嗓音不必说,在五音俱全的条件之外,还有最难得的,就是宽、亮、厚。据内行前辈们的经验,认为这一类的嗓音,虽然可贵,但是不经久,容易起变化,像梅先生这样连唱四十年,可说是绝无仅有。所以金霸王必须陪着梅先生唱,才能旗鼓相当,换了别的虞姬,就大为减色了。有一年,他与华慧麟在黄金大戏院唱《别姬》,那天是星期日日场,只上了不满一百人的座。照过去惯例,他陪梅先生唱一回《别姬》,戏院方面,另送津贴一

梅兰芳、金少山的《霸王别姬》

百元以示奖励,而这次没有送来。过了两天他去找黄老板(锦镛),坐了一个钟头,黄问他来意,他说明这一点,黄叫他的账房把那天的账簿拿给他看,说这一场戏总计卖不到一百元,亏你有这张脸来要这笔钱,说得他顿口无言。他对于个人经济一道,是从来没有计划的,永远是寅吃卯粮,前脱后空。唱戏的行头,经常都寄存在当铺里,并且他的行头,当铺都认得了,可以比别人多当一倍的钱,为的是一定有人代他取赎。我有一次到天蟾经理间聊天,看见后台管事很慌张地跑过来说,快拿钱到当铺里给金少山取"红蟒"。那天唱的是《法门寺》,距离出场只有四十分钟,他早也不说,非到这个时候才张嘴,捉弄得管事的啼笑皆非。有时候他花钱的派头,比有钱的豪门还要阔,譬如吃馆子只吃了五块钱,他对掌柜说给我写十块钱的账,五块算小账,就是这样漫无计划浪费。前几年

在北京穷困而死,身后非常萧索,还靠同业的资助,才能棺殓。旧社会与旧制度摧残了许多优秀的艺人,金霸王就在这种环境之下结束了他的艺术生命。

　　按语:金少山的嗓子,是突出的铜锤花脸,但在上海搭班时,多半唱架子花脸。我看过他的《连环套》,有时带《盗御马》,还有《审李七》,《法门寺》的刘瑾,《捉放曹》的曹操,《空城计》的司马懿。其中《盗御马》、《审李七》我最满意。但到了北方后,他自己挑班,唱了不少铜锤正工戏。从翁偶虹兄所写关于金少山的评论,知道他北来后唱铜锤很成功,他以演霸王而得名,其实他是花脸行中的全材。

　　梅先生说:"有一年我到香港演出,头天《霸王别姬》,香港总督在包厢听戏,陪他听戏的中国朋友告诉我:当金少山唱〔粉蝶儿〕牌子时,港督大吃一惊说:"中国竟有这么好的男高音!"

　　音乐家盛家伦非常欣赏金少山的嗓子,他说:"金的嗓音高而宽亮,这在国际歌坛是罕见的。"

唱腻了的《别姬》

我们两度北征,梅先生先后演了十几场《别姬》,第一次在文代会的晚会演出,那时候有一个演出委员会,是欧阳予倩、田汉、洪深、马彦祥、阿英诸同志主持的。事先在北京饭店开了一次小组会讨论戏码,梅先生提出的是《宇宙锋》,大家没有完全同意;姚玉芙在旁边说,那么唱《别姬》如何,立刻就一致表决。接连演了好几次,最后总工会的晚会,朱学范同志来要求梅先生唱一出,梅先生这时候已经病了好几天,实在不能唱。当天田汉先生写了一封信说明全国总工会的重要,有些边远省份的代表,都希望看一看梅先生的戏,希望他勉为其难。第二天,学范又陪了郭老(沫若)到饭店里来,也是说明这点意义,不过他们很关心梅先生的健康,预备把演出的日期,挪后几天(那时我们已经预定返沪,因此延期)。梅先生的热度还没有退,在原则上答应了。当时研究戏码问题,学范对我表示戏剧他是外行,请梅先生自己决定,我们提出的《打渔杀家》。到了晚上,学范来电话说,总工会的代表们为了这件事,开了一个小组会,他们认为这出戏不是梅先生的代表作,一致要求再演《别姬》,同时他说刘少奇同志也有电话来,希望演《宇宙锋》,你看怎么办?我说,请梅先生自己决定,就在电话旁边问梅先生,他的答复是"从多数演《别姬》",就这样决定了。

在长安演出的十天当中,倒有四场《别姬》,因为买票拥挤,票柜玻璃都几乎打破,警察也无法维持秩序,院方要求多演《别姬》,解决这种困难。去年,有一张报上,有人投稿劝梅先生不要再演《别姬》。梅先生看了说:"这出戏我早就唱腻了,实在因为群众的需要,我才不得不为他们服务。"

叫帘与谢幕

现在戏馆里面流行一种名词叫谢幕，实在有点曲解。这种风气，是从外国来的。梅先生在莫斯科、纽约表演的时候，塔斯社、美联社的电讯里面，仿佛曾经把"叫帘"的次数报道过，为的使读报的人可以了解某剧团出演后，观众的反映情况。叫帘的名词，英文作 Call the curtain，就是说观众对某剧团或某演员的艺术，非常欢迎，希望他们再出来看一看。何以译作叫帘，因为外国舞台的幕大都是深色丝绒制成的，是帘子的形式（也有两边分开的），外边还有一层钢质的幕，遇到有火警的时候，才放下来，平常是不用的。中国现有戏馆的外幕，大半是帐幔式，用人力从中间向两边拉开，时间不大经济，所以外国的叫帘可以多到十次以上，因为他们是用电力操纵的，起落非常快速。现在称作谢幕，变成演员向观众道谢，完全是相反的意义。北京城本来没有这一套，可是梅先生在长安演出的时候，每天总有外国观众，所以也有叫帘。有一位朋友告诉我，苏联代表团访问北京的时候，里面有几位脚尖舞跟高音专家，有一天表演终场，只有两次叫帘，他们认为观众对他们的艺术不表欢迎，下台之后，非常懊丧。可见从看戏的习惯上，中外就有很大的区别。今天我们在国际上的往还，已经比较频繁，应该注意一点国际礼貌吧。

重访琉璃厂

　　我夏天第一次北上，曾经到琉璃厂去过一次，因为王凤卿的生日，我到荣宝斋买了一把扇子，就在店内写好等穿骨子，店员叫我停半小时来取，趁此时间，信步逛逛古玩铺。走了几家，门口大半摆了香烟、面粉、白糖、茶叶、肥皂等日用必需品，除了门上一块匾之外，已经找不着其他迹象。我就退回荣宝斋，扇面已经穿好，伙计说您喝杯茶休息会儿再回去，我说有点事就走了。

　　秋天二度北征，有一天郭仲逸告诉我们，买到一块绿洮河砚，还有字画。梅先生跟我说，这都是你的看家把式，为甚么不去逛逛，现在古玩听说很便宜，放出眼光挑选点精品，买回去送送人，也是好的。我因为夏天去过，所以鼓不起兴致来。有一天，因为接到老朋友来信，托我买赵松雪六体千字文（延光室出版），到故宫博物院去问，已经卖完了，只好再到厂肆去碰碰看。

陈老莲双钩竹

　　我第二次再到琉璃厂,找赵松雪六体千字文,结果没有买到,无意中在一家古玩铺得到一张陈老莲仿元人双钩竹石的立幅。这张画的外表是内地的破俵工,连轴头都没有,画上只有"洪绶"两个小字款,下盖一方小印章,隐在竹根旁边。我问伙计,这画靠得住吗?他答得很妙,说:您自己瞧,陈老莲已经死了三百年,这张画他可不会说话。我说这么办,今天晚了,灯光底下看不真切,明天再来复看。回到旅馆,陈老莲的竹子,老在我脑子里转,因为我看见过赵氏《三竹图》,松雪、仲姬、仲穆还有顾定之、吴仲圭、倪云林、张彦辅等许多元明人画竹的名迹,夏仲昭的风雨竹对幅,曾经借到家里挂过一个月,影象非常之深,并且有点偏好,所以陈老莲的画竹,他虽然没有题出仿元人,可是我一看,就仿佛遇见了故人。第二天一早,就到这家铺子,跟他讲价,上来狮子大开口,总算磨了半天,又挑了几副对子(黄小松、伊墨卿、洪北江等),搞到两点钟才成交,连史家胡同的午饭都误了。他们看见我夹了一卷破画回来,都觉得好笑。打开来大家看了,都说画是好极了,但是就凭两个字的"穷款"(鉴赏家的术语称署名简单为穷款),怎么能够证明他是陈老莲?我说我收藏过陈老莲写的字,所以认得。他们还是将信将疑,我被他们问得非常之窘,正如古玩铺的伙计所说,这画他又不会讲话。一直等到了天津,经过夏山楼主(韩慎先)的审定,他们方始相信。慎先是谭派名票,其实他鉴赏书画的工力,比唱戏还要深,在北方算一位具眼人,我当初研究此道,就是向他学习的。

张申府与许刻书

梅先生对我说,打算搞两出新戏,叫我搜寻材料,我有一天又到琉璃厂逛旧书铺,想找一部《曲海》。这书的内容,是撷取各种传奇的故事提要汇集而成,搜罗得非常广泛,文笔也精简概括,是一位镇江人叫蒋宗海的手笔。此公是雍正、乾隆时候的人,当时乾隆下江南,欣赏昆曲,扬州的盐商恭维皇帝,请蒋宗海做的。蒋是一位渊博的通人,他的班辈比王梦楼、钮匪石、叶怀庭还早。原书是稿本,好像没有刻过,二十年前,某书局曾经拿来石印行世,我在上海一位朋友家里看见过,想买一部,当时没有把书局的名称记下来,因循到今,始终未能如愿。这次到旧书铺问了两家,都说没有,他们拿了几部习见的传奇给我看,内中有一部白纸精印带图的《邯郸梦》,非常可爱。正在翻阅的时候,进来一位穿西装的中年人,店员们就去张罗他,对他说:"您托我们找的许珊林的对子拿来了。"我听见了,就站起来走过去一看,写的是五言小篆,一望而知是假的,因为珊林先生是我的曾祖,我家里还收藏了许多墨迹。这位先生的看法,跟我一样,也说靠不住,并且认为是新出厂的货色。我就问他姓名,他说姓张字申府,是一位大学教授,专门搜集许氏古均阁所刻的书,如《六朝文絜》、《笠泽丛书》、《字检》、《金石存》、《洗冤录详义》、《刑部比照加减》、《产宝》、《外科正宗》等等。张先生所藏的许刻书,比我家里还要多,他举了两种书名,惭愧得很,我竟不知道,真可谓"数典忘祖"了。我的推测,那几部书,大约是先曾祖在山东做平度州时候刻的,或者是代朋友刻的。我曾经在吴眉孙先生案头,看见过木刻双钩赵松雪天冠山诗,曾祖书签,还有古均阁开雕的牌子,这部书我家目录上就没有;等看了内容,才晓得是代朋友刻的。张先生对寒家所刻的书,非常偏好,已经搜集了二十年,预备替先曾祖编年谱,要我供给他材料。

按语:和张申府先生在琉璃厂作了一次长谈后,使我对珊林公刻书的情况得到进一步了解,丰富了知识。分手时,张先生说:"有工夫到寒舍去坐，我可以把你没有见到的许刻书给你看。"

当时，梅先生的事很忙，还到各省、市巡回演出，我抽不出工夫去拜访张先生。因为鉴赏善本书籍是比看字画古玩更费时间的，我的计划要用两三天时间，可以从容浏览，因为张先生除了许刻外还有许多善本可看，就这样蹉跎了十几年。在"文革"期间，有一天在沈裕君先生（他于一九八二年逝世，享寿百岁）家见到龚女士（她是张之洞的幼子张燕卿的夫人），谈起张申府约我去看书，我说："等有工夫请您陪我去。"当时，我是被监管的人，耳闻目击的形形色色，都使我心惊肉跳，寝食不安，哪里有闲情别致去看书。今年（一九八三），张先生已是九十高龄，不便前去干扰。我上海家里的许刻书和珊林公手迹数十种从源来手里抄去未退回，我还想到张先生家看一眼，不知此愿能偿否？

一九五一年，我回上海，徐森玉先生来我家看许刻书，还有珊林公和七曾祖辛木公（楣，著有《钞币论》，是咸丰、同治年间的经济学家）的篆隶手迹。当时，珊林公的小篆联："汲古得修绠，开轩畅远怀。"辛木公的隶书联："学知不足，事留有馀。"挂在书房里。

徐先生看到珊林公手钩宋拓《夏承碑》刻本时，他说："我仿佛看到上海小报你写的文章（按即《梅边琐记》）曾提到古均阁宝刻录，除了《夏承碑》外，还有什么手稿？"

"先曾祖的手迹，只有刚才看的钟鼎、篆、隶联、屏、横、直幅，没有手稿。"

徐先生说："数年前，我曾到东台，在许家看到珊林先生的手稿，数量不少，不知现在尚在否？"

"东台那一房，我们已不通音问，我根本不知道他们那里有曾祖遗稿。"

徐先生最后说："你应该和他们取得联系，如果愿意出让，我可以介绍图书馆以高价收购。"

一九五六年春，梅兰芳先生到泰州为乡亲们演出，我曾找到一个本家侄儿，谈起此事，他说："东台方面是有一房，至于珊林公的手稿则下落不明。"从泰州演毕返沪，我曾拜访徐森老，向他汇报，他感慨地说："这批手稿是金石部门重要文献，不能公之于世是非常可惜的。"

徐森老学识渊博，善于鉴定金石、版本。但他的个性恬淡，既不炫耀自己的知识，又没有名利思想，他没有留下什么煌煌著作，我和他往还中,获益匪浅。

一九五一年,我正写《舞台生活四十年》,有一天,他来我家聊天。谈起写作,他说:"看了你在《文汇报》的连载,很有意思,你要下工夫把这部书写好。"

"我没有写过长篇的书,不知应注意哪些方面,请您提意见。"我知道他往来的饱学之士很多,希望他告诉我些窍门。

"写书最重要的一条是集中资料,在选择资料、运用资料方面要有自己的见解,要学会辨别精粗真伪的能力。凡做一件事,其成败往往决定于方法,你的乡先辈王静庵(国维)先生的著作所以能光景常新,颠扑不破,就是他的方法好,你见过他吗?"

"在苏州见过一面,他来拜谒先祖狷叟公,那时我才九岁,他们谈的学术问题,我听不懂。"

徐先生笑着说:"王静庵写书的方法有三个字:'博'、'专'、'细'。"

徐先生用亲身经历,阐述了王先生的写作方法:"有一天,我去他家,静庵正在写《宋元戏曲史》。桌上、书架上摆的都是有关这部书的资料,其中还有一部份是从日本收来的善本。我们聊天时,他总把话头引到这部书上来,听取我的意见。这时,另有一位朋友来看他,他还是用此法谈话,有时提出问题和我们研究,如有相反的意见,展开辩论,最后得出的结论,他都记在笔记里。"

徐先生喝了一口茶,接着说:"隔了一个时期,再到他家,问起《宋元戏曲史》的情况,静庵说:"已看过校样,静等看最后的清样。"这时,他的书房里,桌上、架上、凳子上有关那本书的资料,全都收起,另换下一本书的资料,谈话的题目也变了。"

徐先生最后说:"王静庵写书的方法是最科学的。刚才我说的三个字,'博'是说他掌握的资料丰富;'专'是集中精力,把它写好;'细'则包括一稿、二稿……乃至校对装帧,都要缜密周详。你是聪明人,自己去琢磨吧。"

那天的谈话,我记在本子里,已毁于劫中,但现在回忆,还能说得很具体,可见当时印象的深刻。

古均阁刻书记

在琉璃厂旧书铺跟张申府先生谈得很久，他对我说：古均阁的书刻得精极了，刻工、纸张、装订、印刷无不讲究，可以想见前辈们做事的精力过人。他要了解先曾祖珊林公当时刻书的动机与过程，我说惭愧得很，我知道的不太多，只是从先祖口中听见一点大概情形：我曾祖刻书，大约可分为四个时期，第一个时期，研究文学，刻的是《六朝文絜》、《笠泽丛书》。

第二个时期，研究金石考据，刻的是《金石存》（代他老师李宗昉刻的）、《字鉴》。那时他老师阮元保举他在国子监整理石刻、彝器、墨拓、古物，得到许多珍贵材料，同时一般考古家都向他访问研讨。因为在封建统治时代，名贵的文物，多被皇帝老官收罗去了，普通老百姓是不能随便到他宫里欣赏一番的。双钩《夏承碑》是曾祖最晚年的作品。当时打算续刻古均阁宝刻录一百种，后来因为时局不靖，移家东台，所有的材料，都散失了，我小时候在苏州，还看见过预备装宝刻录的木箱。

第三个时期，因为做州县，研究法律政治，那时候的司法是相当黑暗而武断的，所以刻了《刑部比照加减》以及《洗冤录详义》。

第四个时期，研究医药，刻的《外科正宗》、《产宝》。他身体魁梧，喜食厚味，常常生外症，其时西方医学还没有介绍到远东来，用中国的旧法医治，出入非常之大。他因生病而得到了经验，搜访了许多有效的方子，配成各种药粉和膏药，亲友中生了外症，也都到我家来讨药。《产宝》，是因为当时感觉到旧时代接生的危险性非常之大，这部书说明了妇女在产前产后种种应做的工作。虽然是消极的自卫，比不上今天科学时代的稳妥彻底，但是有许多人在那时已因此得到了很大的效果，这就是他刻书的动机与目的。关于刻书的技术问题，他竭力避免有错字，因为中国的文言文，常常会一字之讹，谬以千里。他把苏州城里的刻字工人，用考试的方法来选择。他是参加在他们队伍里面一起工作的，每一张纸都要看过，发现有破损的地方，立刻就剔除。印刷装订的时候,每一本书都审查过,所以很少有缺页模糊折角的情形。尤其错字,在许刻书里是寻不到的。他印的书从来没有卖过钱,数量恰不太多,遇见研究此一类学问的同志们,奉送一部。像《六朝文絜》、《笠泽丛书》都是亲笔写刻的,每部书内都加盖自己印章五六方,非常慎重。我说到这里,已是万家灯火,匆匆与张先生订了后会之期,珍重而别。

郎家园枣与沙营葡萄

　　北京在秋冬之间，水果里面有两种名品，一种是郎家园枣，顾名思义，一定是姓郎的研究改良种植方法因而得名。它的形状，有与普通枣子不同的地方，普通是带圆形而大，颜色浅，肉粗，甜味不够；郎家枣是细而长，色深，肉细，其甜如蜜。还有一种就是沙营葡萄，据说来自京绥路上，沙营是地名。在南方的人，对北边来的葡萄统称之为牛乳葡萄，粒头大，颜色青，早秋时，味微酸而淡，到了冬令才甜一点。沙营的形式狭长，颜色微黄（好像石章里面的田黄冻），其甘如蜜，可是产量不多。郎家枣尤为稀少。这两种水果很少贩运到各地，因为价钱比普通的要贵三分之一，所以就无利可图。有一次桂三爷（月汀）请吃润明楼（在东安市场里面专吃羊肉），吃完时候还早，梅夫人、王佩瑜、梅绍武（梅先生的第五个儿子，在燕京读书），我们几个人，逛市场走到一家水果摊，我要买枣子跟葡萄，正在问价，梅夫人说这两种不好，我们要郎家园和沙营。伙计说有，打里面拿出两筐，尝了尝果然不错，每样买了二斤带回去，因为梅先生也喜欢吃。还有一次，我从六国饭店到长安街一个菜市里，买了几斤京白梨回来，我专挑大的，梅先生看见了，笑起来说："你到底是外行，京白梨讲究吃小的，恰巧跟砀山梨相反。您也算老北京，怎么不懂这个门道？"我说："对于吃一向是粗枝大叶，不求甚解，还有老北京这个名称，我是受之有愧了。"当初住家天津，每年不过到北京逛几趟，走马看花，对于北京的吃，当然认识得不够清楚的。

王瑶卿寿演中看《儿女英雄传》

　　我们在北京刚好碰到王瑶卿老艺人的六十九岁生日，事先由京剧界关心他的生活情况的同志们，组织一场寿演，所得的票款盈余，作为寿礼。参加的演员，大部分是他的学生和受过他薰陶的人。演出的地点是在长安，剧目是《儿女英雄传》，演到"弓砚缘"为止。我们那天留了一个包厢，因为有点事，入场很晚，"弓砚缘"快要出场，前面王吟秋、罗玉苹等几个十三妹都已演过。戏单上注明程砚秋后部何玉凤，荀慧生反串安公子，侯喜瑞的邓九公，小翠花的张金凤，配搭得相当整齐。这里面程、侯是本工，荀、翠两位这出戏，我是第一次见面，慧生的安公子，虽然生疏一点，好在剧中人的个性，是一个中了书毒而且自始至终处于被动地位的人物，倒没有什么问题。

　　我对于小翠花的张金凤，起初有点怀疑，因为他一向是以反派人物见长的，而张金凤是一个闺门旦身分，同他平常台上所演的性格是迥乎不同。等到翠花出场，第一个特点，是不用跷，穿彩鞋。我好像很少看见小翠花穿彩鞋（张金凤的身分是无法使跷的），同时服装方面，也过于炫耀，透着不大调和。可是到说服何玉凤的一场，大段道白讲得非常好听，我方始了解派戏的人，支配他的工作没有错。内中有一句道白最精彩，他对何玉凤说："姊姊我现在要问你，在能仁寺代我们撮合的时候，你心里对安公子究竟存着一种什么意思，你今天得在我面前坦白坦白。"这句流行的名词，用在这里，真可以说妙手拈来，天衣无缝，一点不觉得生硬不调和，无怪乎满堂报以彩声。可见一个成名的艺人，对于把握观众，是有他独到之处的。

华慧麟和金碧艳

到了农历八月初七日那一天，梅先生夫妇和我们都到大马神庙拜王瑶卿的寿，寿星的兴致很好，谈笑风生，各方面都照顾到。（按：瑶卿于数年内妻亡女殁，孑然一身，幸而他襟怀豁达，能够自得其乐。）三间屋里都坐满了亲戚朋友、徒子徒孙，黑压压挤了一屋子。这些人群中间，有两个人最令我发生感慨，一个是华慧麟，一个是金碧艳，都是瑶卿的学生，现在都显出憔悴可怜的样子。

华慧麟的戏，演得不错，我尤其欣赏她的京白戏，如《得意缘》、《探母》等等。她的京白讲得自然而流利，南方人学习到她的程度，是太不多见了。缺点是气弱，台风不够亮，所以没有大红大紫，但是总可以算得是一个南北驰名的演员。她嫁的是一位帮会里面的英雄，江湖人称小阿荣，在半殖民地时代的上海，是赫赫有名的。我曾经跟他接触过，记得他第一次到马斯南路访问梅先生，梅问他作何生理，他期期了半天，说在小东门开蜡烛店，华慧麟在旁边很窘，因为上海有句俗语，叫"蜡烛店小开"，这涵义我不大明了，好像是调侃青年人而不务正业的意思。回家之后，慧麟埋怨他，他倒很坦白，说："我平常很能说话，见了梅先生就讲不出来了，我怎么会讲这句话，连我自己都莫名其妙。"实际上他是不愿意把自己的特殊身分显露出来，我倒觉得此人还有点羞恶之心。同时我看出慧麟当年在他的压力之下，有说不出来的委屈，并非心甘情愿的。

金碧艳初名金景萍，我小时候就看过他的戏，后来他从袁抱存（寒云）研究文艺，拜王瑶卿学习青衣。人是相当聪慧的，可惜年青的时候，经不住外界的诱惑，困于渔色，很早就不能唱了。

旧社会里毁灭了许多有作为的艺人，能够卓然自拔，始终不败的，真如凤毛麟角，可见思想的改造，制度的改革，生活的改变，确是当前最重要的课题了。

按语:华慧麟是王瑶卿、梅兰芳两位艺术大师的学生,她拜王瑶老后,对出字、收音、行腔、用气得到真传,特别是京白念得好,生长南方的演员,能够如此圆熟而有生活是难能可贵的。她在北京搭班,红过一阵子,后来困于阿芙蓉,走下坡路,生活陷入窘乡。一九五〇年,王瑶老任中国戏校校长,华慧麟是出色的教师,现在活跃在舞台上的刘长瑜、李维康……都是她的高足。她和我的亲戚邹慧兰最要好,邹向她学习王派的唱法,慧麟向邹研究身段表情,我曾见她们到护国寺街向梅先生学《霸王别姬》的舞剑,事先她托付慧兰:"你帮我记身段、位置,我以前演过《别姬》,现在教李维康,想往细里找找。"

她们一共学了三次,梅先生教得很细,他说:"舞剑的身段是跟〔夜深沉〕牌子走的,但不是呆板的,演员要和场面配合得紧凑,不要你等我,我等你,这样,尺寸就坠了。"接着又说:"许多架式都是对称的,如果舞台位置不适当就破坏了画面,这如同一张画的结构布局,必须胸有成竹,才能自然合拍。你们二位都是在舞台上实践多年的演员,一定能够理解我的意思,教学生要看对方接受的能力,因材施教。"

在抗美援朝时,老艺人登台义演募捐,有一次演《巴骆和》是李桂春(艺名小达子,李少春的父亲)的骆宏勋,华慧麟的巴九奶奶,京白还是那么清脆好听。

一九六三年,华慧麟以肝硬变夺去了她的生命,使戏曲教育界失去一位有真才实学的教师。

北京人的转变

　　北京过去是封建军阀、官僚的大本营,是一个消费的城市。解放以后的情形,大不相同了,北京人的生活在急遽转变中。有工作的人,紧张活泼,埋头苦干;还有一部分没有固定职业的人,也是尽量刻苦节约,共渡难关,普遍造成一种俭朴的风气! 感觉到有新的生命,新的力量,在滋长着。我们所到的亲友家中,像当差、老妈这种称谓,几乎成为历史上的名词。京剧界的工作者,过去的生活,都偏重在物质享受方面。现在我们看见十几岁的男女孩子,都会在厨房里工作,抻面、蒸窝窝头、扫地、涮锅,什么事都拿得起来。街上的三轮车是生意清淡了,梅先生在长安演出的时候,有几天下雨,总算他们做到一点生意。我记得有一天,雨中送一个朋友到家,再回六国饭店,兜了一个圈子,车钱一千二百元,等于戏票的三分之一。车夫跟我说,希望多下几天雨,又希望梅先生多唱几天,间接的帮帮我们的忙。他们想看看梅先生的本来面目,在我们的车子两边布成一个三轮车网,我们上车的时候,要挤半天,他们站在车上,看得非常清晰。有一位车夫,好像是其中的带头人物,他大声说:"我们看不起戏,只好在门外来一张露天站票。"后来一天天人越聚越多,警员恐怕秩序紊乱,在后台门口派了两位纠察员,这种情形,方始减少下来。

朝气的北京城

我二十年前到北京城，那时没有经过抗日战争的破坏，人民的经济购买力还强。外省人到北京，第一件事是看戏，次之是吃小馆。北京城里小馆子是多极了，东西南北四城，每个角落里都有，并且价廉物美，所以大家趋之若鹜。从前有一位父执告诉我说：中国有三个城市，少年人不宜久居，就是扬州、苏州、北京，扬州有句俗语"早起皮包水，午后水包皮"，形容一般人的生活，上午在茶馆，下午在澡堂。苏州人也是茶馆生活。北京的情形，虽然微有不同，而那些有闲的少年人养成了这种习惯，生活过于懒散，是无法求得进步的。

我们第一次北上，因为梅先生十几年没有回来，有些亲戚故旧要跟他谈谈别后情形，几个人合拢来组织一个公局。像丰泽园、泰丰楼一类的馆子，有时候到得迟一点，这家馆子里里外外就是我们一桌。问起原由，伙计说并非偶然，经常如此。再到比较小的馆子，生意也不见得好，我们看出北京人的生活的确是转变了。据我的亲戚告诉我，吃小馆在北京城里，已经是一件不普通的事情了，原因是有工作的人，既无闲工夫，又无闲钱，同时大家都有了节约的风气和经验，也不愿意浪费。所以我们第二次北上，这种酬应是根本没有了，至多几个老朋友的夫人，亲手做一两样家常菜，送到史家胡同给梅先生吃。程砚秋先生在梅葆玥小姐的纪念册上，题着"不要辜负了有朝气的北京城"，这句话是很有意义的。

访问旧王孙

　　我有一天陪了梅先生去看载涛(贝勒),大家称他涛七爷,他是宣统的叔叔,满清统治时的所谓亲支王公。他对戏剧很下过一点工夫,能够唱杨派戏,文戏也有根底。他跟梅先生是二十年前因研究戏剧而认识的。当时的亲贵大都喜欢唱戏,就有人说清朝的江山"是唱戏唱掉的",有两句歌谣说:"国事兴亡谁管得,满城争唱叫天儿",这种看法并不准确,明朝并没有唱戏,照样亡国,这是整个制度的问题。

　　载涛在满洲贵族当中比较算是独善其身的,从辛亥革命以后,他没有参加过任何政治工作、社团党会的活动,几次有人找他,他都谢绝了。我们到他家里,一共有三个院子,好像住了有十几户人家,已经成为大杂院了,门口仿佛还摆了几个摊子。他自己单住一个院子,也不过三两间住房,在他屋子里除了桌上摆的一架克房伯炮的模型而外,已经找不着可以证明他是在四十年前曾经掌握过全中国的陆军的首脑人物(他在宣统年间,做过军谘府大臣,到德国考察过军事)的痕迹了。

　　涛七看见我们非常愉快,他已是六十几岁的老人,精神和体力都还健全,没有显出颓唐的老态。他问起上海仅有的一两个老朋友的生活情况以后,就述说他近十年的处境,说他虽然经济不甚宽裕,但是很能吃苦。足以自慰的,是这几次的政变(伪满洲国与"国大"竞选),都没有卷入漩涡。话题转到戏剧方面,讲起许多京剧界前辈的优点和缺点。我们问他常出门吗?他说前几年喜欢骑马,最近因为养马的费用太大,不干了,改骑脚踏车,他指着桌子旁边的一辆脚踏车说,就是拿他代步。他好像对于骑车的技术很自负的,看他那矫健的身体,又有武工骑射的根底,决不会在闹市中闯祸。最后他对梅先生说:"听说您要出台了,给我留一张《贩马记》的票。"这出戏他很有研究,梅先生也希望他批评,所以演出的时候,送了他一张票。过后有人告诉我们说,他在某处还摆了一个卖罐头食物的摊子,维持生活,倒真使我们听得肃然起敬了。

深宵谈戏

　　有一天在长安演毕,吃完宵夜,回到旅馆已经两点多,但是梅先生因为表演过于兴奋,又吃了两杯浓茶,睡不着觉,跟我聊天。他问我,今天的戏怎么样?我说:"你个人的部分是无懈可击,观众的情绪也很高(那天是《宇宙锋》)。"他说:"我还不能满足自己的要求,因为这出戏前半部的场子,还有些不够紧密,处理剧中人的个性,除赵女而外也描写得不够刻划而明显,当然在大体上是没有甚么大毛病的。"我说:"我一向主张从'修本'起到'金殿'止,这是全剧的高潮,观众最需要的部分,所谓去芜存菁,就是这种意义。"他又告诉我许多关于幼年学艺的甘苦,以及前辈的典型。他说:"在台上表演的时候,对白、身段以及其他的运用,完全是一种斗争的情绪,譬如《宝莲灯》王桂英与刘彦昌的大段道白,就是一种很好的例子。假定有一方面不能把握住剧中人的人物性格,结果造成了一种不平衡的气氛,观众的情绪,随之下降。没有在台上工作过多少年,不会了解这种情况,这里面不是优胜劣败的个人主义,而是争取观众做好本位工作的问题。所以好演员必须照顾到同场每一个伙伴,像过去有些恃才傲物的人,专门显露他人的短处,强调自己优点,这些都是错误,应该检讨的。"

老辈凋零

　　"深宵谈戏"的第二天,我们靠在床上,继续昨天的谈话。梅先生说:"现在的京剧工作者的技术水准,已经逐渐降低下去,人数也比以前减少得多,并且一部分的人,在失业和半失业状态之中,前途非常晦暗。"又说:"从前登场演员的年龄,从十岁起到七十岁。我就是十一岁那年第一次在广德楼登台,唱的是《天河配》,以后一面表演,一面学习。现在我们同业里面,已经很难找到一位二十岁以下的演员。像我跟砚秋、小云、慧生,都是三十年前就成名的人,到今天舞台上还是我们四个人,转来转去。其他生、净、丑,各行各组的带头人,也是这种情形。说明了这三十年的光阴,我们的京剧界入于停滞退缩的状态。而最严重的问题,是教师人才已经凋零无几,再过几年,更不堪想象,目前还有几位硕果仅存的典型人物,都是六七十岁的老人,风烛之年,只能口讲指画,不能担任辛苦的教务。(按:最近王幼卿从北京回沪,谈起尚和玉、王凤卿、瑶卿等几位老艺人,均由戏曲改进局聘为顾问,薪给从优,生活赖以维持,这是一种贤明的措施。)想到这种情形,非常可忧,尤其在戏改运动萌芽时代的今天,如果没有一批技术熟练、素质优良的演员共同推进,是有着相当困难的。譬如我们的新剧本大批产生出来,一定要把演员的工作支配适当,才能够争取观众,收到教育的效果。决不可以因陋就简,滥竽充数,结果造成戏馆赔钱,影响演员对新京剧的信心。这些问题,都需要精密检讨,不能够鲁莽从事的。"

千学不如一看

　　那天梅先生同我长谈,他说:"我经过了八年抗战的磨难,与经济上的压缩,体力是不如前了。许多老朋友希望我应该及早收篷,从事教育工作,办一个完善的戏剧学校,为下一代的艺人们服务。我没有照他们的意思做,还经常地演出。可是每次演毕,的确感觉到疲劳,甚至肠胃方面发生严重的病状。我知道外间人对于我有几种揣测,一种是为戏馆老板们包围,迫于情面,不得不敷衍;还有就是照顾同业的生活问题。这都是他们消极的看法。

　　"解放以后,戏馆里的恶势力逐渐淘汰,不复存在。至于照顾少数同业的生计,虽然也有一部分的意义,作用并不太大。我近年来演出的动机,是有着积极性的。第一,当然为我个人解决生活上的困难,我这一辈子除了在舞台上拿我的劳力换取金钱以外,没有用其他方法赚过一文钱(在抗战期间我曾经开过一个画展维持生计)。第二,是我有许多学生,许多同业,没有时间能够好好地教育他们,我只得把我生平从前辈们学习得来的艺术,加上我刻苦奋斗的经验创作,通过舞台,使这些后起之秀得到一个观摩的机会。戏班里有一句术语叫'千学不如一看',这是一句名言。我知道过去许多成名的艺人,不但苦学,而且勤看。还有一句术语'外行看热闹,内行看门道',这里面指出了本行人看戏的重要性。"

　　最后他总结说:"我不晓得究竟还能演几回,为了以上两种原因,我要振顿精神,奋勇地干下去呢!"

旅馆生活

我们在六国饭店的时候,房间内许多事都是自己做。梅先生处理这些事,最有条理,相形之下,我非但不擅长,而且常出岔子。譬如抽水马桶因为年代久了,不大灵活,一个不小心,时常叫我拉坏,顿时水声淙淙,仿佛到了冷泉亭,我又无法收拾,只好请梅先生起来修理。

在临睡之前,梅先生一定把卧室和澡房里收拾得干干净净,方才就枕。每天早晨,招待处供给牛乳一瓶、鸡子一个,我们把鸡蛋打在热牛乳里,分而食之。代表的替换衣服,也由招待处指定洗衣作代洗,但是梅先生的汗衫袜子,都是自己在澡盆里洗的。有一天,看见我把汗衫袜子交给茶房,他就拦住说:"这一举手之劳,为什么还要糜费公家的钱。"我说:"我办不了啊!"他说:"你应该学习。"说完这句话,开会去了。

饭后,我洗完澡,也学梅先生的样子,就在澡盆里洗这两样东西,那晓得搞了三十分钟,累得满身大汗,并没有洗干净,草草的拧去一点水,一条条的挂在脸盆旁边的铜棍子上。梅先生回来看见大笑,说:"这样子晾两天也干不了!"就代我把水拧干,撑开了晾起来。我说:"真奇怪,你这些琐事,何以如此熟练?"他说:"小时候家庭的经济情况很不好,又是早孤,所以什么苦都吃过,比这种更粗重的事,也曾做过。等有了闲工夫,要把一生的经历写出来,使大家和我的后人知道,我是如何的在艰难困苦的环境中生长起来的。"

我听了他的话,想起古人所说"生于忧患,死于安乐",这两句格言,的确是从经验中体会出来,梅先生就是一个很好的例子。

回　戏

　　梅先生生平最反对回戏（北京城的习惯遇到刮风下雨，上座不好，都可以回戏），他认为这是一种欺骗观众不道德的行为，所以尽量避免这种情形。去夏参加文代会的时候，临行之时，在长安为同业义演，开演的前一天，因为饮食不慎，受了感冒，我们劝他回戏，他不肯。到晚上，他的学生替他量体温，热度相当高，并且觉得头重胸闷，医生说非但明天不能唱，恐怕要休息三五天。我们立刻打电话把主持义演的负责人叶氏昆仲盛章与世长找来，他们看见梅先生的病状，也觉得只有回戏，打算挪后四天。梅说两天够了，再三叮嘱盛章，在戏馆门口挂一块牌，同时赶快托电台上每隔两小时广播一次，以免观众徒劳往返。

　　第二天下午，世长来说："今天门口挤了许多观众，吵得很凶，手里拿着戏票，责问院方，究竟后天靠不靠得住。因为有些人是从天津、保定等各地赶来的，他们付出的代价相当大，如果再等几天，旅馆伙食，耗费更大，所以非常着急。"梅先生听了，格外难过，说："早知道有这种情形，我十几年没有回京，他们远道而来，第一天就给我的观众一个不好的印象，真说不过去。此后一定要下决心，注意健康，对于饮食起居，审慎调节，以免再对不起我的观众。"

舞台上的汗

　　因为第一次北上，梅先生带病表演，身体很吃亏，所以秋间再度来京，在火车上梅就对我们说："这次我要格外注意饮食起居，以免再蹈复辙。"一到北京，长安方面就托尚小云来接洽，作短期的演出，我们在原则上答应了，因此他对于眠食更加小心。这次开会又都在下午，不用起早床，每天上午到史家胡同晒太阳，作柔软运动，调摄得相当好，体重增加五六磅。

　　长安演出后，一切进行都顺利，最后一场演毕，回到旅馆，梅先生把外套脱掉，拿了一杯茶，站在五斗柜旁边，对我说："今天我的身体觉得轻松了许多。"说完就两手伸平，把手腕往里弯，伸了一个懒腰，说："这几天没有洗澡，今天想洗一下。"我说："刚才在戏馆里汗出得太多（我在化装室里看他卸装，脱下一件汗衫，好像水里捞起来的一般），当心着凉，究竟是靠近六十岁的人，不能够与年青人相比。同时您得注意，休息三二天，就要到天津中国大戏院表演呢！"他说："您的话不错，我来放水试试看，如果不热，就不洗。"说完这句话，他进澡房，我慢慢的睡着了。

　　第二天，梅先生先起来，我还躺在床上，他向我说了一句话，我说："不对，您感冒了！"他望着我足足有五分钟没有说话，最后喟然叹了一口气道："想不到我的身体已经脆弱到这步田地，还有许多重要的任务，在我肩子上，如何是好？"我说："您不要忘记了你已经在舞台上劳动了四十五年，把每次的汗水积聚起来，恐怕里面的澡盆，都容纳不下啊。"

我记新艳秋

　　前天《高唐散记》中提到新艳秋、华
慧麟,非常感慨惋惜。我实在也怕写她们
的事,鼓不起兴来,觉得粉堕花残,红消香
杳,追想盛年,有点"无可奈何花落去"的
况味! 最近,听到北方来的人谈起她们两
个人的生活情况,有了转变,她们在旧社
会里没落下去,新时代毕竟把她们振拔了
起来。

　　当我们去夏到京,新艳秋来旅馆里向
梅先生问安(她也是梅门弟子),提起她
的身世,真如哀猿孤雁,闻者酸鼻。她述
说到一半,已经是清泪汍澜,以巾掩面。
我们虽然同情她的遭遇,但是找不着足以

新艳秋演《玉京道人》

使她得到暂时安慰的话语。她因为所天的关系,房屋有些纠纷,希望给她一
点帮助。梅先生觉得此事并不简单,不知如何着手。后来,她又要求梅先生
回沪时,向各戏院负责人保举她南来演出,我们答应了她。回到上海,各戏院
正闹劳资纠纷,觉得无从进言,因此这件事我们耿耿于心,直到现在。

　　最近言慧珠从北方回来说,新艳秋得到天津中国大戏院的照顾,担任基
本演员,每月有固定的收入,生活赖以支持。我们听了都很高兴。(编者按:
思潜尚有述华慧麟近况,与昨日思古先生一文相似,故不再录。)

写《柳毅传》之动机（上）

近来各报都谈《柳毅传》，有许多揣测。前天同勤孟兄谈起此事，他对于这一篇唐人小说，非常欣赏，希望我把编写《柳毅传》的动机和目的告诉他。我说："等我闲一点就写一篇专记《柳毅传》的文字，借此也答复了关心这件事的朋友们，免得每次回答，要从头到尾的念一套机械式的台词。"

去夏北上，参加文代会，与文艺界戏剧圈的朋友见面的机会比较多，常常谈到改革戏剧推动新京剧的方针。梅先生就有意编一二出新戏，叫我留心题材。阿英同志听见了告诉我们，关于这一类的资料，他那里有许多传奇、小说、笔记，可供参考。同时傅惜华先生所搜罗的这类书籍，更广泛丰富，也时常约我们去欣赏他的藏品。傅为芸子之弟，以收藏小说、传奇见称于时。秋间再度北征，道出津沽，在中国大戏院表演，与阿英常常见面，对于戏改问题，展开更深入而具体的反复讨论，交换了各种意见。他主张目前的戏改工作，只能分为两途进行：一是但求意识正确，不作技术上过高之要求，以便从广大群众中发生育化作用；一是由技术熟练之成名演员领导，每剧编制，必须精密检讨，千锤百炼，然后问世，以便于国家大典节日，或国际性之场合，作代表性之演出。二者可以并行不悖，我们非常同意他这种见解。

写《柳毅传》之动机(中)

有一天我同阿英在"中国"前台休息室喝茶闲谈,他提出《柳毅传》,认为适合梅先生的演出,我说:"这是一桩神话故事,是否涉及迷信?"他说:"神话与迷信,根本是两回事,现在全世界的先进国家,对于神话戏还经常地演出。"他举了好些例子,如《天鹅湖》之类,这里限于篇幅,恕不详述。

我们谈过《柳毅传》的第二天一早,阿英同志派人送来两种明版书,内中都有《柳毅传》,一种是万历本的《虞初志》,是闽刻五色套版,字大悦目,印刷甚精,书眉上有汤若士、袁石公、屠赤水的批语。另一册系嘉靖本,更不多见(后来他告诉我说在大连书摊上得到的)。我同梅先生回到利顺德饭店,人手一编,看了一夜。梅先生觉得这桩故事编成舞剧,的确适合他的演出,就打电话约阿英到百福大楼吃便饭,论讨《柳毅传》。

那天他来得很早,我先告诉他梅先生同意编制《柳毅传》演出,他继续昨天的谈话说:"这一篇唐人传记文字,鲁迅先生最倾倒的,曾经翻译介绍到苏联去,很受友邦文化界的欢迎。不过现在我们编写起来,需要把人物性格,重新刻划。柳毅的身分,原本为一下第的儒生,我们一定要把他改为一个中农阶级。原书柳毅得洞庭君之厚赠而致富,我们要改是由龙女馈送。此戏着重在发挥光明面,末场有一伟大之集体耕种的田家舞蹈场面。"我们初步谈话到此为止。

写《柳毅传》之动机（下）

以后他答应我们在离开天津之前,把故事写出来,以便根据他的造意来编写,但是阿英事情太忙,始终没有交卷。直到今年正月里,梅先生一再催我快写,我只好先把场子大略打了一个提纲,得空就写一点。同时将故事分场,写了一个目录,寄与阿英,请他提供意见,尚未得复。昨天,言慧珠小姐告诉我说:"接到阿英先生来信,说不日就有详细答复,并且预备许多重要意见。"我很迫切伫候他的好音。

以上是我们写《柳毅传》的动机与过程,外间所传曾经演过话剧,并无其事。据我所知,元曲之《柳毅传书》,为最早之剧本,二十年前黄玉麟之《龙女牧羊》,亦即脱胎于此。最近有几位梅门弟子,都希望梅先生早日上演此剧,在今日剧本荒的时候,可以多一出戏,纷纷来问我。我觉得此戏场面伟大,脱稿后,尚须经过长时期检查、排练,方能完整。

此次梅先生在"中国"短期演出,是否能够上演,难以预定。不过趁此次演出之机会,大家加紧工作共同商讨,进行上有许多便利,大约迟到秋间,必可与观众见面了。

　　按语:《柳毅传书》初稿写出后,我送给周扬同志看。有一天,他到护国寺街梅宅聊天,对我说:"你的剧本写得不错,但我记得唐人小说里,柳毅是个秀才,现在改成农民,和龙女不很调和,还是改成秀才如何?"

　　现在回想当时大家的思想方法,脑子里只有一个字"改"。改变历史人物的成份,乃至风俗习惯,还把一些不适合古人的语言、词汇塞进去。从碰了几个钉子后,才逐渐懂得,要在不违反历史背景的前提下,进行不着痕迹的修改,后来改的《贵妃醉酒》就吸取了失败的经验,慎重地、细致地进行修改。现在我偶然看见有些新编的台词,似乎还接近我早期的思想方法,这一点希望执笔者以我为戒。

　　另外《梅边琐记》里还屡屡出现检讨、坦白等词汇,今天看起来都觉得生硬可笑，但我没有修改，因为这是我们走过的历史痕迹，需要保留当时的思想实况。

按一九六〇年，范钧宏兄与源来弟合写《龙女牧羊》，梅先生打算排演此戏，他与源来弟单独谈话十余次，对每场的表演作了仔细的研究，不及上演就逝世了。源来根据谈话纪录，曾写文发表，现已收入《忆艺术大师梅兰芳》中。

饮罢琼浆舞一回

我们在天津的时候，刚好遇到十月革命的节日，热闹了好几天。前一日，是中苏友好协会发动在中国大戏院庆祝，梅先生是总会的理事，参加了庆祝会，还致了庆祝词。第二天，苏联领事馆的鸡尾酒会，而我们那天另有一个座谈会，所以到得迟了，来宾已经陆续散去。我们的车开进去，有几位外宾正要上车，看见我们来了，又退回来。领事穿了礼服，站在客厅门口招待来宾，很热闹的握手，陪进客厅。那时，一场跳舞音乐刚刚打住，正在三三五五一组一组的站着喝酒。领事向来宾报告了一句："梅先生来了！"立刻团成一个大圈子，把他包围在里面，碰杯喝酒。

有一位中年苏联人，拿了杯伏特卡递到梅先生手里，说："我在十几年前看见过你，今天在你们中华人民共和国刚刚成立，又碰着十月革命节日，真是幸会得很，请喝一杯！"梅先生素来不会喝酒，但是拿起来就一饮而尽。第二、第三位又递过酒来了，我一看这样喝下去，晚上的戏要唱不成了，就跟一位会讲俄国话的市府同志说："梅先生晚上有戏，酒喝多了会影响演出。"这位同志跟他们说明了这一点，刚好领事和夫人也进来解围，说："请梅先生跳一回舞吧。"说完跑进外间廊子上，把几位正在吃饭的音乐师请了进来。领事夫人介绍了一位女宾给梅先生说："这位夫人，今天有机会和东方第一流的艺术家共舞，非常欣幸的。"大家就跳起来，只有一位农民代表的老者没有跳，上一天在中国大戏院开会他坐在主席团的席位中，今天他穿着粗蓝布的短袄，手里拿着一杯酒，悠然自得的站在旁边看跳舞。

264

俞五姜六的戏德

　　梅剧团的组织,从抗日胜利重振承华社以后,有了部分的变化,因为梅先生要提倡昆曲,邀了俞振飞参加,连原有的姜妙香,共是两位小生。俞、姜的脾气,都非常之好,姜六在戏班里有"圣人"之目,俞五也是出名的好好先生。最难得的是他们两个人,感情非常融洽,从来没有嫉妒斗争的情形。所演的戏,也分成两个系统,譬如《凤还巢》、《生死恨》、《宇宙锋》、《虹霓关》等等,归姜六应工。《贩马记》、《游园惊梦》、《金山寺·水斗》、《断桥》、《春秋配》等,归俞五当行。《贩马记》的赵宠,战前是姜六的本工,后来振飞演赵宠,他退居保童,毫无难色。这种放弃个人英雄主义的作风,是大家应该向他学习的。

梅兰芳、俞振飞演《贩马记》

梅兰芳、姜妙香演《穆天王》

　　这次振飞在香港有戏，要迟几天方能返沪，而事实上梅先生每三天必有一出昆曲戏，这就使支配戏码的人，非常踌躇。后来找了妙香来协商，他说："没有关系，在振飞兄没有返沪之前，如有我可以担任的昆曲戏，我来代他唱。"他并且说："去岁梅先生北上演出，我在上海陪慧珠唱，走不开，例如《凤还巢》、《宇宙锋》，振飞也代我唱过，我们是礼尚往来，无分彼此的。"我想起去年在京、津演出的时候，俞五的表示，与姜六是一样的态度，像他们两位的戏德，是值得表扬的。

谈《醉酒》

　　我们将要离京赴津的时候，梅先生和我在旅馆里讨论改编《醉酒》，他认为这出戏被一般没有中心思想的演员演坏了，他们首先没有了解这出戏的意义，因而把握不住剧中人的人物性格，专门在黄色部分，加强渲染，讨好观众。其实，当初剧作家的动机，是要暴露宫庭里面妇女们的苦闷心情，所以把"三千宠爱在一身"的杨玉环，来反映一般金枷玉锁、终老深宫的妇女们的痛苦生活。从这点上看出，作者的思想上含有反封建的成分和趋向。所以梅先生说："这出《醉酒》在旧戏里是非常难演的一出戏，处处要照顾到是描摹一个贵妇人的醉中失态，而不是形容一个荡妇的发作酒疯。如果演员没有把握剧中人的人物性格的能力，极容易造成淫荡下流的气氛，失去乐而不淫的意义；对于身段表情上，往往容易发生失之毫厘，缪以千里的错误。"

最后我们商讨的结果,将剧中黄色部分,加以冲淡。内中一段无言剧,改为由贵妃暗示高力士,去请唐皇来共饮,身段从往内拉改为向外推。另由高、裴两人口中,指出当时宫中妇女们的烦恼苦闷,归纳到制度的不良,将编剧者的主题分析清楚(因高、裴为身受宫刑之太监,其愤懑不平之鸣,亦在情理之中,尚无破坏剧情之处)。演出后观众反应良好。不过这出戏虽然不长,做工表情,异常繁重,五七老人,演此未免吃力。尤其琴师王少卿怕拉这一出翻七个调门的〔柳摇金〕(我听陈彦衡先生拉〔柳摇金〕,翻五个调门,据他说是向梅先生的伯父雨田先生学习的)。一小时不停的伴奏,比拉一出《凤还巢》或《生死恨》还要吃力。可见观众的耳福眼福,确是不浅,在今天要找这么一出完整的旧戏,真不容易,无怪乎前天老鹰先生说:"当当卖卖都要去看一次。"这一位《醉酒》的知音,与我有着同样的偏好。

汪霸王

这次梅剧团在"中国"演出,因为梅先生的目的要精简节约,抑低票价,作制度上初步的改革,工作者的薪给,根据营业上实际情况作机动性的伸缩。所以演员均在近地取材,不从北方邀约大批人马,以节省来往川资的大宗支出。一切进行都很顺利,只有《别姬》的霸王,颇费踌躇。有人主张高盛麟,可惜远在汉皋,订的是长合同,不能中途返沪;又有人提唐韵笙,而唐在南通,合同未满;也有人建议袁世海,结果都有困难。梅先生表示在上海本班找霸王,"中国"负责人说只有汪志奎。梅先生说:"我有机会想看看他的戏。"

过几天,上海戏剧界招待苏联青年团,预定在兰心举行一个晚会,事先文艺处的陆万美、吕君樵,和总工会的张本同志,到思南路商量戏码,梅先生提的是《打渔杀家》,因为周信芳先生晚场有戏,不能过来,君樵主张《别姬》。梅说:"这戏太长,恐怕代表团过于疲劳,同时也影响到别的节目,最好单演'舞剑'一幕。"大家都同意了。梅又表示,霸王可以约汪志奎担任,由君樵联络。那晚我在前台休息的时候,听见大家纷纷揣测,到底这个霸王是谁,等汪志奎出场,才揭晓了这个谜底。

兰心晚会终场之后,梅先生回到家里,大家问汪志奎怎么样?梅说:"行。不过他跟我第一次合演,未免有点矜持胆怯,所以道白、身段都不能完全应手,等李春林来导演一番,就没有问题了。"当时就有人反对,认为汪志奎不孚众望。梅先生就笑笑说:"诸位认为金少山的霸王怎么样?"大家都说是杨小楼以后最理想的霸王。梅又说:"我今天告诉你们金少山成为霸王的历史。我有一次到上海,想演《别姬》,选中了班底里的金少山。当时戏院老板花了三千块银元的代价,约了杨瑞亭预备演霸王,而金少山只赚三百元的包银,所以坚决主张杨瑞亭。我就说,杨老板的武功和戏路,都具有前辈典型,我是非常钦佩的。但是嗓音太细,个子瘦长,在天赋上不适宜于演霸王;不能拿包银多寡来决定霸王的身分的。结果金少山向李春林很虚心的学习,李也不厌其详的导演,一唱而红,红遍全国。现在上海除了汪志奎,找不到霸王,这地方要用一句霸王的戏词,'孤心已定,不必多奏'。"就这样决定了。梅先生一向主张在稠人之中选拔人才,奖掖后进,多少年来带出了许多同辈后起。像四年前的王琴生是一个例,今天的汪志奎又是一个例。

小梅教子

　　三十年前,我听见大家称梅兰芳为小梅,今天这个名称应该移到他儿子
葆玖身上去了。"中国"二十日夜场,小梅与王琴生、朱少仙合演《三娘教
子》,唱法完全是老腔老路,令人回忆老梅当年,真是一个缩影。这出戏是王
门的看家戏,久已脍炙人口,瑶卿传之幼卿,幼卿再传葆玖,是正统直线,所以
有一听的价值。这一天小梅的嗓音,因为隔夜受了感冒,唱的时候显出有点
吃力,"守冰霜……"引子念得平稳,第一段〔慢板〕,唱来老练沉着,完全是大
方家数,不类髫龄十七的童子。朱少仙是朱斌仙的儿子,斌仙是小梅的表兄,
所以他比小梅小一辈,今年一十六岁,比这位小表叔只差一岁。但是在外形
看来,高矮悬殊,非常配合。他穿的行头,是五年前,小梅十二岁,第一次出
台,陪胡蝶女士唱薛倚哥时候做的。

　　王春娥教训儿子的道白当中,"指望儿在学中用心读书,谁想你一味贪
玩,贪玩不值紧要,岂不误了儿青春少年",我听小梅念到这里,不禁哑然。观
众决想不到这个王春娥下了台,正同薛倚哥一样,在学中攻书,而且回到家里
还常受训咧。王琴生的老薛保学谭富英,嗓音宽亮,颇有奎派意味。接着葆
玖之"老薛保你莫跪在一旁站定"大段〔快三眼〕,及"你道他年小心不小"之
碰板,为全剧之高潮,运腔偷气,动中窍要,有举重若轻之妙。俗语说名师出
高徒,这地方不能不归功于王幼卿先生的教授有方了。

　　按语:今天重读旧作,有不少感慨,梅浣老、王幼卿已作古人。王琴
生兄是古稀老人,梅葆玖、朱锦华(朱少仙改名锦华)都是知命之年的中
年人了。

　　葆玖十岁时(按文中说十二岁是虚岁)第一次登台演《三娘教子》的
薛倚哥,薛养侬夫人胡蝶女士演王春娥;电影明星卢燕的母亲李桂芬——
卢李冬真夫人演老薛保,我藏有剧照,曾在香港《大公报》为文记这件事。

　　一九八三年,朱锦华在"新春乐"反串《萧何月下追韩信》的韩信(朱

斌仙是名丑,锦华继承父业演丑角),这是一次很有特色的春节联欢晚会。由侯宝林、侯跃文父子双演萧何,刘邦由中国青年艺术剧院名演员杜澎扮演,剧中还出现了久违雅教的"检场",由海政文工团相声演员常贵田担任。似乎回到了三十年前的戏园里。

第二出《三不愿意》,是京剧传统戏《绒花计》改编的,八儿是主要演员之一(《绒花计》中名崔八),由朱锦华扮演,这是个风趣而有正义感的人物,京剧团改编时,取消了丑角脸谱。崔华由相声演员常宝华扮演,崔丽英、崔秀英由天津电视剧团演员刘佳、李小力扮演,杨知县由中央广播说唱团相声演员郭全宝扮演,王文焕由相声演员常贵田扮演,班头由全总文工团相声演员范振钰扮演……

我在电视荧屏中看了这两出戏,其中只有朱锦华是京剧演员,而相声演员占的数量最大。相声有说、学、逗、唱,"唱"是模仿名演员的唱腔,但扮戏彩唱,似乎还是头一次。他们演得很严肃,没有打诨逗哏。铁路文工团相声演员侯跃文演前场萧何,台步动作,还真是那么会事,看来是下工夫排练的。侯宝林兄头衔甚多,无须介绍了,他接后场萧何,唱的是大家熟悉的"……三生有幸"一段麒派唱腔,以前我听的是没有伴奏的干唱,这次扎扮登场彩唱,口齿的凝重,气口的熨贴,就感觉有火候而有分量了。

《三不愿意》里,大小姐崔丽英是与八儿并重的主要演员,刘佳演得很有适度感,并不比专业演员差。还有常宝华、郭全宝……分扮各类角色,都很有特色地完成了演出任务,给观众留下深刻印象。我还看出身段、眼神、舞台调度等似乎都经过细心排练。其中朱锦华应该是穿针引线,比别人付出劳动更多一些了。我还听说,这两个剧目,曾经在舞台演出几次,很引起观众的兴趣。

两封信

　　最近发生两封信的趣事,第一封信是去年七月里,我陪梅先生第二次北上,到了六国饭店,第二天我写了一封很详细的信寄给梅先生的老友。这位老先生与我的堂兄在日本士官同学,他是最关心梅先生的出处问题,多少年来,对于政治思想上有很正确的指示和启发,梅先生得他的熏陶最多。所以这封信,我用墨水笔在两张洋信纸四面,写满了蝇头小楷。以后接到他的回信,同我去信不大对头。前天在戏馆里看见这位老先生,他说:"真奇怪,今天我接到你去年七月里发的第一封信,另外附了一封邮局道歉的信,它这样说明'这封信当时遗失了,最近在一只箱子的夹缝里忽然发现,所以补送,非常抱歉'。"老先生笑着说道:"要不是兰芳在上海登台,我还以为你们三次北征呢?"第二封信是李棻医师寄来的(李先生爱好昆曲,极有工力,我们是因《梅边琐记》的文字而认识的),他要借我外祖徐子静先生所作的《懊恼歌》曲谱。信上写着重庆路,被邮局寄到重庆去了,旅行了一个月才退回来。这两件事都发现在一个星期当中,真是巧不可偕。我附带向李先生道歉,把他的住址忘记了,希望再给我一封信。

雨 夜

　　这次梅先生在"中国"登台,有一天蒙蒙细雨,有人约我听戏,我走近戏馆,看见门口一部汽车也没有,只有一辆小型吉普卡,停在转弯角上。我心里想:今天大概因为下雨的关系,营业受了影响。但相反的是,踏上台阶,"客满"的霓红灯亮了。我到楼上拿票,与票房里的工作人员闲谈,他告诉我最近业务的情况。他说从前的观众,都是事先定座,要靠临时买票,是毫无把握的;现在不同了,很少有人来预约定座,总在下午五六点钟时候,开始上座,都是临时买票,也不斤斤于座位的好坏,大概八点钟左右,座都上齐。所以最怕的是在六七点钟时候来一场倾盆大雨,那就大受影响了。我听了他们的话,再对照从前的情况,我才得到答案,是时代变了,看戏的人换了,"推陈出新"四个字用在这里,是再恰当没有了。

　　那天晚上,我听完戏,因为下雨,搭梅先生的车子回家。走出戏馆后门口,车子四周黑压压围了一个大栲栳圈,我跟了梅先生费了很大的事,才勉强挤上车。因为攀辕的人太多,车子开不动,还有人带了手电筒往里照。梅先生除下帽子,向大家点点头,接着一阵鼓掌,才脱出重围。在车里,梅先生很感慨地说道:"二十年来都是这种景象,我不晓得这些看我的人换了多少批,又不知道我还能让他们看几回?"我说:"这正合着一句成语叫后浪催前浪,看的人天天换,你就好比一座黄浦滩,潮来潮去,不知经过了多少年的冲激,依然还兀立在这里,是真不容易。"梅先生听到这里,沉默了好半天没有讲话。

霸王虞姬坐汽车

在解放上海一周年筹备会席上，决定了五月廿六日在人民政府大礼堂，由各界代表献旗致敬，并由上海文艺界表演助兴。对于庆祝程序，解放军代表建议，不用一切扎牌楼等形式上的无谓靡费，但是希望有精彩的表演节目，来满足部队同志的需求。冯雪峰说："我们要求梅先生在那晚表演一出拿手杰作，慰劳部队同志。"梅先生答复说："我应该唱一出，给为解放上海而努力的战斗同胞们听的。"

散会后，冯雪峰陪我们到文管会找于伶同志，研究戏码与时间问题（因为梅先生在"中国"夜场表演，而节目从八时半开始，时间绝对冲突）。戏码大家拟了三出：《大登殿》、《游园惊梦》、《别姬》。时间，有人主张在日场表演，但是战士们要从郊外徒步而来，太早又不行。梅先生表示这两个问题回去想一想，明天再决定。当晚梅先生决定唱《别姬》，因为化装关系，那晚"中国"也唱《别姬》，下了台不必卸装，坐了车子到大礼堂接着再唱。第二天，我在电话里告诉于伶，他非常关心梅先生的健康，"这样连唱两场，不太累吗？"梅先生说："偶一为之，不要紧的。"

到了这晚，在"中国"唱毕，休息了五分钟，马上动身，"虞姬"满头珠翠，"霸王"全身披挂的钻进了汽车，街上看热闹的人围满了。幸而事先吕君樵请求公安局在门口维持秩序，情形好像内地酬神出会一般，真是别开生面的创举。

天津的农代晚会

在天津演过十天以后，刚好遇到一个农民代表大会，事先就有人来联络，说明代表们希望梅先生参加他们的聚餐会，和大家见见面；晚间，市政府招待他们到中国大戏院看《贩马记》。梅先生跟我说："今天我要好好地表演给他们看，我们所演的旧戏，原本是从农村发展到都市，现在反本还原，重新回到群众中来，也是天经地义。同时我要试验中国这一古老的舞台艺术，是否仍为代表中国人民大多数的农民同胞所喜爱。"

到了这天下午五点钟，我陪梅先生到市商会大礼堂参加聚餐会。三百几十位农民代表，都齐齐整整的坐在摆好碟子杯盘的圆桌面席上。由司仪介绍了以后，梅先生上去说了五分钟的话，大意是说，在抗日战争、解放战争的过程当中，艰苦奋斗的农民大众，尽了最大的力量和责任，我们在城市里的人，坐享其成，非常惭愧，今天有这一个机会，向大家致恳切钦佩的敬意，非常愉快。

晚间，他们集体到"中国"看《贩马记》。体察他们的反映，对于这复杂而动人的民间故事，并不十分生疏，都看得津津有味的。梅先生回到旅馆里，兴奋地说道："我感觉到今天才是真正为那些终岁辛勤、朴实坦白的劳苦大众服务。台上的演员，和台下的观众，灵感上发生交流的作用，心中有说不出来的亲切和愉快。"

大小梅合演《虹霓关》

我前天谈《教子》，说到老梅、小梅，有人提抗议说："戏台上讲现实的，老梅未老，你这个'老'字下得不的当。"所以我今天改成"大小梅"了。《虹霓关》头、二本连唱是非常吃香的，这次本来预备不演，因为小梅这出戏是陶玉芝教的，已经学会了，但是只会头本，二本要现学，嬲他父亲教。大梅说："你先跟王三哥学会了，等我在台上表演的时候，你看一二回，就明白了；这出戏非常难演，单靠口授是不容易了解的。"刚巧戏馆方面要求演《虹霓关》，大梅答应了，他教我陪小梅看这出戏。我看小梅目不转睛的注视着台上，看完了他说："头本我敢演，二本恐怕演不好。"我说："几时父子合作一回，到很有趣的。"第二天，大梅表示要演一次救济失业工人的义演，院方负责人说："最好加一日场，开支比较节省，可以多募点款来救济失业工人。"大梅说："这桩事比较有意义，我破例来一回日场试试看。"当时就研究戏码，我提议双演《虹霓关》。后来决定由小梅去头本东方氏，茹元俊王伯党，刘淑华丫头；大梅二本的丫头，芙蓉草东方氏，姜妙香王伯党。两相对照，非常有趣。论年龄姜妙香一个人的岁数（六十岁），就抵他们少壮派的三个人。最发噱的是十七岁的小夫人，五十七岁的大丫头，我要学老鹰的话，当当卖卖都要在前排看一回了。

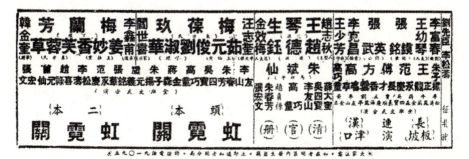

大小梅合演《虹霓关》

277

　　原定星期五演,因为六月一日儿童节,小梅加演《三娘教子》。所以救济失业工人的义演改到三日,星期六,大梅希望多上点座,多募点款。还有筹募工会基金一场,则挪到下一个星期去了。

小玉堂春

　　大梅在胜利以后,没有唱过《玉堂春》,许多人怀念这出戏,去年到北京,各方面也都要求上演,始终没有实现,这里面有一个缘故。远在十几年前,梅剧团就开始把舞台上种种陋习,逐步革除,梅先生一向是以身作则,拿行动来表现他的思想,像音乐队伍的隐蔽在纱笼里,检场的尽可能不出现于舞台面,以免破坏剧情,特别是废除饮场这一点,他是非常坚持的,他已经有二十年没有在台上饮场了。他希望由他的提倡,唤起同业的注意。

　　《玉堂春》是一出独幕的歌剧,苏三跪在台口,连续不断的一小时歌唱,在战前他已经怕唱这出,现在当然更觉吃力。有人建议说,何妨破例饮一两次场,但是他坚持不可,所以只好不唱。他把这出戏传授给小梅,我曾经看见他教授葆玖《玉堂春》,特别指出某些身段表情。例如"十六岁开怀是那王……","不顾得腌臜怀中抱,在神案底下叙叙旧情",他说:"这两句的身段只能淡淡着笔,表示旧情的回忆,万不可过火描绘,有些人演到此处,眉飞色舞,荡冶不堪,不但失之粗野,而且有诲淫之弊。苏三是一个被压迫受苦难的女犯人,在森严的法庭之上,两旁的'虎狼之威',当了问官面前,哪里会有这种超出情理以外的表情。"

　　大梅给小梅说《玉堂春》,非常认真,他除了"十六岁开怀"与"叙叙旧情"两个身段表情以外,他又再三嘱咐他少露笑容,这是一出悲剧,不能当喜剧演(全本《玉堂春》又当别论)。他回过头来对我说:"这出戏要演到'哀怨缠绵'四个字,就算成功了。"他认为小梅可以演得还好,因为他在台上是不大肯笑的,所以最近小梅在"中国"星期日场,连演《玉堂春》。第一次,因为有点感冒,嗓子不大痛快,在上台之前,左胁又闪了一下,呼吸疼痛,不敢使劲;姜妙香另有工作,不能担任王金龙,大为减色。大梅命令他二十八日重演《玉堂春》,小梅的嗓音恢复了,姜六也参加了,种种好的因素,又因解放一周年的节目,戏院里上下客满,观众的情绪非常高昂。小梅那天异常卖力(他出台以来,第一次拥有这么多的观众,小孩子特别兴奋),尤其是前面说的两个身段,能够初写《黄庭》,恰如剧中人的身分。我听见有一位观众批评式的说道:"我连看小梅《玉堂春》,真是昨日今朝大不同!"

兵器舞蹈

在旧剧里面,刀马旦与武旦有着很大的区别。武旦是讲究跌扑,内行所谓"冲",在现实方面优点,是战斗气氛浓厚逼真,《泗洲城》、《杨排风》、《摇钱树》就是属于这一类的。刀马旦是需要轻松稳练,着重在姿势亮相,打的方法也与武旦有泾渭之分,是一种优美的"兵器舞蹈",内行称之谓武戏文唱,好比武术里面的太极拳,看上去轻拢慢捻,并不费力,实际上一招一式都有严格的地位方向,弄错一点,就显得手忙脚乱,非常突出。如《穆柯寨》、《金山寺》、《黄天荡》、《虹霓关》,就是属于这一类的。又如武小生戏里面的《石秀探庄》、《雅观楼》,与刀马旦可以算是一家眷属,用同样方式演出的。内行认为这一类的戏,一定要有良师传授,方能成熟,不可草草登场,失去舞蹈意味。

我前天提起过三日的两场救济失业工人梅氏父子公演的《虹霓关》,到了这一天,我在百忙中陪了几位教会里的朋友去看这出戏。内中有两位小朋友,对于旧戏很少接触,所以希望我解释剧情,介绍重点。入座以后,刚巧与黄裳先生并坐,谈起旧剧,我们用批判方式交换了许多意见,看法有若干相同之点,限于篇幅,这里不预备漫谈了。

四老四小之《虹霓关》

　　这一次父子《虹霓关》将要出场之前,我到后台看见茹元俊的小王伯当,刘淑华的小丫头,都已扮好。小梅的面部化装已经完成,他的师父陶玉芝,怀着郑重的心情给他扎扮。我看他满头大汗,双手微战,神情紧张极了。因为这出戏是他一手教授,已经有三四年的工夫;同时大梅随时从旁指点窍奥;最近还有茹富兰、芙蓉草的修正指示,所以老陶的责任最重,小梅如果在台上出一点"情形",他将难过到不可想象的。

　　这时候,我到前台坐下,先同黄裳先生漫谈《虹霓关》,我告诉他茹元俊、梅葆玖这两个人都是家学渊源。他说:"我就为此而来。"等到小茹与小梅对枪一段,枪架子非常好看,他们两人前一天在"中国"台上打了三个钟头,所以相当纯熟。不过小梅第一次唱武戏,在他的小心眼里头是存在着一二分的矜持和紧张,但在大体上讲来,是相当成功的。他事先与小茹互立"军令状",谁要打错一下,就归谁请吃一顿点心。那天戏完之后,回到家里,我问他请客问题,他向我微笑说:"恐怕要归我请了罢。"但是他又自慰地说道:"你们不会发觉的,只有会这出戏的老前辈,方能指出来。"大梅靠在沙发上也笑起来说:"小九(葆玖乳名),你不要自鸣得意,元俊的武功比你深,幸亏他陪着你唱,才没有出什么大错儿,以后还要下苦功练习。"

　　我又想到韩金奎在二本《虹霓关》的旗牌口中,抓了一个现哏:"希奇希奇真希奇,四个老人唱了一出戏,芙蓉草五十岁,梅兰芳五十七,韩金奎五十九,姜妙香六十一,凑起来共总二百二十七,你说希奇不希奇。"观众无不大笑。完了戏到后台打听四个少壮派的年龄,阎世善(旗牌)卅一,刘淑华(丫头)廿六,茹元俊廿六,梅葆玖十七,综合起来一百岁,不到四老的一半,倒也是相映成趣。再有小梅使的枪,小巧玲珑,是一对坤枪,据说是他师父陶玉芝向华香琳小姐借的。华也是陶的学生,她会不少刀马旦的戏,可算得武艺高强。

　　按语:当年的四小——玖、茹、刘、阎,都是五十左右的中年人了。四老则梅、姜、赵已作古,只有韩老金奎还健在,去年葆玖到上海,还到他家拜访,韩老比梅先生大两岁(一八九二),是九十以上的老先生。

葆玖第一次演头本《虹霓关》的东方氏,事先与茹富兰的儿子茹元俊在台上排练对枪,我看见茹富兰与赵桐珊两位在旁边一招一式的指点,所以演出时博得好评。在散戏时,我听观众说:"十七岁的小孩能够演得严实稳当,不简单,一定有名师细抠过,可谓将门出虎子。"当时观众看戏的水平很高,他们的评论是从比较中总结出来的。

一九八三年四月,葆玖重排昆曲《雷峰塔·水斗、断桥》,我记得一九五〇年在天津中国大戏院演《金山寺·断桥》是梅先生的白娘子,振飞兄的许仙,葆玖的青儿。葆玖这个戏是朱传茗教的。以后,他在梅剧团里排演过《金山寺》、《断桥》、《祭塔》。《金山寺》是昆曲,《断桥》是照田汉同志的本子唱"皮黄",《祭塔》则以大段"反二黄"见长,是按照王幼卿亲授。当时他才二十四岁,正是精力弥漫时候。这次在北京京剧团排演《水漫金山》、《断桥》,梅剧团的老人,场面是裴世长的鼓,郭岐山负责穿戴扎扮。姚玉成的许仙,赵慧英的青儿,都是第一次演,他们认真排练了三个星期,还请了北昆的孙世华说戏。除了响排、彩排外,都是在西旧帘子胡同梅宅排练的。葆玖还屡次放映一九五九年北影拍摄梅兰芳、俞振飞、梅葆玖的彩色片《断桥》,学习核对。一九八三年春,振飞兄来京参加程砚秋逝世二十五周年纪念演出时,还为葆玖和他的学生姚玉成说《断桥》的身段。

一九八三年四月二十二日在中和戏院演出《水漫金山》、《断桥》。"水斗"场面,赵慧英是武旦应工,"出手"打得很"冲",水族、神将的"跟头"经过排练,也有特色,梅葆玖的唱念武打按照家传路子,还打了几下"出手",当年梅先生是不打出手的,观众觉得新鲜,报以彩声。有一位老观众问我:"葆玖的武工有根柢,是谁教的?"我说是陶玉芝教的,还把三十年前初演头本《虹霓关》的情景对他细说了一遍,他说陶玉芝、茹富兰的武功是经过科班严格训练的,葆玖得他们的教导,所以虽然搁置了二十年,经过排练又找回来了。

附录一

看梅兰芳演戏的回忆

老 鹰

　　梅兰芳决不会以老鹰为题材演戏,老鹰却不能不以梅兰芳为题材作文,梅之伟大,就在于此乎?这里附带想起一件故事来,昔年洪深(?)有一剧本演出,他以作者身份坐于观众席中看戏,突然,前面的人群都站起来,头向后转,洪深这一兴奋非同小可,以为观众在向作者的他表示敬意,那知仔细研究,附近正坐着兰芳梅氏,观众的敬意,原来是表示给梅氏看的云。闲话休多,且说我生平看过四五次梅戏,而以第一次为最值得纪念。时在十五年前,同宿舍的朋友决定去广一回见识,下午三点半就由江湾动身,四点钟到达天蟾舞台。事先买好面包牛肉,借到望远之镜,各以伍角大洋购票而上三层楼,据高临下,身体有摇摇欲坠之势,神经衰弱的人实在难免心旌忡忡,从四点一直坐到七点,锣鼓声响,精神一振。粉菊花、高雪樵一笔表过不提,十点多钟马连良《清官册》上场,唱来甜润悦耳,但是动作太瘟,我们饿中带倦,都起瞌睡之意。好容易捱到老马进去,台上后场人马换上一批,锣鼓之声繁响震天,这时我们个个精神抖擞,俯视台下,呼息为之急迫起来。黑压压的满是人头,也无不挺胸直腰,神情紧张。电灯一暗,勃!电灯一亮,来了!梅兰芳!小王兴奋过度,差一点儿一筋斗从三层楼跌到楼下座池里去。人是六个,而望远镜只有一架,利益难以均等,几乎酿成争端。看好回来,连夜记日记写去五张之多,第二天写信报告乡下祖父,内有"孙已看过梅兰芳之戏矣,孙之向平之愿已经了矣"等语。气得祖父接读以后胡须直抖。

　　按语:文中所说:洪深有一剧本演出的情景,我在场。事后,梅先生对我说:"那天把洪深先生的戏搅了,我很窘。所以我轻易不到剧场,以免影响演出。"

　　梅先生迁沪后,有时约我同看电影,等放映后入场,就无人觉察了。他说:"我喜欢看电影,是因一九三〇年我到过好莱坞,认得许多电影明星,在新片里看到他(她)们,仿佛他乡遇故知,引起许多回忆。"

　　我记得五十年代,梅兰芳、周信芳、洪深先生在北京饭店合演《审头刺汤》,洪演汤勤是萧老(长华)说的,那天他恭敬地搀着萧老进来,还对我说:"这是我新拜的老师。"

　　以后,洪先生得癌症住院,我和梅先生去探病,正值医生在检查,从他微弱而带哑的声音,知道凶多吉少,不久就接到讣告了。

附录二

梅边人物

高　唐

　　思潜先生为梅兰芳先生掌文牍，于是替《亦报》写稿子，标题就叫《梅边琐记》。写的都是十分琐碎的事，但我却欣赏他这一份琐碎，因为愈琐碎愈觉得作者身在梅边之有意思也。

　　梅边两个字，大概是现成的，愧我不够渊雅，不能查考它的出处。记得老《晶报》上，登过张丹斧一首诗，他是咏几位名流姓氏笔划的多少，其中有两句说："芥翁药下还能省，公达梅边也带行。"在现在看来，这种作品是无聊的，然而当时未尝不惊张先生之挖得空心思也。后面一句说的公达，也是梅边人物。当年的梅边人物，有文公达，赵叔雍，好像还有一个叫做贺艿垞的。这里面，我只熟悉一位珍重阁主。

　　按语：高唐是唐大郎兄的笔名，他约我写《北行琐记》、《梅边琐记》，紧接着黄裳兄约写《舞台生活四十年》，在《文汇报》连载了二百天，以后又陆续写了《我的电影生活》、《东游记》、《梅兰芳文集》……总计达三百万言，大郎兄对我的鼓舞是难忘的。

　　一九七九年春，我以源来弟之丧，返沪料理后事，住了三月。我与大郎兄劫后重逢，酒楼话旧，临行有"己未暮春留别沪友"诗，返京后，曾书寄留念：

　　　　拨云穿雾太空翔，夜宿天泉雁序伤。故旧重逢增百感，形骸放浪醉千觞。一分犹恋少年态，卅载如同驹隙扬。雨露均沾凶焰歇，柳阴吐日耀春光。

　　一九八一年，忽得大郎兄讣音，回忆数十年交谊，不胜黄垆之感也。

附录三

梅兰芳传

某 甲

　　再向高唐建一个议:《亦报》登载《张学良外纪》之后,何勿接登梅兰芳传,执笔人也现成,写《梅边琐记》的思潜先生是也。他的文笔和旧燕先生的一样好,梅先生的经历,一样的值得写、值得读。

　　而且写起来比较容易,思潜先生身在梅边,每天问他十廿分钟就是了。但梅先生要心直口快才好。譬如他对于见过的当年人物,爱憎如何,要不怕得罪,据实说来。又要多记一记,记起点那些人物的小动作来。我上回说过的那位驻华意大利公使回忆录,有一段记孔祥熙、宋霭龄请客,冯玉祥也在,宋霭龄告诉这位洋客人:"真要命,我好容易不许爱趣爱趣吃大蒜,后来他和冯将军在一起,结果,你想想就知道了。"此洋人又记张作霖请客,上熊掌时,张自加香料,厨子不以为然,一把推开张手。又记张做大元帅招待外交团,吴俊升不管三七廿一,打断人家谈话,随便插嘴,甚至张正致辞,他也哗啦哗啦,张侧目射他,他也不管。我以为这种写法值得学习,因可见其人性情之一斑。梅先生见过多少人物,更不比洋人外交官的语言不通,拘于礼节。

　　来一来吧,兰芳、思潜、高唐三先生。

　　按语:以后,黄裳兄约梅先生写《舞台生活四十年》,在上海《文汇报》连载,我就找出这篇短文给梅先生看,他说:"某甲先生主张记一些生活小动作,我们写《舞台生活四十年》,目的是记述真人真事,必然涉及生活小动作,包括我们的生活。但不要学刀笔吏、刻薄文人,他们以嘲讽来显示自己的才华。我们对某些人和事如有不满,可以正面描写,我过去的错误和缺点,要毫不隐晦地写出来,这就是我写这部书的目的。"

　　梅先生着重指出:"我一生经过的事很多,不要记流水账,我们要挑选出能够说明某种问题而有意义的事,使读者从中得点益处。"他对源来弟说:"我和令兄在旅行演出中开始写这部书,初稿是比较粗糙的,寄给你整理。几十年的事,我的回忆不一定准确,我的老友冯六爷(幼伟)、吴二爷(震修)、许伯老(伯明)……都在上海,请你找他们仔细核对,还要参考文字资料。这一道工序是很复杂的,必须弄清楚时间、地点和来龙去脉,请您多多偏劳。"

源来是遵照梅先生的话做的,他消耗的脑力体力比我要多,因为连载文章必须在极短时间内交稿,常常夜以继日地工作。以后,一集、二集出版时,又根据各方面的意见,以及初稿中的错误、漏洞,又作了很大的修改整理,那几年的日子是紧张而吃力的。

在《文汇报》连载了几十天后,《文汇报》的徐铸成兄转来潘伯鹰先生的信,道出了我们写书的甘苦,梅先生认为是知音。一九七九年,从源来的遗物中找到潘先生的原书,已制版收在即将出版的《忆艺术大师梅兰芳》书中,此书是我与源来弟合写的回忆录。我与潘先生只有数面之交,但他的诗、文、书法是早已享名的,现把他的原信抄录于此,读者可从中看出他的文学造诣和警辟论点。

　　铸成先生史席:久别甚所怀思,敬想安善。近顷从贵报拜读许姬传先生所著梅兰芳君之自叙传,此乃近日罕见之佳著,不仅以资料之名贵见长;不仅以多载梨园故实见长,其布置之用心与措辞之方雅,皆兄见经营之妙。且其叙次之中,尤富教育意味,如所记梅君从吴凌仙学戏;论杨三绝艺;论跷工各节,皆深得甘苦之言,特为有味,足以使青年有志艺事者,发其深省,虽有心人不易遽逢,然许君之功不可没矣。抑此书虽未读竟,然其大体已可望气而知。前后四十年中人事变迁,在今日追叙,自不免有甚难下笔之处,而许君措语,深得含茹之妙,遂能履险如夷,因难见巧,尤不可及也。惟以纸张关系,其中照片未能十分清晰,如此书刊毕,能付单行,则甚望能精制网版,以铜版纸印之。盖如杨三戏照及谭鑫培演武生戏照,在今日已为绝无仅有之物,若非梅君善于收藏,恐他处不能觅之矣。灯下草草,不知高明以为何如? 鹰之所言,盖皆所谓外行言语耳。手问起居,不尽一一。弟潘伯鹰再拜。十一月三日。

附录四

读《梅边琐记》有赋

许苹南

　　拂拂吴陵郡,梅绽迎早春。渊源溯家学,绳武耀先声。失怙悲冲幼,伯翁丝竹纯。祖慈殷殷瞩,高堂絮絮频。名师范良模,晨夕持艰辛。幕启新秋巧,帘开扶掖陈。鸽翔资运转,牵牛色彩循。声容日妙曼,秋水更传神。撷古谐时韵,状今立论真。申江隐沦日,蓄须抗胡尘。鬻画权生计,逗留正义伸。动地惊雷震,东风扬溢新。氍毹展更盛,弦管沸尤巡。大江南北誉,瀛海令名臻。经典明羞恶,喻譬出鸿钧。群情志仰慕,华屋彰清醇。文技原同一,后起永陶甄。千秋传艺史,更绚紫华珍。